차시	날짜	빠르기	정확도	확인란
1	월 일	타	%	
2	월 일	타	%	
3	월 일	타	%	
4	월 일	타	%	
5	월 일	타	%	
6	월 일	타	%	
7	월 일	타	%	
8	월 일	타	%	
9	월 일	타	%	
10	월 일	타	%	
11	월 일	타	%	
12	월 일	타	%	

차시	날짜	빠르기	정확도	확인란
13	월 일	타	%	
14	월 일	타	%	
15	월 일	타	%	
16	월 일	타	%	
17	월 일	타	%	
18	월 일	타	%	
19	월 일	타	%	
20	월 일	타	%	
21	월 일	타	%	
22	월 일	타	%	
23	월 일	타	%	
24	월 일	타	%	

이 책의 목차

1. 엑셀 2016 만나기 — 4
2. 자동 채우기로 시간표 만들기 — 10
3. 셀 서식으로 효도쿠폰 만들기 — 16
4. 셀 스타일로 한자 사전 만들기 — 22

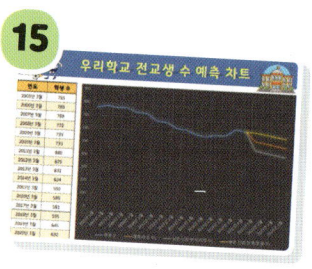

16. 대결 오목게임! — 92
15. 예측 시트를 활용하여 전교생 수 예측하기 — 86
14. 차트를 활용하여 개그맨 선호도 그래프 만들기 — 80
13. 표 기능으로 친구 조사표 만들기 — 74

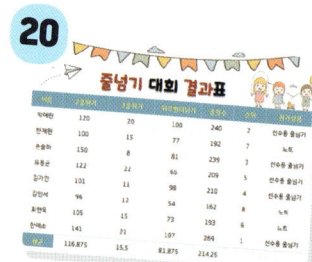

17. SUM&AVERAGE 함수로 일일 학습 기록표 만들기 — 96
18. IF 함수로 코딩대회 결과표 만들기 — 102
19. MAX&MIN 함수로 여행 경비 계산하기 — 108
20. RANK 함수로 줄넘기 대회 결과 만들기 — 114

처음부터 차근차근 따라하다 보면
어느새 나도 엑셀 2016 전문가!!

- 그림 삽입으로 공룡도감 만들기 — 28
- 워크시트로 운동기록표 만들기 — 34
- 워드아트와 도형으로 완성하는 식품 속 당분 함량 — 40
- 가로/세로 영어 낱말 퀴즈 — 46

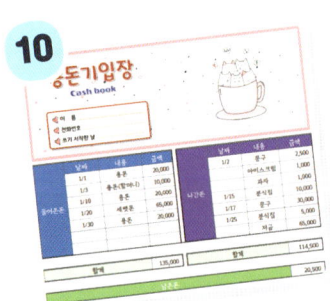

- 스마트아트로 마인드맵 만들기 — 68
- 조건부 서식으로 스마트폰 사용시간 조사표 만들기 — 62
- 수식으로 용돈기입장 만들기 — 56
- 표시 형식으로 체육대회 일정표 만들기 — 50

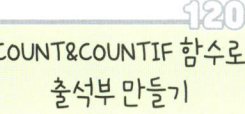

- COUNT&COUNTIF 함수로 출석부 만들기 — 120
- 정렬과 필터로 반별 독서량 현황 알아보기 — 126
- 부분합으로 학년별 기말고사 점수표 만들기 — 134
- 재미있는 넌센스 퀴즈 — 140

EXCEL2016

#엑셀 2016 #화면구성 #텍스트 입력 #열 너비 #행 높이

01 엑셀 2016 만나기

학습목표
- 엑셀 2016을 실행하고, 화면 구성을 이해할 수 있습니다.
- 저장된 파일을 불러와 편집할 수 있습니다.
- 행 높이와 열 너비의 크기를 조절할 수 있습니다.

엑셀 2016 복잡한 계산을 해야 할 때 계산기를 활용하거나 손으로 계산하면 시간도 많이 걸릴 뿐만 아니라 계산이 잘못될 수도 있어요. 하지만 엑셀 프로그램을 이용하면 복잡한 계산이 필요한 문서도 쉽게 작성할 수 있어요.

실습파일 : 엑셀 2016 만나기(예제).xlsx **완성파일** : 엑셀 2016 만나기(완성).xlsx

미리보기

내가 제일 좋아하는 과일 yum yum

과일이름 (KOREA)	영문이름 (ENGLISH)	과일이름 (KOREA)	영문이름 (ENGLISH)	과일이름 (KOREA)	영문이름 (ENGLISH)	과일이름 (KOREA)	영문이름 (ENGLISH)
복숭아	peach	오렌지	orange	사과	apple	바나나	banana
체리	cherry	딸기	strawberry	아보카도	avocado	키위	kiwi
청포도	green grape	망고	mango	블루베리	blueberry	망고스틴	mangosteen

엑셀이 뭐예요?

- 엑셀(Excel) 프로그램은 수식과 함수를 사용해 복잡한 계산이 필요한 문서를 쉽고 편리하게 작성할 수 있어요.
- 엑셀은 많은 데이터를 효과적으로 요약하거나 정리할 수 있고, 도표나 차트도 쉽게 작성할 수 있어요.
- 엑셀(Excel)은 마이크로소프트(Microsoft)라는 회사에서 개발한 프로그램이에요.
- 엑셀은 선생님, 학생, 회사원 등 많은 사람들이 사용하고 있어요.

1 엑셀 2016 실행하기

01 엑셀 2016을 실행하기 위해 [시작(⊞)]-[Excel 2016(x▤)]을 선택해요.

02 Excel 2016 프로그램이 실행되면 [새 통합 문서]를 클릭해요. 다음과 같이 새 창이 열려요.

> · 바탕 화면에 바로 가기 아이콘이 설치되어 있다면 더블 클릭해도 돼요.
> · 기본으로 제공되는 서식 문서를 활용하여 문서 작성에 활용할 수도 있어요.

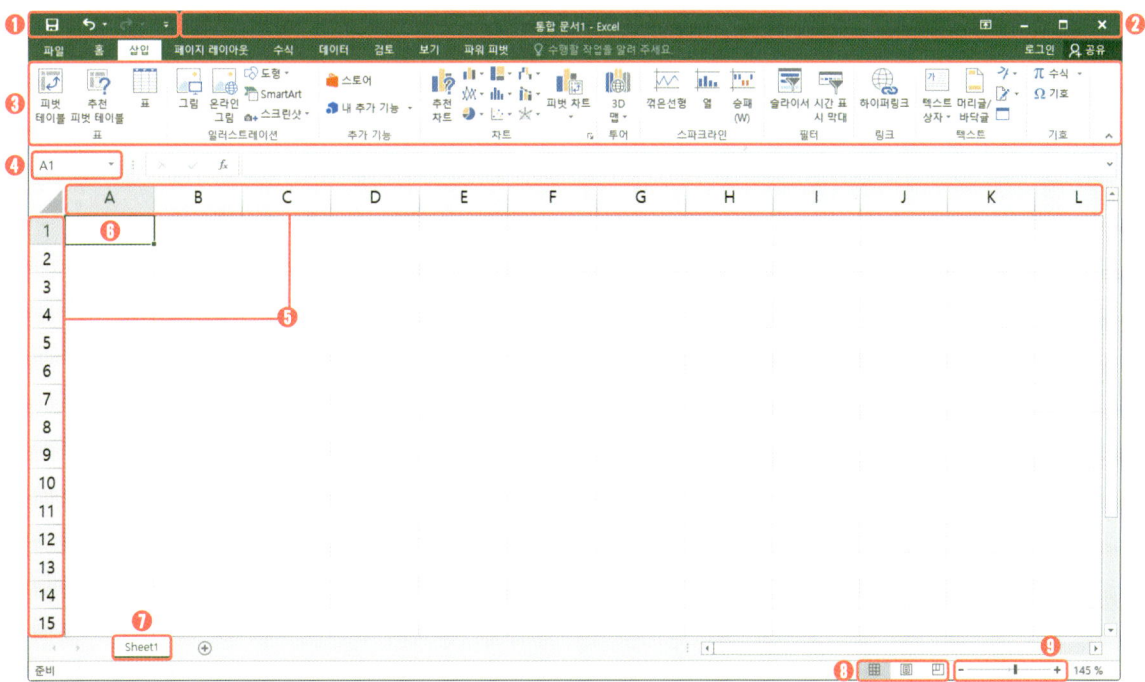

❶ **빠른 실행 도구 모음** : 자주 사용하는 도구를 모아놓은 곳으로, 사용자의 필요에 따라 도구를 추가 및 삭제할 수 있어요.

❷ **제목 표시줄** : 통합 문서의 이름이 표시돼요.

❸ **리본 메뉴** : 선택한 탭과 관련된 명령 버튼들이 비슷한 기능별로 묶인 몇 개의 그룹으로 구성되어 있어요.

❹ **이름 상자** : 셀 또는 범위에 작성한 이름이 표시돼요.

❺ **행 머리글, 열 머리글** : 행 머리글은 워크시트 각 행의 맨 왼쪽에 표시되고, 열 머리글은 워크시트에서 각 열의 맨 위에 표시돼요.

❻ **셀** : 행과 열이 만나는 칸으로, 데이터 입력의 기본 단위에요.

❼ **시트 탭** : 새로운 시트를 추가하거나 삭제할 수 있고, 이름을 변경할 수도 있어요.

❽ **화면 보기** : 원하는 문서 보기 상태로 이동할 수 있어요.

❾ **확대/축소 슬라이드바** : 슬라이드바를 드래그하여 화면 보기 비율을 10~400%까지 확대 또는 축소할 수 있어요.

2 파일 불러와 텍스트 입력하기

01 [파일]-[열기]를 선택하고 [찾아보기]를 더블 클릭한 후 [열기] 대화상자가 나타나면 [01차시] 폴더에서 '엑셀 2016 만나기(예제).xlsx' 파일을 선택하고 [열기]를 클릭해요.

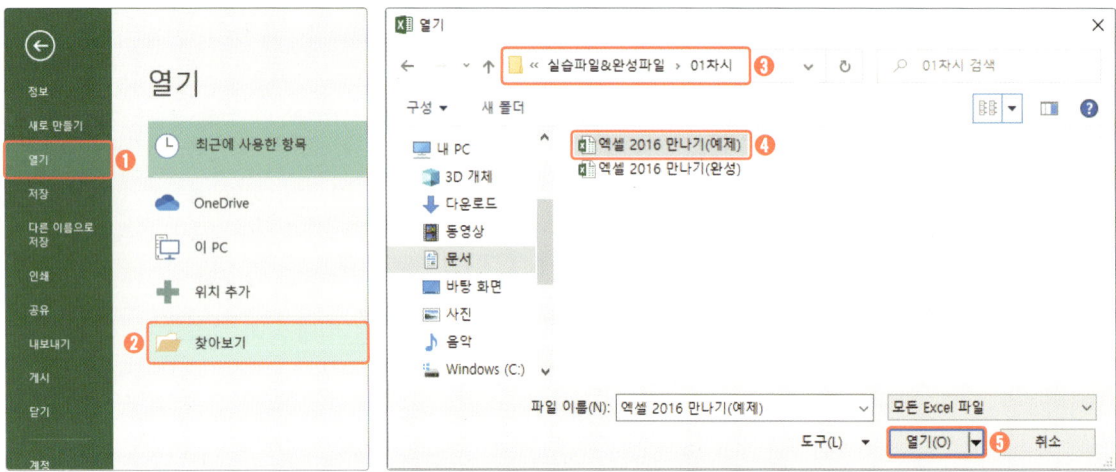

02 파일이 열리면 [B13] 셀을 클릭하고 텍스트를 입력한 후 Enter 를 눌러요.

03 같은 방법으로 [B14:C16] 셀에도 텍스트를 입력해요.

💡 [C13] 셀은 "영문이름(ENGLISH)"을 입력해요.

04 나머지 셀에도 다음과 같이 모두 입력해요.

05 입력한 텍스트의 글꼴을 바꾸기 위해 [B13:C16] 셀을 블록 지정해요. Ctrl을 누른 상태에서 [E13:F16] 셀, [H13:I16] 셀, [K13:L16] 셀을 블록 지정해요.

06 [홈] 탭-[글꼴] 그룹에서 글꼴을 지정해요.

- 경기천년제목 Medium

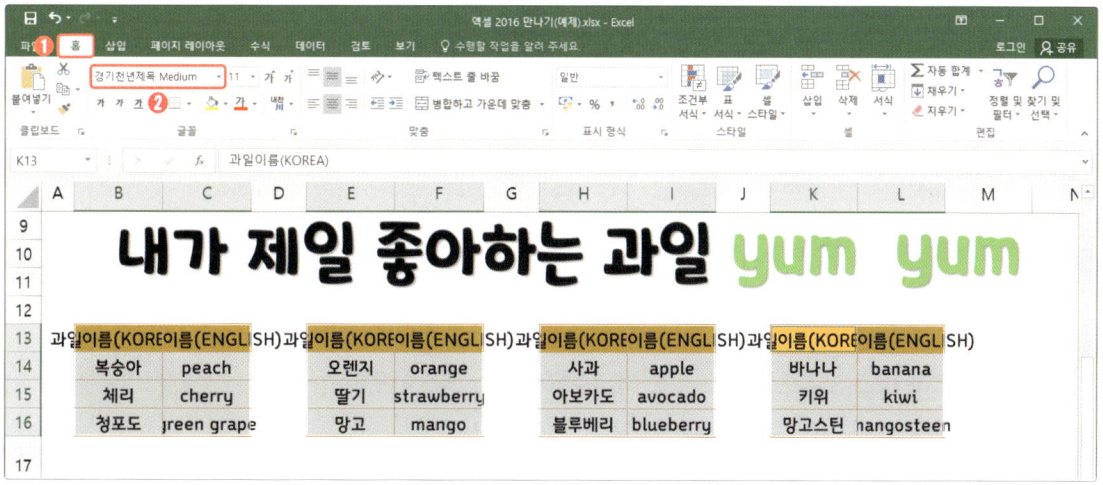

3 열 너비&행 높이 조절하기

01 [B13:C13], [E13:F13], [H13:I13], [K13:L13] 셀을 Ctrl을 이용하여 모두 블록 지정하고 **[홈] 탭-[맞춤] 그룹-[텍스트 줄 바꿈]**을 선택해요.

02 13행의 행 높이를 조절하기 위해 **13행과 14행의 행 머리글 사이**에 마우스 포인터를 놓고 더블 클릭해요.

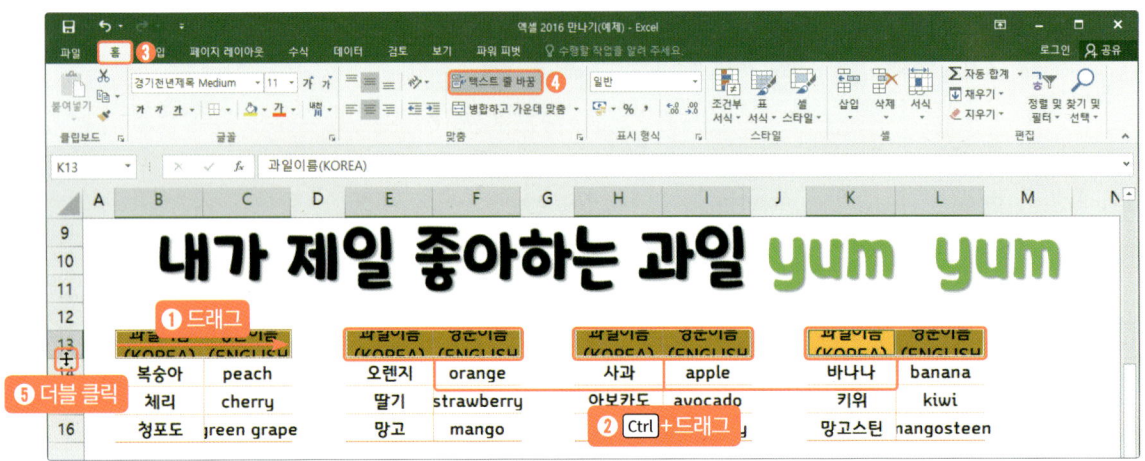

💡 열 머리글이나 행 머리글 사이를 더블 클릭하면 입력된 내용에 맞춰 자동으로 열 너비나 행 높이가 조절됩니다.

03 13행의 행 높이가 조절된 것을 확인하고 블록 지정을 해제하기 위해 아무 셀이나 클릭해요. 이번엔 영문이름이 셀 안에 모두 표시되도록 지정하기 위해 **C열과 D열의 열 머리글 사이**에 마우스 포인터를 놓고 더블 클릭해요.

04 같은 방법으로 **F열과 G열, I열과 J열, L열과 M열 사이**에서 마우스 포인터를 놓고 더블 클릭해 열 너비를 조절해 문서를 완성해요.

💡 열 머리글이나 행 머리글의 경계에 마우스 포인터를 드래그하여 너비를 조절해도 좋아요.

도덕 3 ▶ 공공장소에서 바르게 행동해요.

1 '규칙지키기(예제).xlsx' 파일을 실행하여 내용을 입력하고 작성 조건에 따라 문서를 완성해 보세요.

• 실습파일 : 규칙지키기(예제).xlsx   • 완성파일 : 규칙지키기(완성).xlsx

	교실	화장실	급식실	컴퓨터실
	수업시간에 떠들지 않아요.	줄을 서서 차례를 지켜서 이용해요.	줄을 서서 차례로 이용해야 해요.	음식물을 가지고 오지 않아요.
	수업시간에 돌아다니지 않아요.	용변을 본 후에는 물을 꼭 내려요.	친구와 크게 이야기를 하지 않아요.	허락 없이 인터넷이나 게임을 하지 않아요.
	친구에게 심하게 장난을 치지 않아요.	손을 씻을 때는 물이 튀지 않도록 주의해요.	기침을 할 때에는 침이튀지 않도록 팔로 가려요.	프로그램을 설치하거나 삭제하지 않아요.
	질문이 있을 땐 조용히 손을 들어요.	바닥이 미끄러울 수 있으니 뛰어다니지 않아요.	다 먹은 후에는 식판과 수저를 가져다 놓아요.	수업이 끝나면 컴퓨터를 끄고 자리를 정리해요.
	위험 물건으로 장난치지 않아요.		컵을 사용한 후에는 제자리에 놓아요.	돌아다니거나 떠들지 않아요.

- [B4:E4] 셀
  - 데이터 입력
  - 글꼴 'HY동녘M', 글꼴 크기 '16', 글꼴 색 '흰색, 배경 1', 가운데 맞춤
- [B6:E10] 셀
  - 데이터 입력
  - 글꼴 '경기천년제목 Light', 글꼴 크기 '13', 글꼴 색 '흰색, 배경 1', 가운데 맞춤
  - 텍스트 줄 바꿈

EXCEL 2016 #자동 채우기 #복사하기

02 자동 채우기로 시간표 만들기

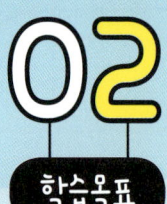

- 자동 채우기 기능을 활용하여 데이터를 쉽게 입력할 수 있습니다.
- 복사하기 기능을 이용하여 데이터를 쉽게 입력할 수 있습니다.
- 완성된 파일을 다른 이름으로 저장할 수 있습니다.

☆ **자동 채우기** 요일이나 날짜 등 일정한 규칙이 있는 데이터가 입력되어 있는 셀의 채우기 핸들을 이용하면 쉽게 데이터 입력을 완료할 수 있어요.

실습파일 : 시간표(예제).xlsx　　**완성파일** : 시간표(완성).xlsx

미리보기

1 자동 채우기로 텍스트 입력하기

01 '시간표(예제).xlsx' 파일을 불러옵니다. 제목을 입력하기 위해 **[D2]** 셀을 클릭하고 텍스트를 입력해요.

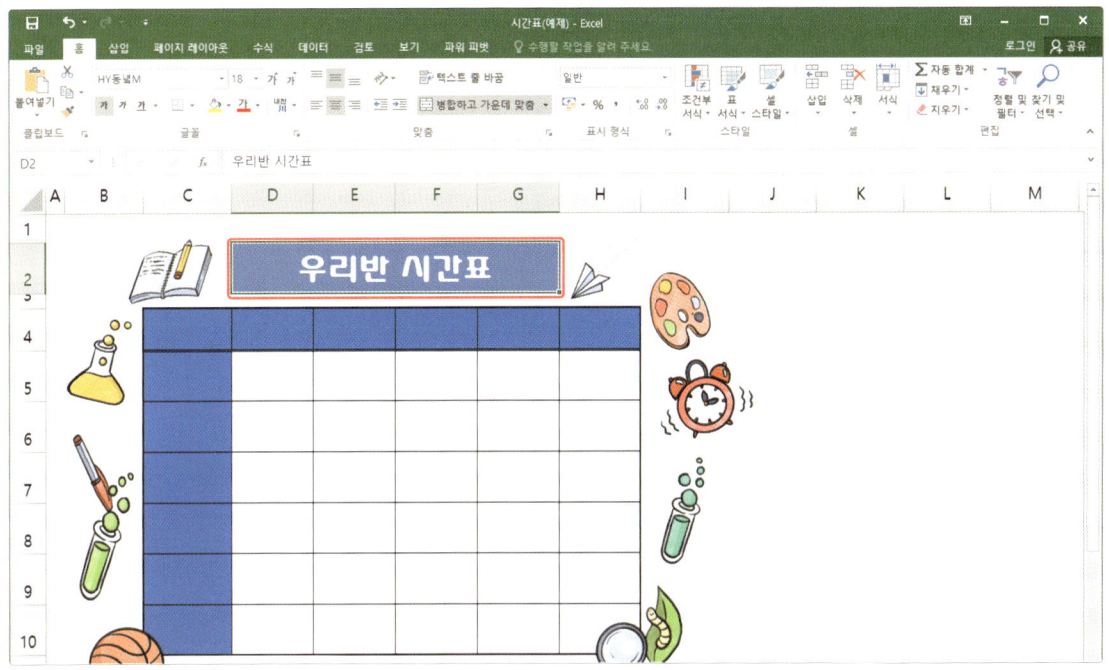

02 같은 방법으로 **[C4]** 셀을 클릭하고 **"구분"** 텍스트를 입력해요.

03 이번엔 **[D4]** 셀에 **"월"** 텍스트를 입력해요. **[D4]** 셀의 오른쪽 아래 채우기 핸들을 **[H4]** 셀까지 드래그해요.

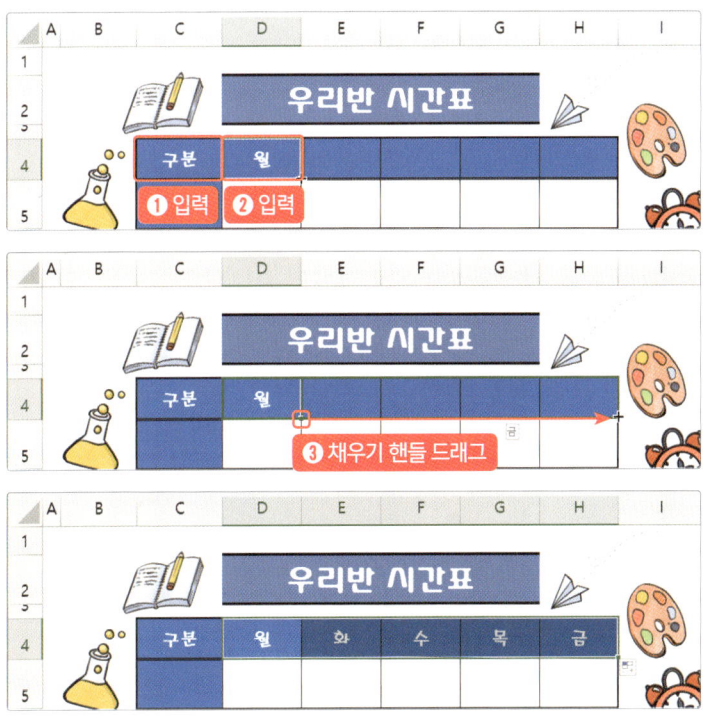

- 숫자나 날짜를 채우기 핸들을 이용하여 드래그하면 1씩 증가하면서 표시돼요.
- 텍스트를 채우기 핸들을 이용하여 드래그하면 동일한 내용이 복사돼요.

04 [C5] 셀에 "**1교시**" 텍스트를 입력하고 채우기 핸들을 [C10] 셀까지 드래그해요.

2 복사하기로 텍스트 입력하기

01 시간표의 과목을 입력하기 위해 [D5] 셀에 "**국어**"를 입력해요. 입력한 텍스트를 다른 셀에도 입력하기 위해 [D5] 셀을 선택하고 Ctrl + C 를 눌러 복사해요.

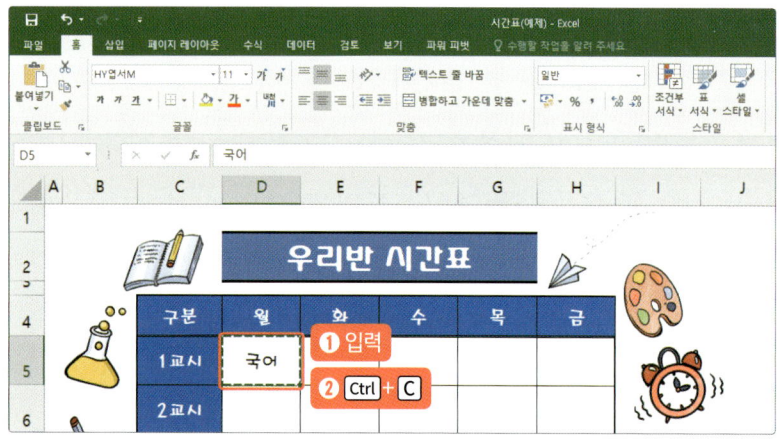

02 [F7] 셀을 선택하고 Ctrl + V 를 눌러 붙여넣기 해요. 계속해서 [G7] 셀과 [H5] 셀도 각각 클릭하여 Ctrl + V 를 눌러 붙여넣기 해요.

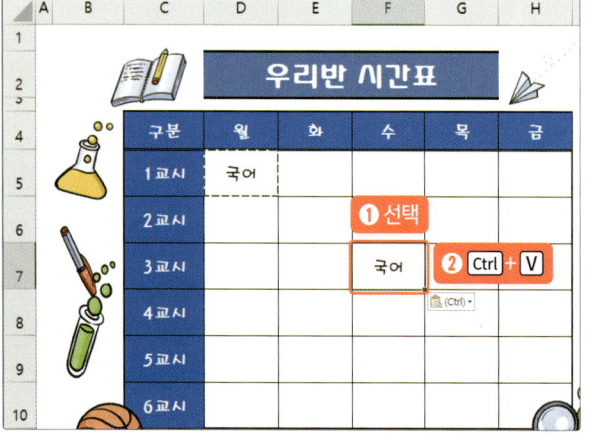
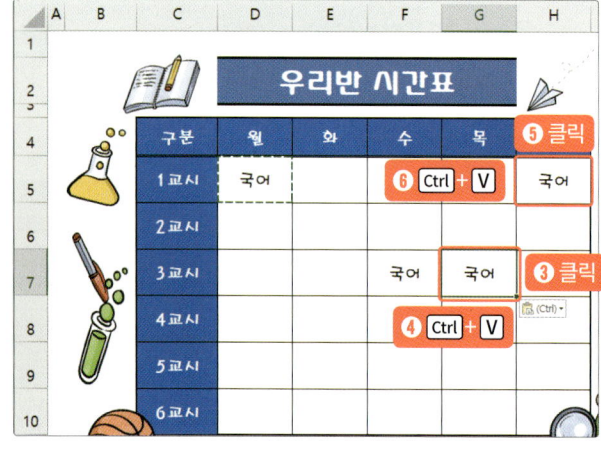

3 여러 셀에 한꺼번에 텍스트 입력하기

01 [D6] 셀에 "**영어**"를 입력하고 [D6] 셀을 선택한 후 Ctrl+C를 눌러 복사해요. 영어가 입력되어야 할 [E8], [F6], [G8], [H9] 셀을 Ctrl을 이용하여 모두 선택한 후 Ctrl+V를 눌러 붙여넣기 해요.

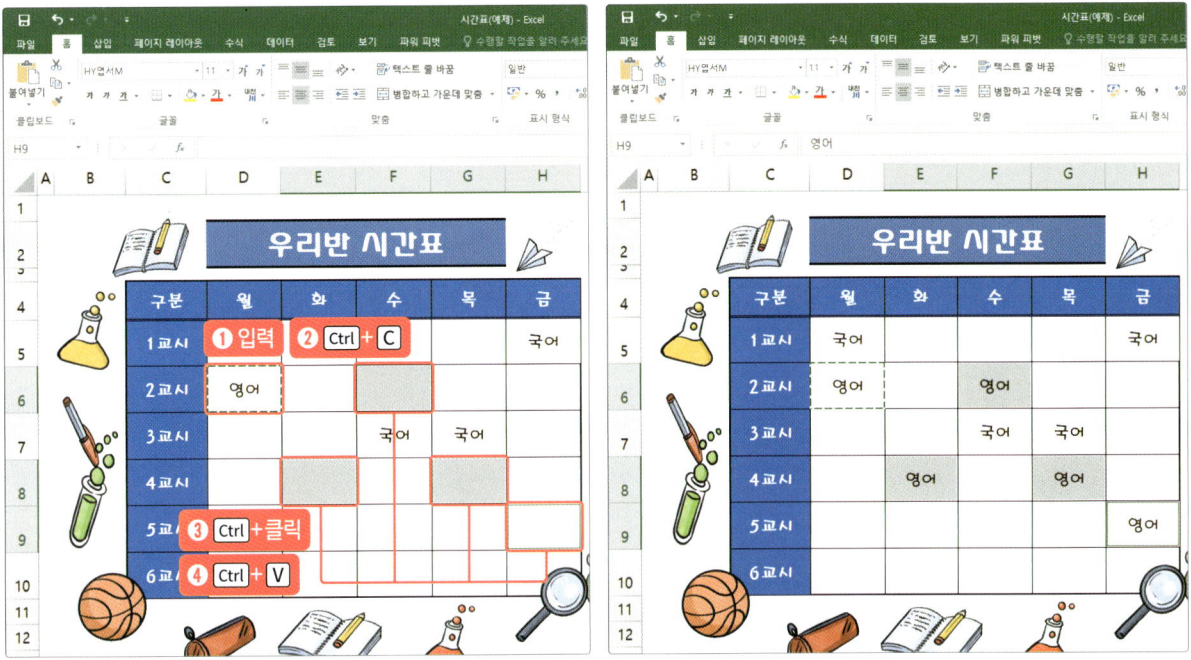

02 같은 방법으로 나머지 셀에도 시간표 과목을 입력해요.

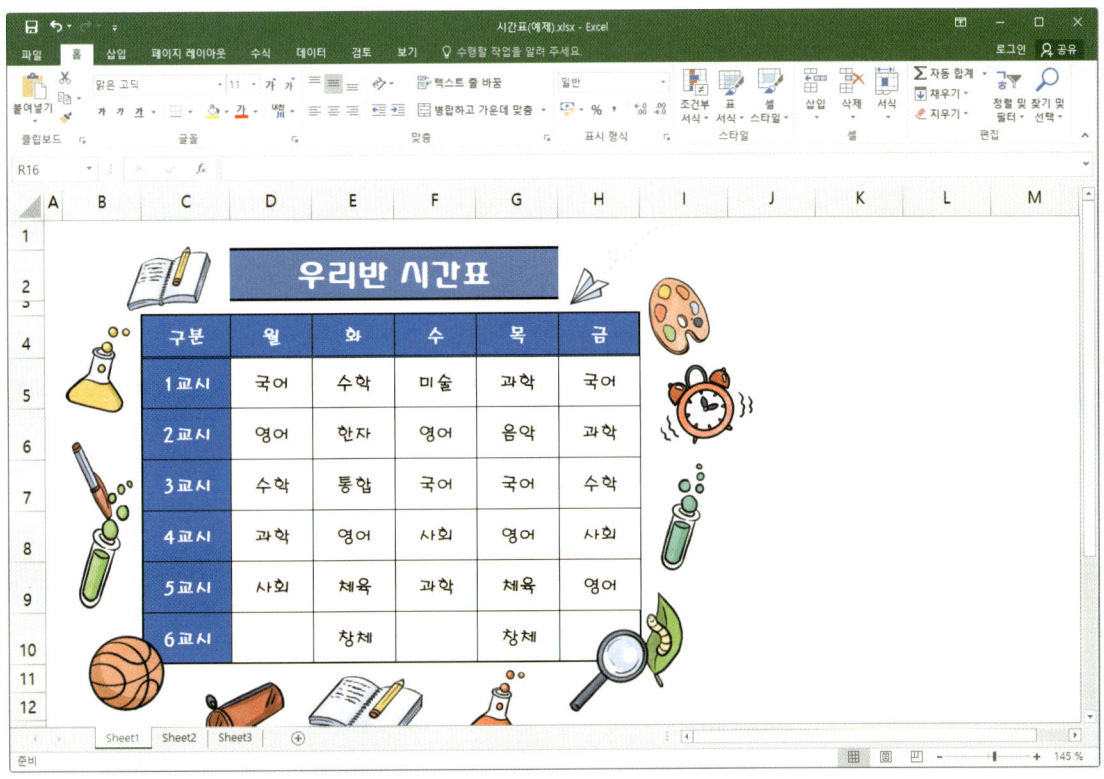

4 선 모양 지정하기

01 복사하기 과정을 통해 바깥쪽 테두리의 굵은 선이 가는 실선으로 변경되었으므로 테두리를 다시 지정하기 위해 **[C4:H10]** 셀을 블록 지정하고 **[홈] 탭-[글꼴] 그룹-[테두리]**에서 '**굵은 바깥쪽 테두리**'를 선택해요.

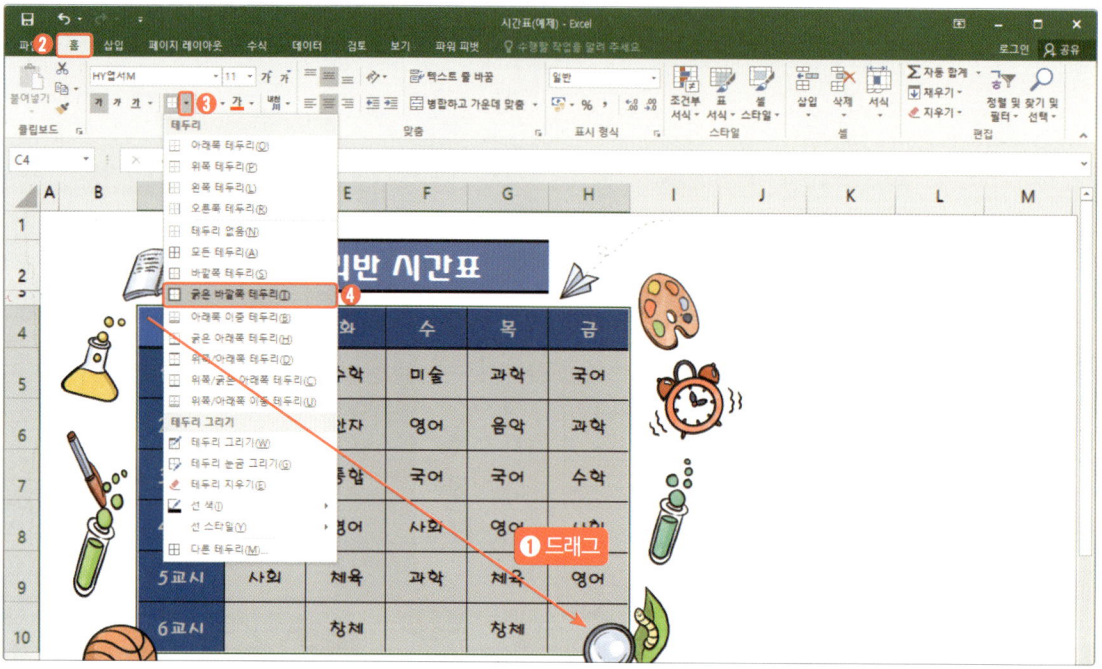

5 다른 이름으로 저장하기

01 완성된 시간표를 다른 이름으로 저장하기 위해 **[파일] 탭-[다른 이름으로 저장]**을 클릭하고, **[이 PC]-[바탕 화면]**을 클릭해요. 바탕 화면에 자신의 이름으로 폴더를 만들어 '파일 이름'에 파일명을 입력하고 **[저장]**을 클릭해요.

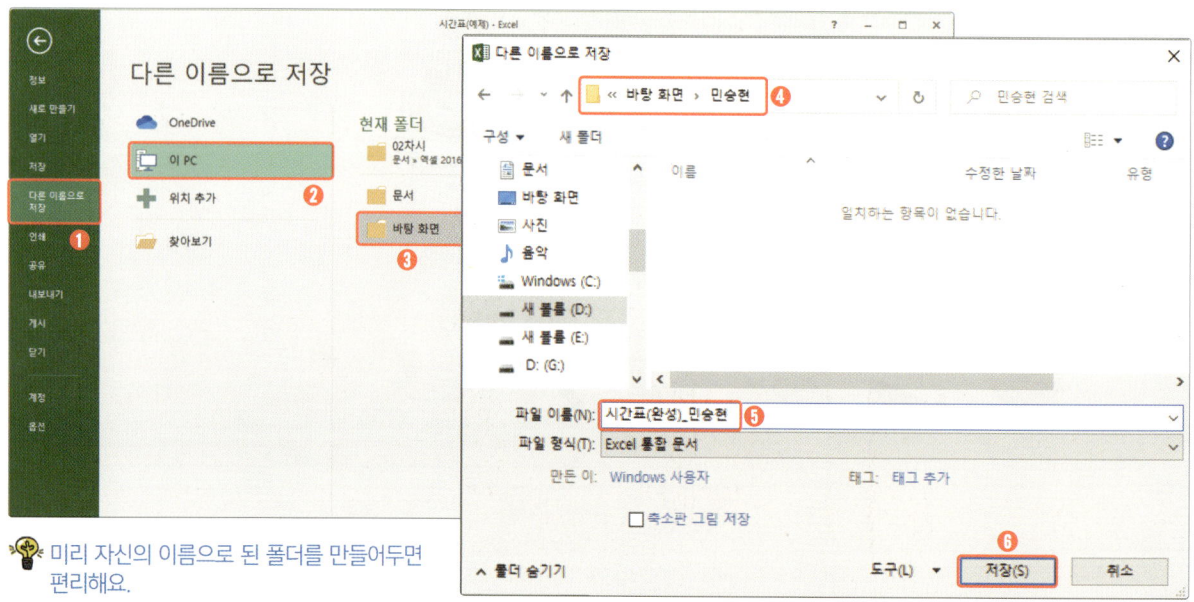

미리 자신의 이름으로 된 폴더를 만들어두면 편리해요.

혼자서 뚝딱뚝딱

1 '운동기록(예제).xlsx' 파일을 실행하고 자동 채우기와 복사 기능을 이용하여 문서를 완성해 보세요.

• 실습파일 : 운동기록(예제).xlsx   • 완성파일 : 운동기록(완성).xlsx

나의 운동기록

날짜	걷기	줄넘기	달리기
03월 01일	20분	50회	5분
03월 02일	15분	50회	5분
03월 03일	19분	70회	7분
03월 04일	25분	40회	5분
03월 05일	비 와서 휴식		
03월 06일	20분	60회	5분
03월 07일	15분	55회	6분

💡 [B6] 셀에 날짜는 '3-1'로 입력하고 채우기 핸들을 [B12] 셀까지 드래그해요.

2 과학 5-2 ▶ 날씨와 우리 생활

'이번주 날씨(예제).xlsx' 파일을 실행하고 자동 채우기와 복사 기능을 이용하여 문서를 완성해 보세요.

• 실습파일 : 이번주 날씨(예제).xlsx   • 완성파일 : 이번주 날씨(완성).xlsx

우리동네 주간 날씨

날짜	요일	날씨	최저온도	최고온도
03월 03일	월요일	☀️	1	13
03월 04일	화요일	🌦️	-1	10
03월 05일	수요일	☀️	0	14
03월 06일	목요일	☁️	-2	12
03월 07일	금요일	☀️	2	13
03월 08일	토요일	☀️	5	13

💡 [B5] 셀에 날짜는 '3-3'으로 입력하고 채우기 핸들을 [B10] 셀까지 드래그해요.

EXCEL 2016 #셀 서식 #채우기 색 #테두리

03 셀 서식으로 효도쿠폰 만들기

학습목표
- 글꼴, 글꼴 크기, 글꼴 색을 변경할 수 있습니다.
- 셀 서식 기능을 활용하여 셀 안에 채우기 색을 지정할 수 있습니다.
- 셀 서식 기능을 활용하여 테두리를 지정할 수 있습니다.

★ 셀 서식 셀에 입력된 텍스트의 글꼴, 글꼴 크기, 글꼴 색, 정렬을 변경하거나 셀 테두리, 채우기 색 등을 설정할 수 있어요.

실습파일 : 효도쿠폰(예제).xlsx   **완성파일** : 효도쿠폰((완성).xlsx

미리보기

1 텍스트 입력하고 서식 설정하기

01 '효도쿠폰(예제).xlsx' 파일을 실행하고 다음과 같이 텍스트를 입력해요.

💡 '♥'는 자음 "ㅁ"을 입력하고 [한자]를 눌러 목록이 열리면 클릭해 입력할 수 있어요.

02 쿠폰 이름의 서식을 지정하기 위해 [C5] 셀을 선택하고 [홈] 탭-[글꼴] 그룹에서 글꼴, 글꼴 크기, 글꼴 색을 지정하고, [맞춤] 그룹에서 **정렬**을 지정해요.

- ❸ 경기천년제목 Medium ❹ 22
  ❺ 빨강 ❻ 가운데 맞춤

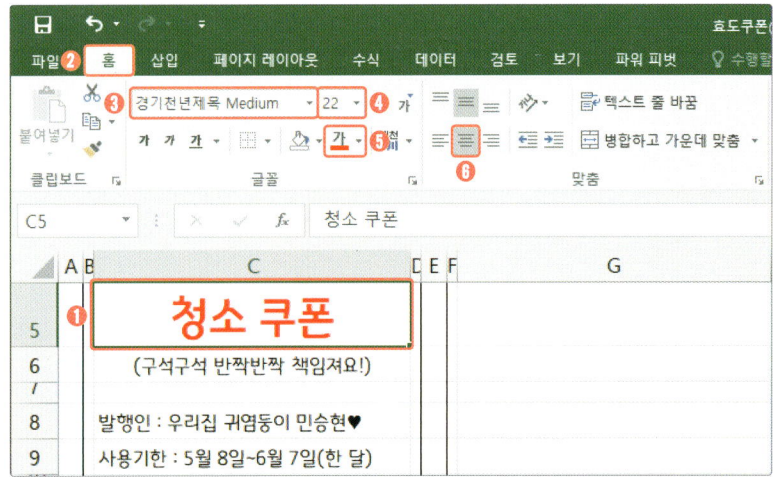

03 일부 텍스트만 글꼴 색을 변경하기 위해 [C8] 셀을 더블 클릭하고 글꼴 색을 변경할 텍스트만 블록 지정한 후 [홈] 탭-[글꼴] 그룹에서 글꼴 색을 '**파랑**'으로 지정해요.

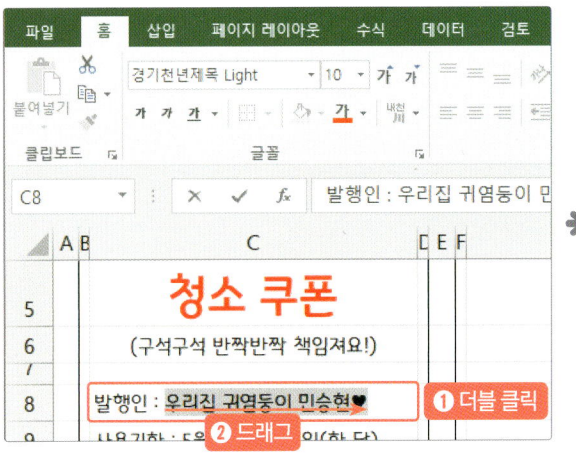
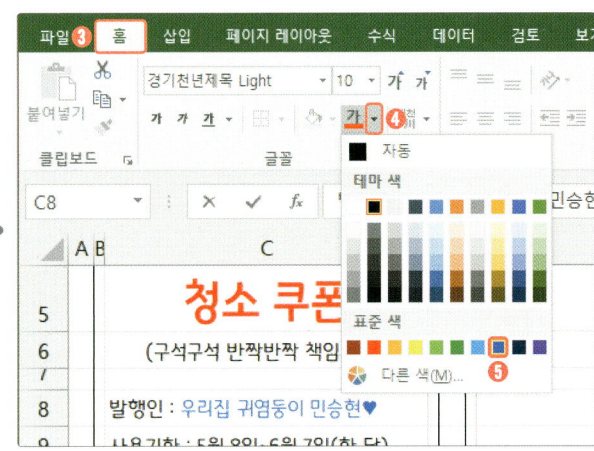

03 셀 서식으로 효도쿠폰 만들기 17

04 같은 방법으로 [C9] 셀의 일부 텍스트에도 글꼴 색을 '**파랑**'으로 지정해요. 이번엔 [C15] 셀을 선택하고 [**홈**] 탭-[글꼴] 그룹에서 글꼴을 '**MD개성체**'로 지정해요.

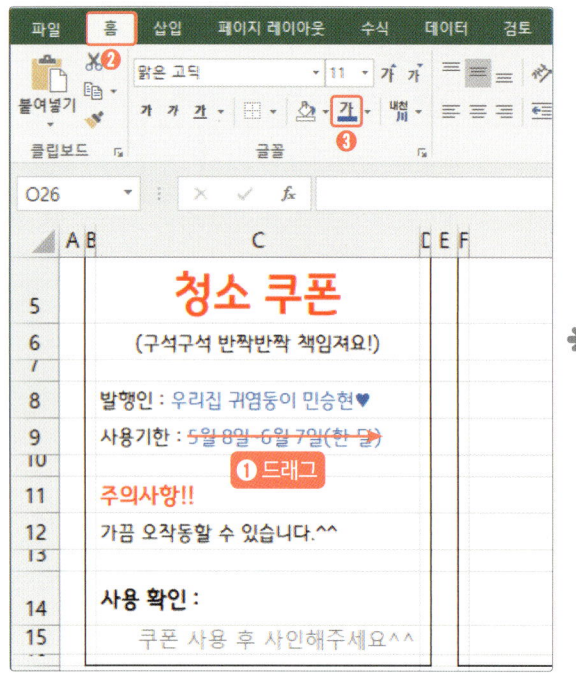 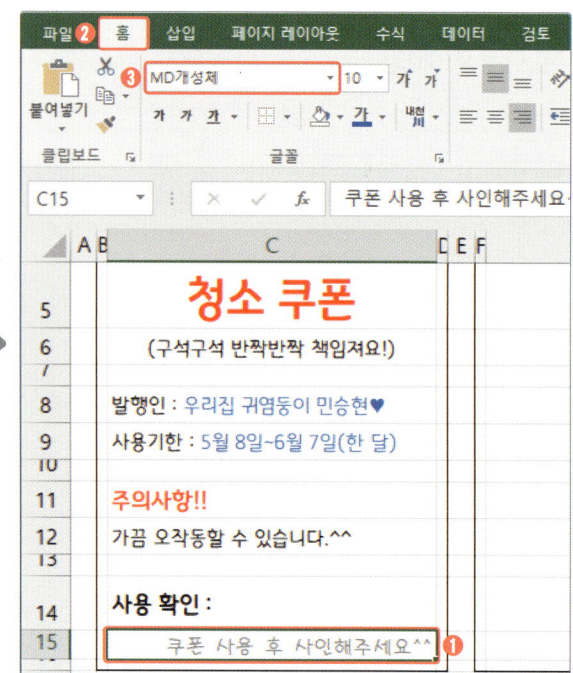

05 셀에 채우기 색을 지정하기 위해 [C3] 셀을 선택하고 [**홈**] 탭-[글꼴] 그룹에서 채우기 색을 '**노랑**'으로 지정해요.

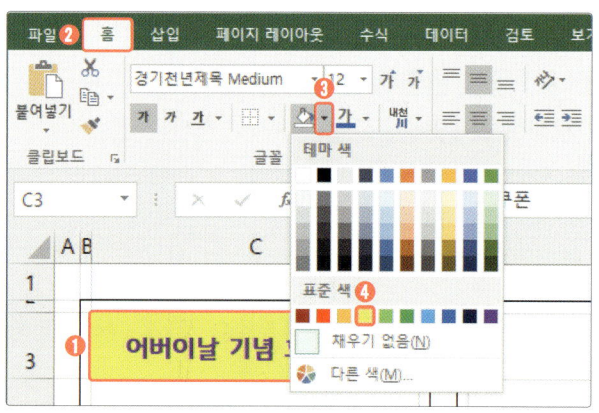

06 셀에 테두리를 지정하기 위해 [C3]을 선택하고 Ctrl을 누른 상태에서 [C13] 셀을 클릭해요. [**홈**] 탭-[글꼴] 그룹-[테두리]-[굵은 아래쪽 테두리]를 클릭해요.

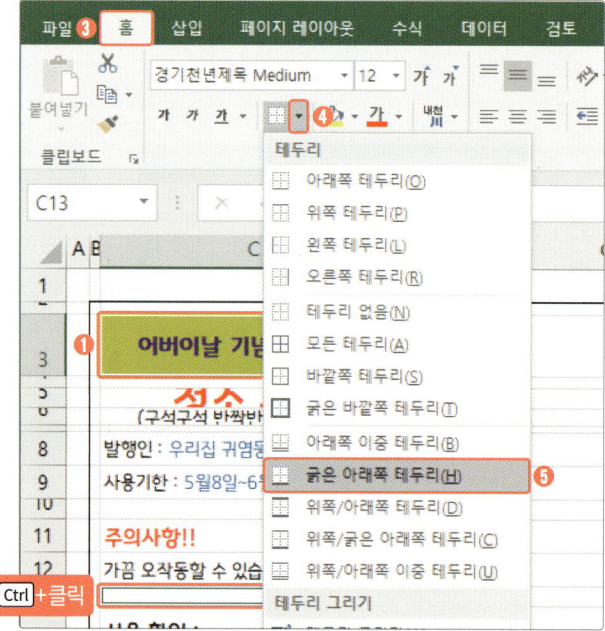

2 셀 복사하고 서식 변경하기

01 만든 쿠폰을 복사하기 위해 [C3:C15] 셀을 블록 지정하고 Ctrl + C 를 눌러 복사해요.

02 [G3] 셀을 선택하고 Ctrl + V 를 눌러 붙여넣기 해요.

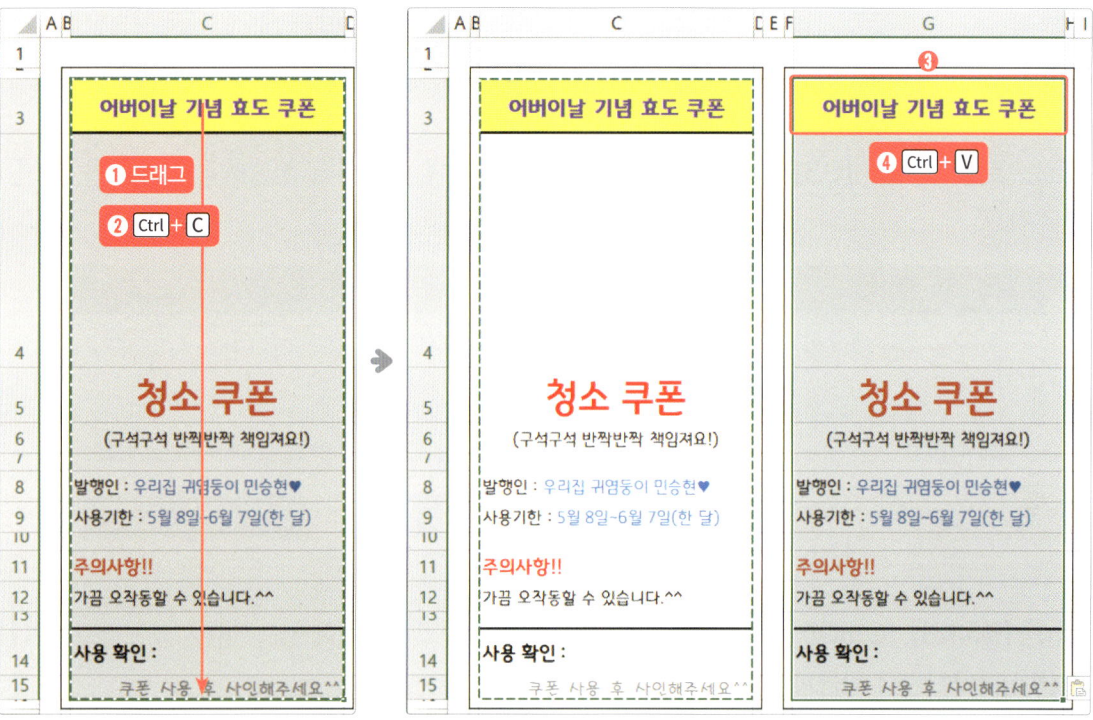

03 같은 방법으로 [K3] 셀과 [O3] 셀에도 붙여넣기 해요.

- Ctrl + C 를 누르면 복사한 영역이 점선으로 표시되며 Ctrl + V 로 계속 붙여넣기 할 수 있어요.
- Esc 를 누르거나 셀에 내용을 입력하면 복사 영역의 점선이 사라지므로 붙여넣기를 할 수 없어요.

04 [G3] 셀을 선택하고 [홈] 탭-[글꼴] 그룹에서 채우기 색을 '**황금색, 강조 4**'를 지정해요.

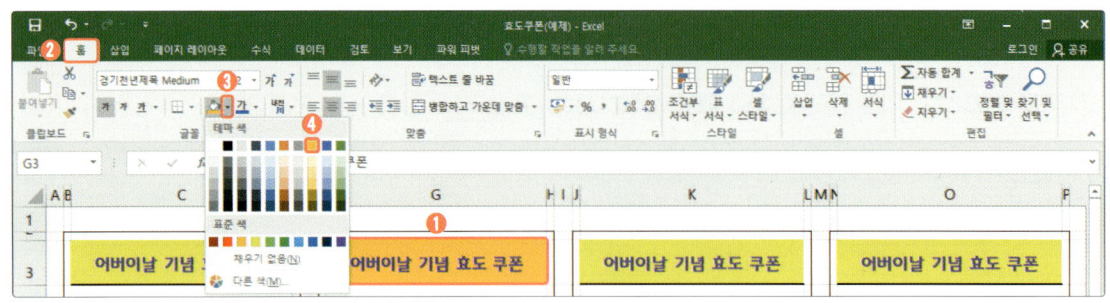

05 같은 방법으로 [K3] 셀과 [O3] 셀에도 각각 '**파랑, 강조 1**', '**녹색, 강조 6**'을 지정하고, 글꼴 색을 '**흰색, 배경 1**'로 지정해요.

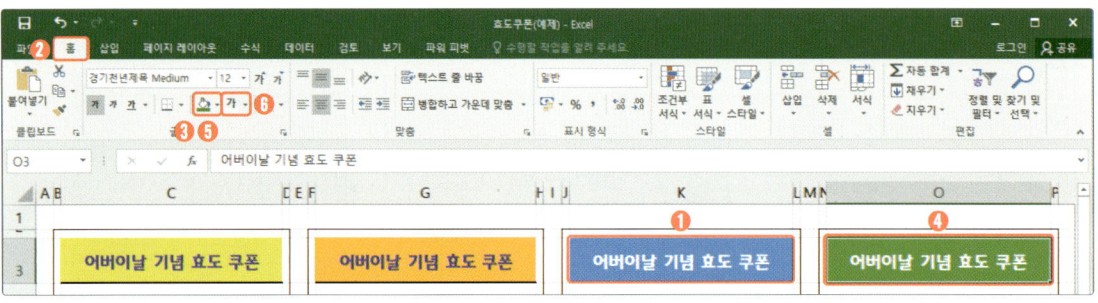

06 [G5:G6], [K5:K6], [O5:O6] 셀의 쿠폰 이름과 설명을 입력하고 아래쪽에 있는 이미지를 드래그하여 [C4], [G4], [K4], [O4] 셀에 다음과 같이 배치해요.

💡 이미지의 크기를 조절해 배치해요.

07 [보기] 탭-[표시] 그룹에서 '**눈금선**'의 **체크를 해제**하면 눈금선이 보이지 않아 보다 깔끔하게 완성할 수 있어요.

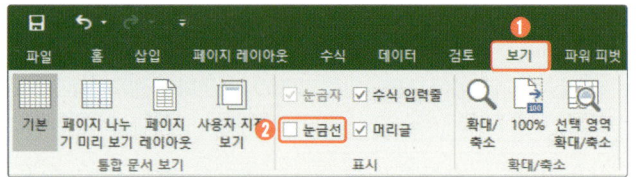

1 '특강신청현황(예제).xlsx' 파일을 실행하여 내용을 입력하고 작성 조건에 따라 문서를 완성해 보세요.

• 실습파일 : 특강신청현황(예제).xlsx   • 완성파일 : 특강신청현황(완성).xlsx

- [B2:F2] 셀 : 글꼴 '양재소슬체S', 글꼴 크기 '17', 글꼴 색 '흰색, 배경 1', 채우기 색 '자주'
- [B4:F9] 셀 : 테두리 '모든 테두리, 굵은 바깥쪽 테두리', 선 색 '주황, 강조 2'
- [B4:F4] 셀 : 채우기 색 '주황'

영어 3-2 ▶ What is this?

2 '동물단어카드(예제).xlsx' 파일을 실행하여 내용을 입력하고 작성 조건에 따라 문서를 완성해 보세요.

• 실습파일 : 동물단어카드(예제).xlsx   • 완성파일 : 동물단어카드(완성).xlsx

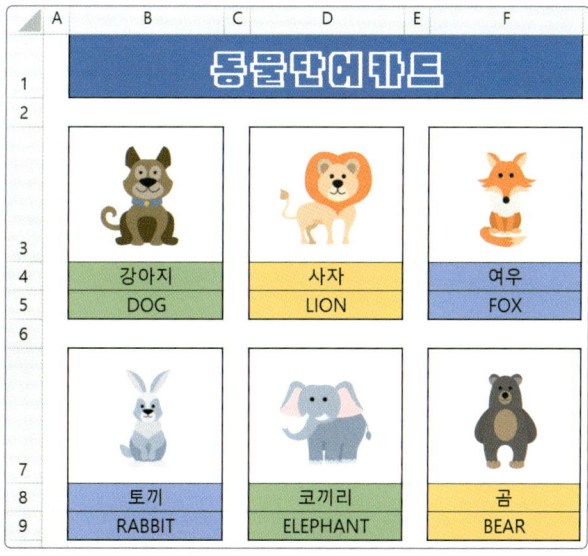

- [B1:F1] : 글꼴 '양재블럭체', 글꼴 색 '흰색, 배경 1', 글꼴 크기 '24', '굵게', '굵은 바깥쪽 테두리', 채우기 색 '파랑, 강조 1, 25% 더 어둡게'
- [B3:B5], [D3:D5], [F3:F5], [B7:B9], [D7:D9], [F7:F9] : 테두리 '모든 테두리, 굵은 바깥쪽 테두리'
- [B4:B5], [D8:D9] : 채우기 색 '녹색, 강조 6, 40% 더 밝게'
- [D4:D5], [F8:F9] : 채우기 색 '황금색, 강조 4, 40% 더 밝게'
- [F4:F5], [B8:B9] : 채우기 색 '파랑, 강조 5, 40% 더 밝게'

EXCEL 2016　#셀 스타일 #한자 변환 #병합하고 가운데 맞춤

04 셀 스타일로 한자 사전 만들기

학습목표
- 한글을 한자로 변환할 수 있습니다.
- 셀 스타일을 지정할 수 있습니다.
- 여러 셀을 하나의 셀로 병합할 수 있습니다.

✯ **셀 스타일** 서로 다른 서식(글꼴, 글꼴 크기, 글꼴 색 등)을 미리 정의된 스타일로 통일시켜 주는 기능이에요.

실습파일 : 한자사전(예제).xlsx　　**완성파일** : 한자사전(완성).xlsx

미리보기

1 한자 변환하기

01 '한자사전(예제).xlsx' 파일을 실행해요. 한자로 변환하기 위해서는 먼저 한글을 입력해야 해요. **[B21]** 셀에 "**목**"을 입력하고 한자 를 눌러 하위 목록에서 알맞은 한자를 클릭해요.

02 같은 방법으로 [B24], [B27], [G21], [G24], [G27] 셀에도 한자를 입력해요.

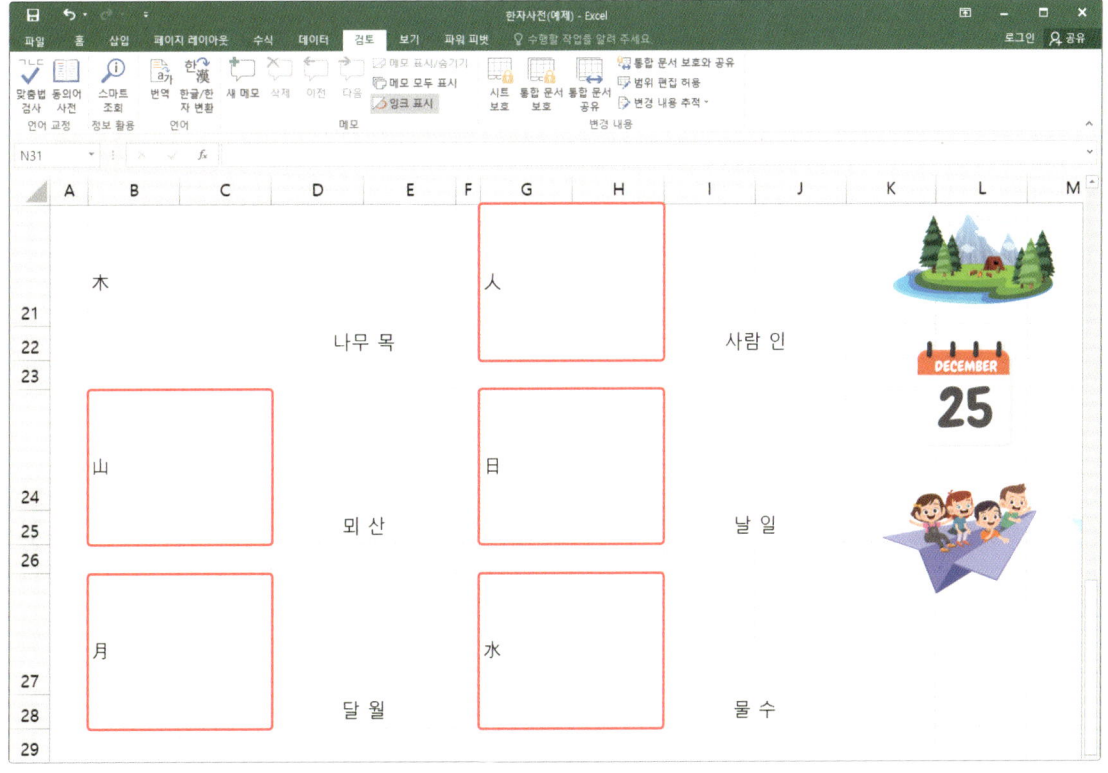

💡 [검토] 탭-[언어] 그룹-[한글/한자 변환] 메뉴를 이용해도 되고, 단어를 입력하여 한자로 변환할 수도 있어요.

2 셀 스타일 지정하기

01 한자가 입력된 셀에 셀 스타일을 지정하기 위해 Ctrl을 이용하여 [B21], [B24], [B27], [G21], [G24], [G27] 셀을 블록 지정하고 **[홈] 탭-[스타일] 그룹-[셀 스타일]-[나쁨]**을 클릭해요.

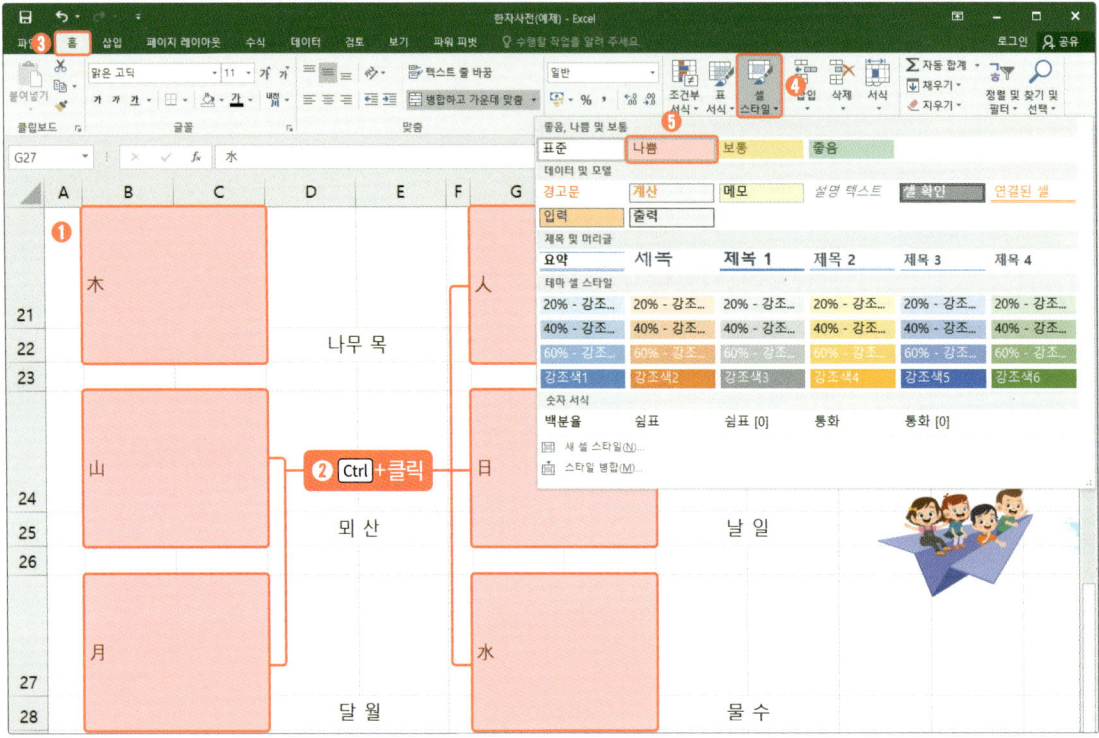

02 블록이 지정된 상태에서 **[홈] 탭-[글꼴] 그룹**에서 **글꼴 크기(60)**를 지정하고, **[맞춤] 그룹**에서 **가운데 맞춤**을 지정해요.

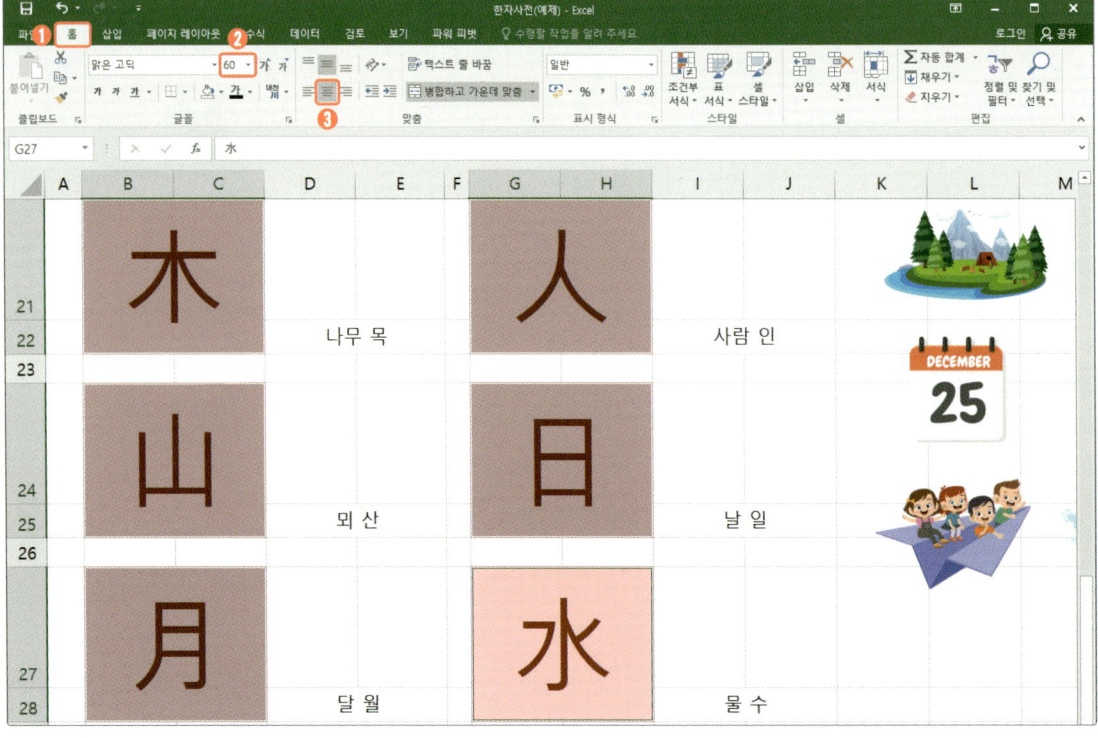

24

3 다양한 서식 지정하기

01 이번엔 [D22], [D25], [D28], [I22], [I25], [I28] 셀을 Ctrl을 이용하여 모두 블록 지정하고 [홈] 탭-[글꼴] 그룹-[채우기 색]-[주황, 강조 2, 40% 더 밝게]를 클릭해요.

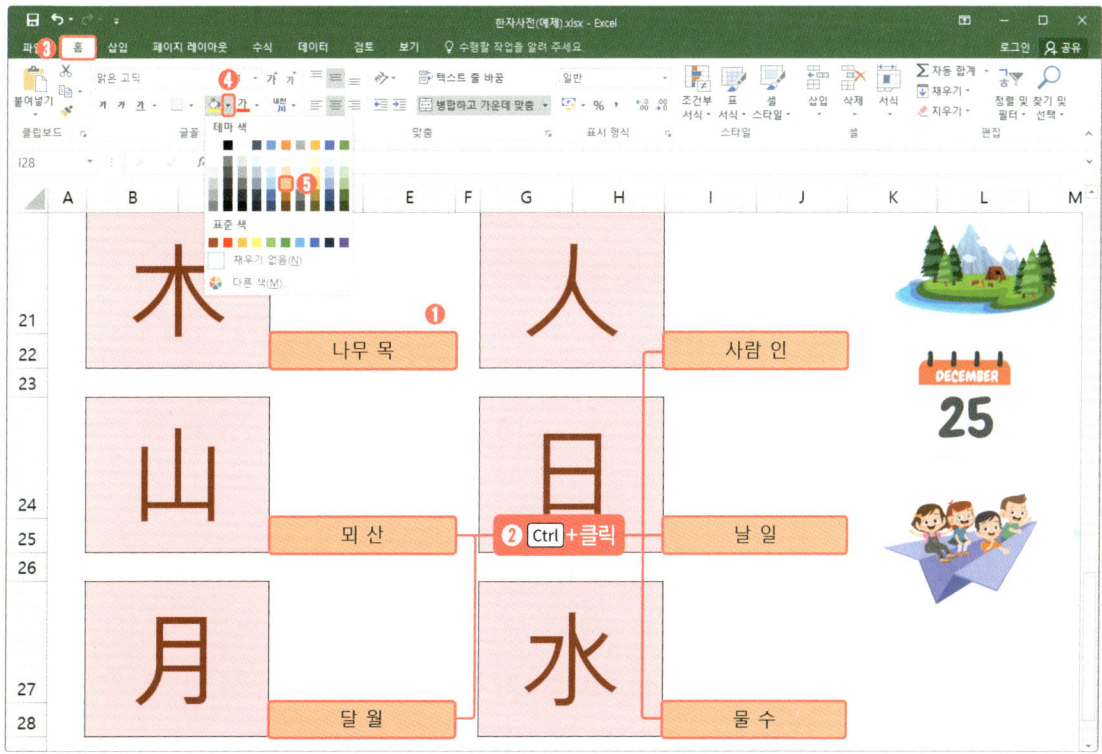

02 블록이 지정된 상태에서 [홈] 탭-[글꼴] 그룹에서 글꼴(경기천년제목 Medium)을 지정해요. 한자의 '음'에 해당하는 부분(목, 산, 월, 인, 일, 수)만 각각 블록 지정하여 [홈] 탭-[글꼴] 그룹에서 글꼴 색(빨강)을 지정해요.

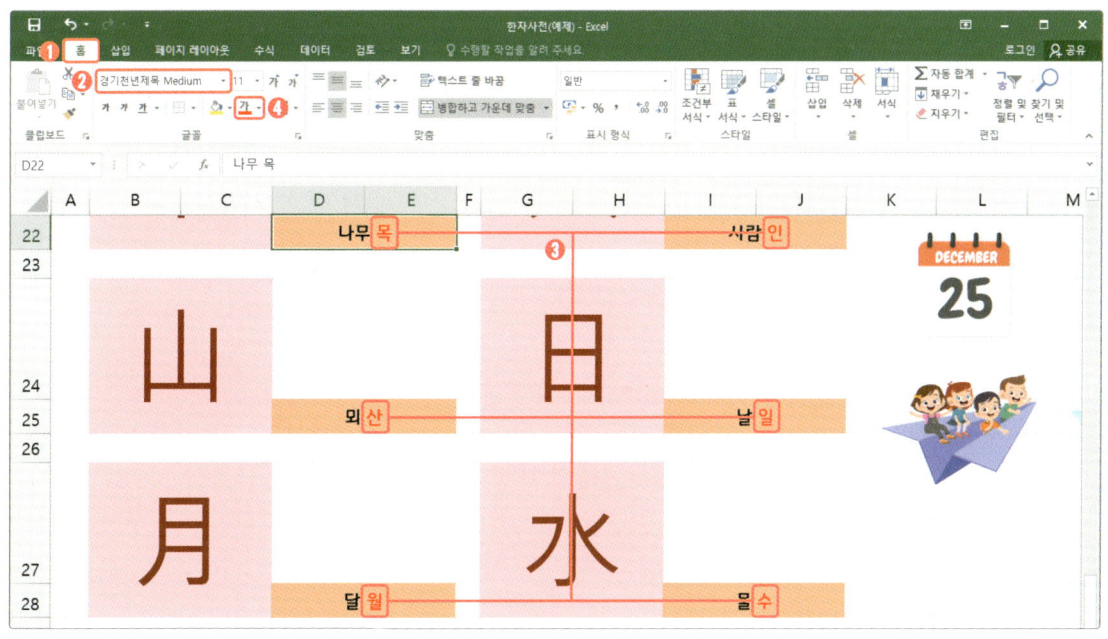

※ 블록 지정된 상태에서 임의의 셀을 클릭해도 블록을 해제할 수 있어요.

03 셀 테두리를 지정하기 위해 Ctrl을 이용하여 [B21:E22], [B24:E25], [B27:E28], [G21:J22], [G24:J25], [G27:J28] 셀을 블록 지정하고 [홈] 탭-[글꼴] 그룹-[테두리]-[모든 테두리]를 선택해요.

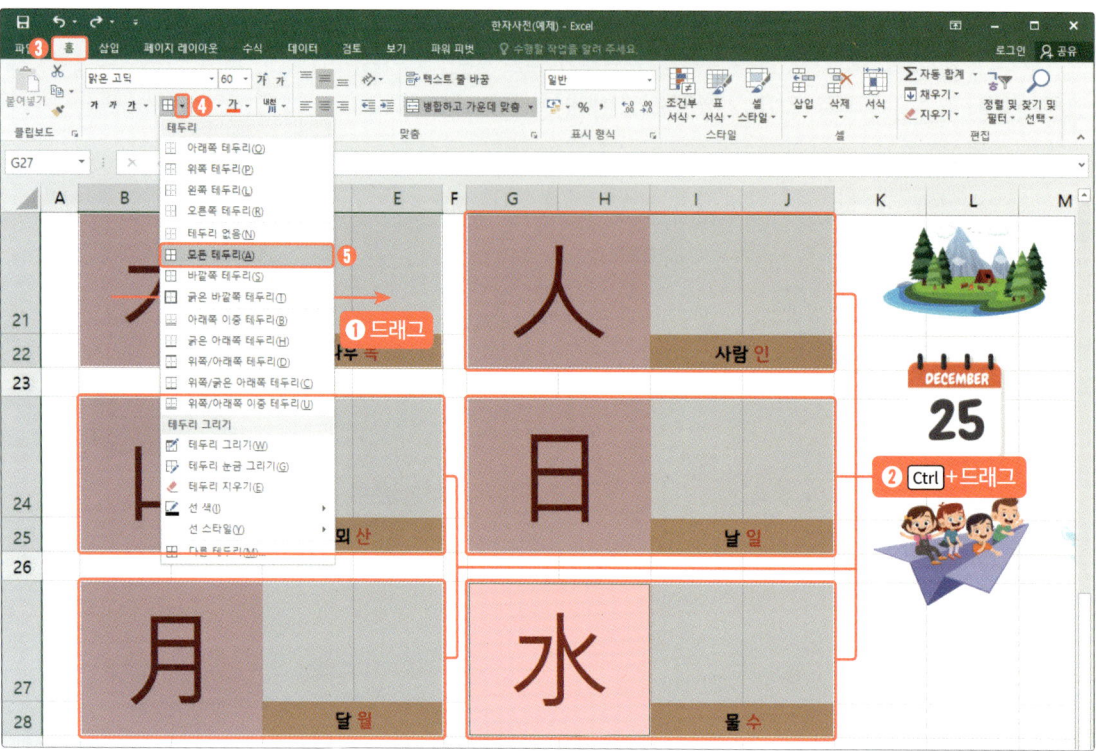

04 셀을 병합하기 위해 [D21:E21], [D24:E24], [D27:E27], [I21:J21], [I24:J24], [I27:J27] 셀을 블록 지정하고 [홈] 탭-[맞춤] 그룹-[병합하고 가운데 맞춤]을 클릭해요.

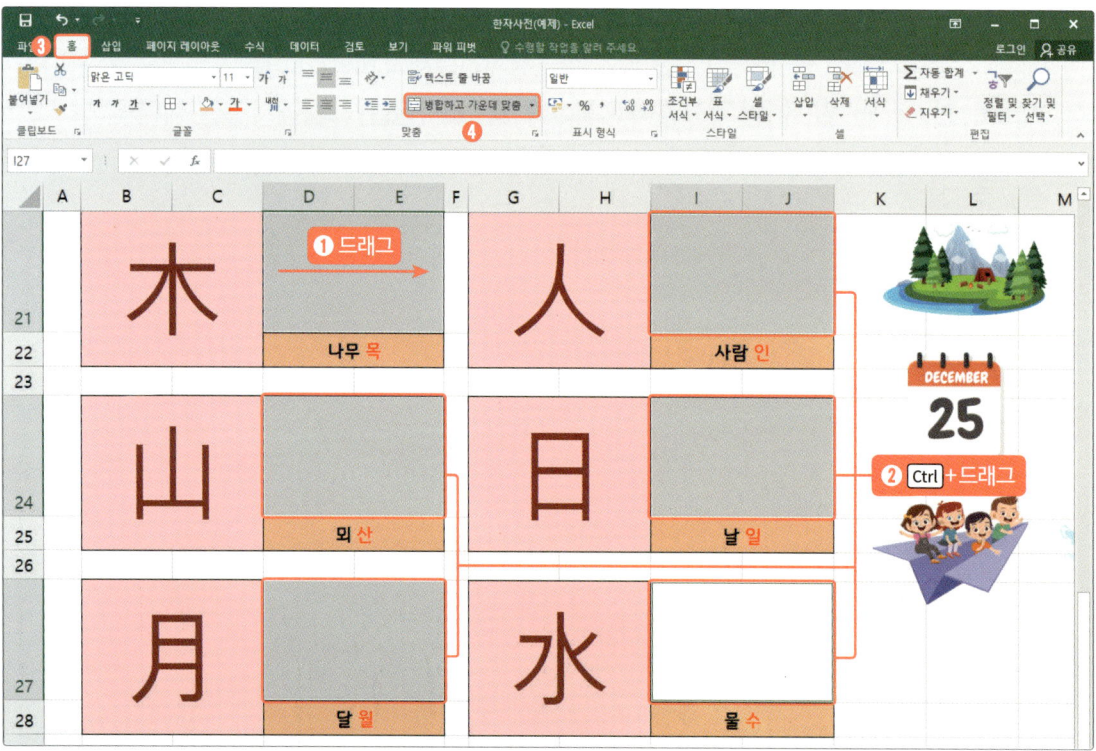

05 오른쪽에 있는 이미지를 드래그하여 병합한 셀에 알맞게 배치해 완성해요.

국어 1-1 ▶ 재미있게 ㄱㄴㄷ

1 '글씨쓰기 연습장(예제).xlsx' 파일을 실행하고 작성 조건에 따라 서식을 지정해 보세요.

• 실습파일 : 글씨쓰기 연습장(예제).xlsx   • 완성파일 : 글씨쓰기 연습장(완성).xlsx

- 한자 연습장
  - [B3:B4] 셀 : [홈] 탭-[스타일] 그룹-[메모] 지정 후 [H4] 셀까지 채우기 핸들로 채우기
  - [B6:B7], [B9:B10], [B12:B13], [B15:B16], [B18:B19], [B21:B22] 셀들도 동일하게 스타일 지정 후 채우기 핸들로 채우기
  - [B3:H3], [B6:H6], [B9:H9], [B12:H12], [B15:H15], [B18:H18], [B21:H21] 셀 : 글꼴 크기 '22', '굵게'
  - [C3:H22] : 글꼴 색 '흰색, 배경 1, 15% 더 어둡게'
- 자음 연습장
  - [J3:J4] 셀 : [홈] 탭-[스타일] 그룹-[보통] 지정 후 [P4] 셀까지 채우기 핸들로 채우기
  - [J6:J7], [J9:J10], [J12:J13], [J15:J16], [J18:J19], [J21:J22] 셀들도 동일하게 스타일 지정 후 채우기 핸들로 채우기
  - [J3:P3], [J6:P6], [J9:P9], [J12:P12], [J15:P15], [J18:P18], [J21:P21] 셀 : 글꼴 크기 '22', '굵게'
  - [K3:P22] : 글꼴 색 '흰색, 배경 1, 25% 더 어둡게'
- 모든 데이터 가운데 맞춤

EXCEL 2016

#그림 삽입 #그림 밝기 및 대비 #배경 제거

05 그림 삽입으로 공룡도감 만들기

학습목표

- 문서에 그림을 삽입할 수 있습니다.
- 삽입한 그림의 밝기, 채도를 변경할 수 있습니다.
- 삽입한 그림의 배경을 제거할 수 있습니다.

★ 그림 컴퓨터에 저장된 그림을 삽입할 수 있고, 삽입한 그림은 밝기나 투명도 등을 조절해 그림을 예쁘게 꾸밀 수 있어요.

실습파일 : 공룡도감(예제).xlsx, 이미지 파일(공룡01~공룡08)　　완성파일 : 공룡도감(완성).xlsx

미리보기

띵동! 신기한 공룡이야기

이름	스테고사우루스	티라노사우루스	파라사우롤로푸스	브라키오사우루스
모습				
몸길이	9m	13m	10m	26m
높이	4m	5m	3m	13m

이름	프테라노돈	플레시오사우루스	트리케라톱스	파키케팔로사우루스
모습				
몸길이	5m	4m	8m	4m
높이	2m	1m	3m	2m

 **1 데이터 입력하고 행 높이 조절하기**

01 '공룡도감(예제).xlsx' 파일을 실행하고 다음과 같이 텍스트를 입력해요.

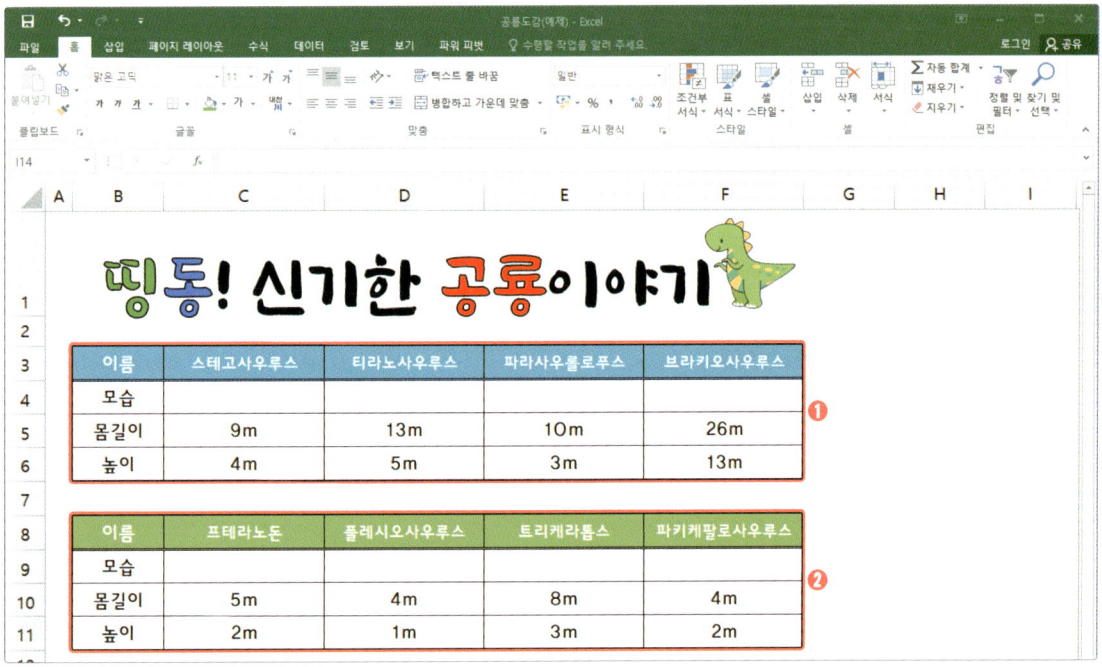

💡 몸길이와 높이를 입력하는 [C5:F6] 셀, [C10:F11] 셀에는 숫자만 입력하면 자동으로 단위가 입력돼요.

02 그림이 들어갈 수 있도록 셀 높이를 조절하기 위해 **4행**과 **9행**을 Ctrl 을 이용하여 블록 지정하고 **[홈] 탭-[셀] 그룹-[서식]-[행 높이]**를 클릭해요. [행 높이] 대화상자가 나타나면 **"80"**을 입력하고 [확인]을 클릭해요.

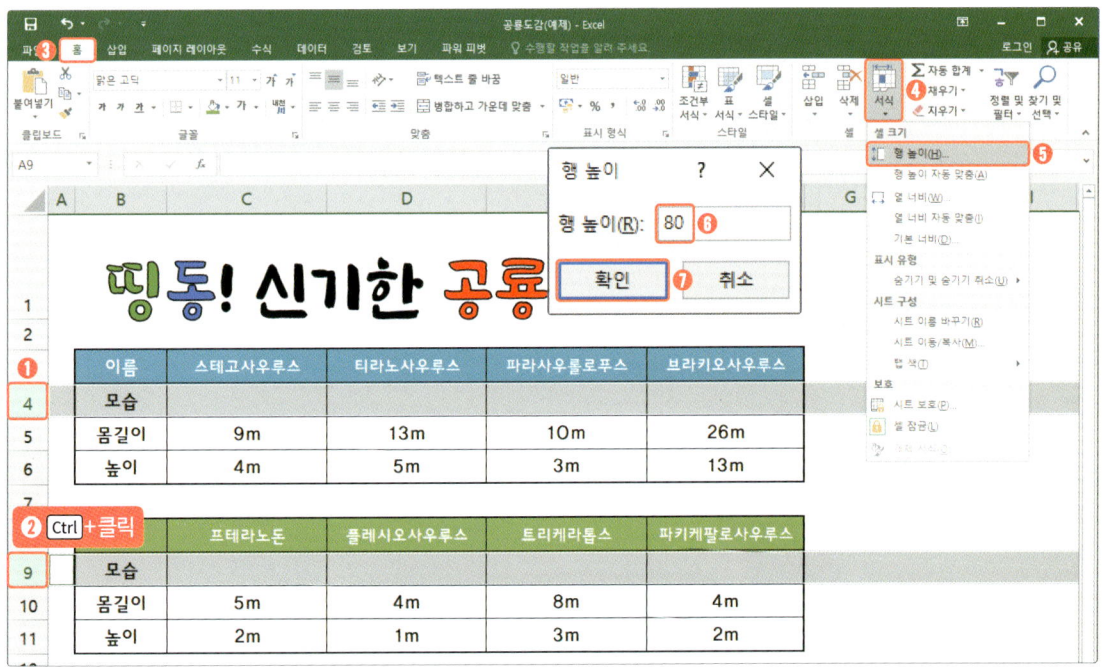

💡 마우스 오른쪽 버튼을 눌러 바로 가기 메뉴에서 [행 높이]를 이용하여 조절할 수 있어요.

05 그림 삽입으로 공룡도감 만들기 29

2 그림 삽입하기

01 그림을 삽입하기 위해 **[삽입] 탭-[일러스트레이션] 그룹-[그림]**을 클릭해요. [그림 삽입] 대화상자가 나타나면 **[05차시]** 폴더에서 '**공룡01**'을 클릭하고 Shift 를 누른 상태에서 '**공룡08**'을 클릭해 모두 선택한 후 [삽입]을 클릭해요.

💡 연속된 파일을 선택하기 위해서는 첫 번째 이미지를 클릭하고 Shift 를 누른 상태에서 마지막 이미지를 클릭하면 돼요.

02 그림이 삽입되면 **[그림 도구-서식] 탭-[크기]** 그룹에서 높이에 "**2.5**"를 입력하여 변경해요.

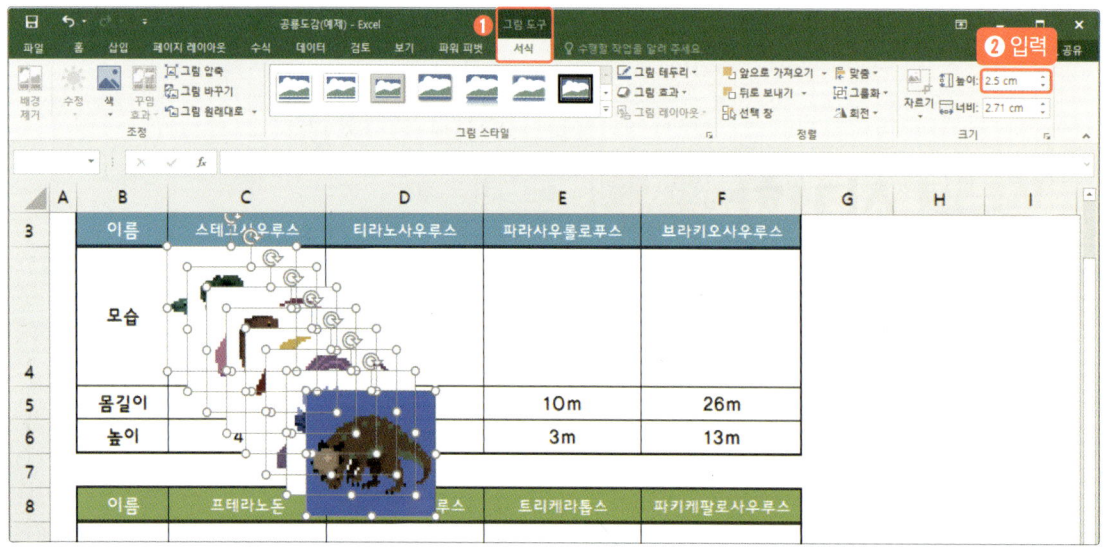

💡 · 그림을 선택하면 그림과 관련된 기능을 이용할 수 있는 [그림 도구-서식] 탭이 자동으로 표시돼요.
　· 그림이 삽입되고 선택된 상태에서 바로 높이를 변경해요.
　· 높이 값을 수정하면 동일한 비율로 너비가 자동 변경돼요.

03 Esc를 눌러 이미지 선택을 해제하고, 이미지를 순서대로 다음과 같이 배치해요.

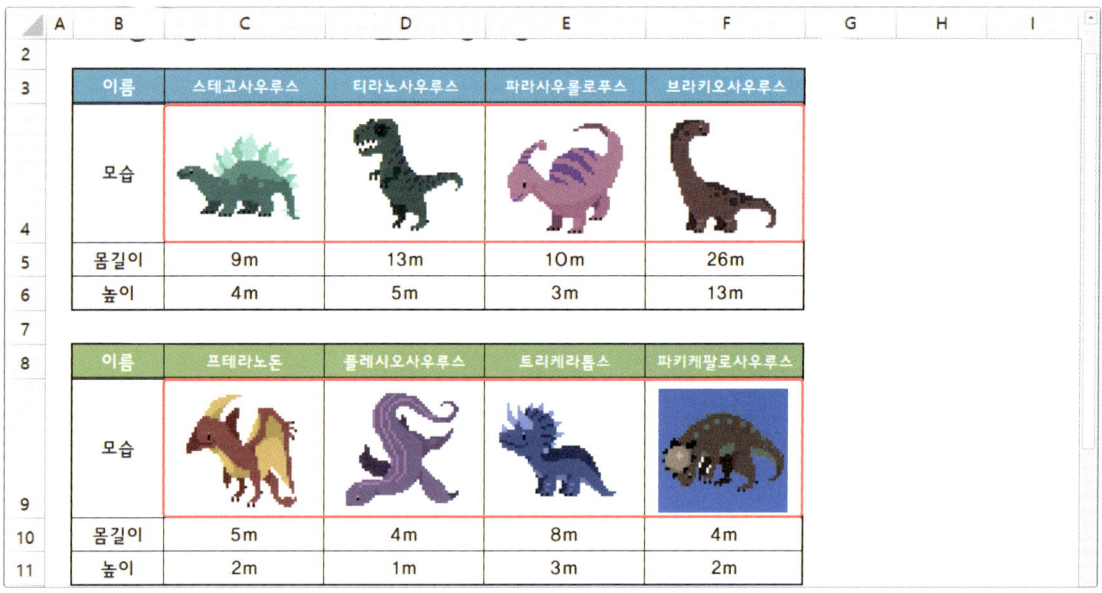

3 그림 수정하기

01 먼저 '공룡08' 이미지에는 배경색이 지정되어 있으니 배경색을 제거해 볼게요. 이미지를 선택하고 [그림 도구-서식] 탭-[조정] 그룹-[배경 제거]를 클릭해요.

02 사각형이 생기면 조절점을 드래그하여 공룡 이미지에 맞춰주세요. 임의의 빈 공간을 클릭하면 배경이 제거된 것을 확인할 수 있어요.

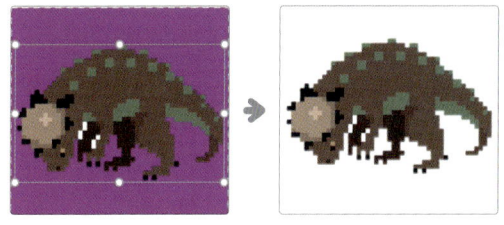

03 이번엔 이미지 밝기를 변경하기 위해 '**공룡01**' 이미지를 선택하고 [**그림 도구-서식**] 탭-[**조정**] 그룹-[**수정**]-[**밝기: +20% 대비: -40%**]를 클릭해요. 나머지 공룡 이미지도 같은 밝기로 변경해요.

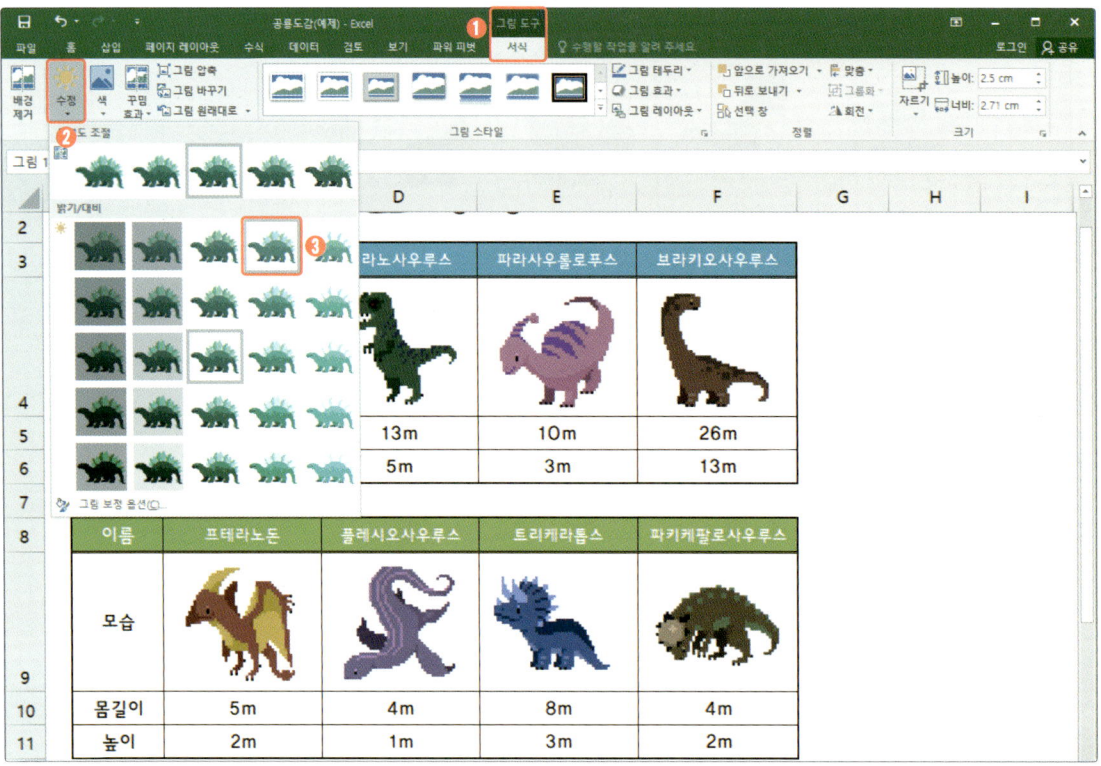

04 마지막으로 이미지 색상을 변경하기 위해 '**공룡01**' 이미지를 선택하고 [**그림 도구-서식**] 탭-[**조정**] 그룹-[**색**]-[**채도: 300%**]를 클릭해요. 나머지 공룡 이미지도 같은 채도로 변경해 공룡 도감을 완성해요.

봄 1-1 ▶ 학교에 가면

1 '친구 소개하기(예제).xlsx' 파일을 실행하여 내용을 입력하고 작성 조건에 따라 문서를 완성해 보세요.

• 실습파일 : 친구 소개하기(예제).xlsx, 이미지 파일(캐릭터01~캐릭터04)   • 완성파일 : 친구 소개하기(완성).xlsx

이름	이시율	조서은	한윤아	김태희
캐릭터				
성격	평온	즐거운	기쁜	활발
취미	농구	독서	그림그리기	피아노
좋아하는색	파랑	초록	빨강	보라
혈액형	A	B	AB	O

- [B3:F3] : 채우기 색 '주황', 글꼴 색 '자주', 글꼴 크기 '12'
- 4행 : 행 높이 '150'
- 그림 삽입
  - '캐릭터01~캐릭터04.jpg', 크기 조절 후 셀 안에 배치
  - 캐릭터 01 : [수정]-[선명하게: 25%]
  - 캐릭터 02 : [수정]-[밝기: 0% (표준), 대비: +20%]
  - 캐릭터 03 : [수정]-[선명하게: 50%]
  - 캐릭터 04 : [수정]-[밝기: +20%, 대비: +20%]
- 모든 데이터 가운데 맞춤

EXCEL 2016 #워크시트 #시트 복사 #시트 이름 변경 #메모

06 워크시트로 운동기록표 만들기

학습목표
- 워크시트의 이름을 변경할 수 있습니다.
- 워크시트를 복사하거나 삭제할 수 있습니다.
- 메모 기능을 이용하여 시트에 메모를 삽입할 수 있습니다.

워크시트 엑셀 2016에서는 하나의 문서에서 관련된 내용을 워크시트로 분리하여 작업할 수 있어요.
각각의 워크시트는 자유롭게 복사, 이동을 할 수 있고, 시트의 이름도 마음대로 변경할 수 있어요.

실습파일 : 운동기록표(예제).xlsx　　**완성파일** : 운동기록표(완성).xlsx

미리보기

1 데이터 입력하기

01 '운동기록표(예제).xlsx' 파일을 실행하고 다음과 같이 텍스트를 입력해요.

💡 숫자를 입력하면 자동으로 단위가 입력돼요.

02 셀 안의 데이터를 맞추기 위해 [B6:H10] 셀을 블록 지정하고 [홈] 탭-[맞춤] 그룹-[가운데 맞춤]을 클릭해요.

03 [E7:E10] 셀을 블록 지정하고 [홈] 탭-[맞춤] 그룹-[병합하고 가운데 맞춤]을 클릭해요.

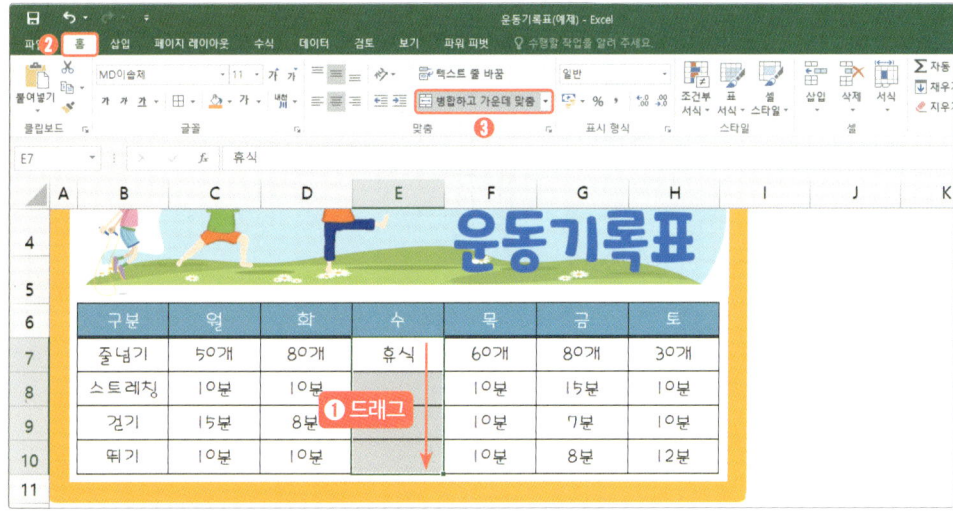

04 '휴식'을 세로로 쓰기 위해 [E7] 셀을 선택하고 [홈] 탭-[맞춤] 그룹-[방향]-[세로 쓰기]를 클릭해요.

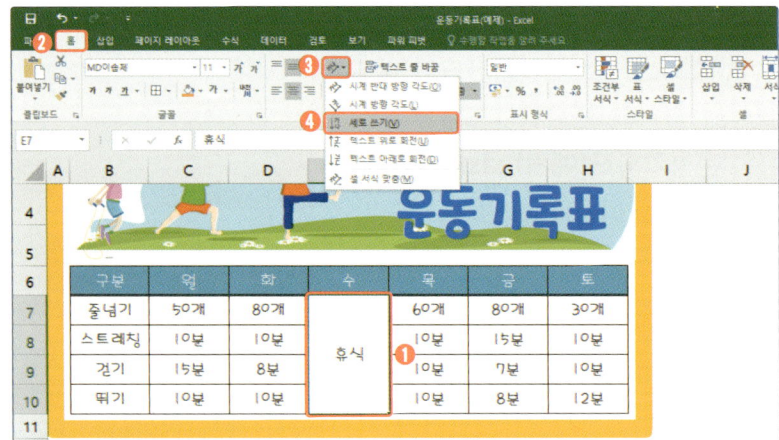

메모 삽입하기

01 메모를 삽입하기 위해 [E6] 셀을 선택하고 마우스 오른쪽 버튼을 눌러 바로 가기 메뉴에서 [메모 삽입]을 클릭해요.

02 메모가 표시되면 자동으로 컴퓨터의 이름이 표시돼요. Backspace 를 눌러 텍스트를 모두 지우고 다음과 같이 텍스트를 입력해요. 메모 입력이 완료되면 메모 바깥쪽을 클릭하여 메모를 닫아요.

03 메모가 항상 표시되도록 지정하기 위해 [E6] 셀을 선택하고 마우스 오른쪽 버튼을 눌러 바로 가기 메뉴에서 [메모 표시/숨기기]를 클릭해요.

04 메모가 표시되면 크기 조절점을 드래그하여 크기를 조절하거나 테두리를 드래그하여 위치를 변경해요. 메모 내용에 커서를 위치시키고 [홈] 탭-[맞춤] 그룹-[가운데 맞춤]을 클릭해요.

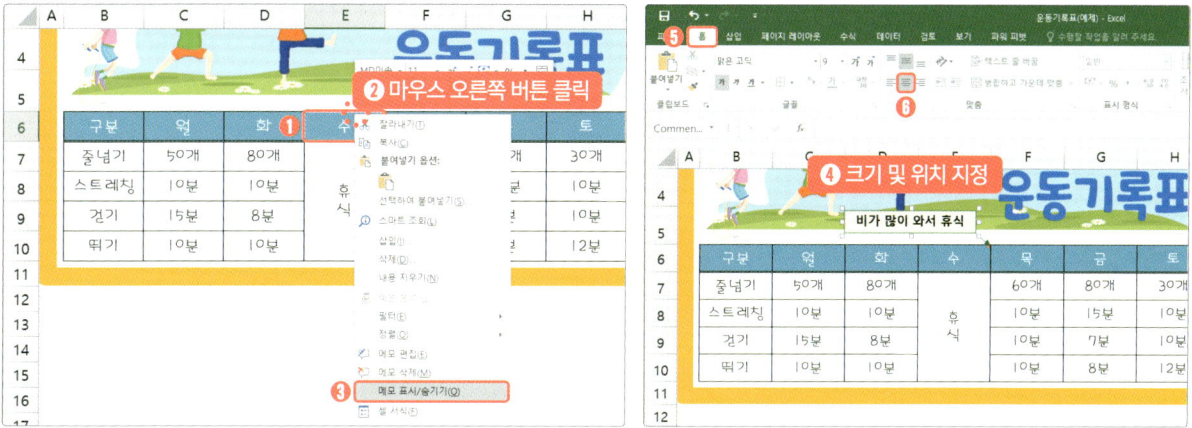

💡 [메모 표시/숨기기] 메뉴는 클릭할 때마다 '표시'와 '숨기기'가 번갈아 지정돼요.

3 시트 이름 변경하고 복사하기

01 시트 이름을 변경하기 위해 하단의 'Sheet1'을 더블 클릭하여 수정이 가능한 상태가 되면 "**1주차 운동기록표**"를 입력하고 Enter 를 눌러요.

02 시트를 복사하기 위해 '**1주차 운동기록표**' 시트명 위에서 마우스 오른쪽 버튼을 눌러 바로 가기 메뉴에서 [이동/복사]를 클릭해요. [이동/복사] 대화상자가 나타나면 '(**끝으로 이동**)'을 선택하고, '**복사본 만들기**'에 **체크**한 후 [확인]을 클릭해요.

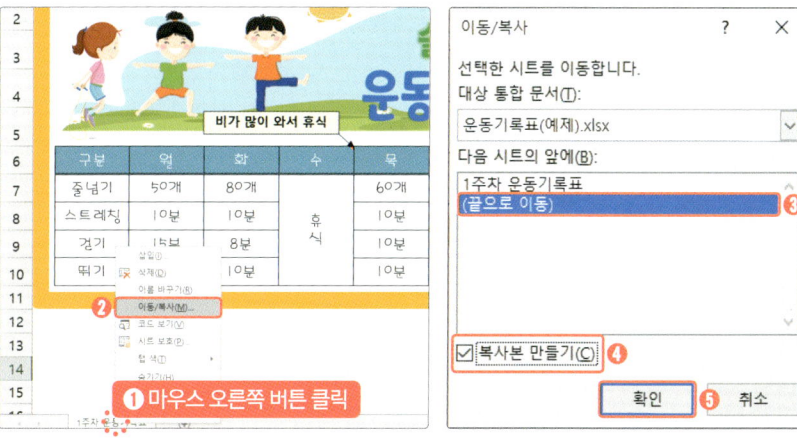

03 복사된 워크시트를 더블 클릭하여 **"2주차 운동기록표"**를 입력하고 Enter 를 눌러 시트 이름을 변경해요.

4 시트 내용 수정하기

01 '2주차 운동기록표' 시트를 선택하고 [C7:H10] 셀의 내용을 다음과 같이 변경해요.

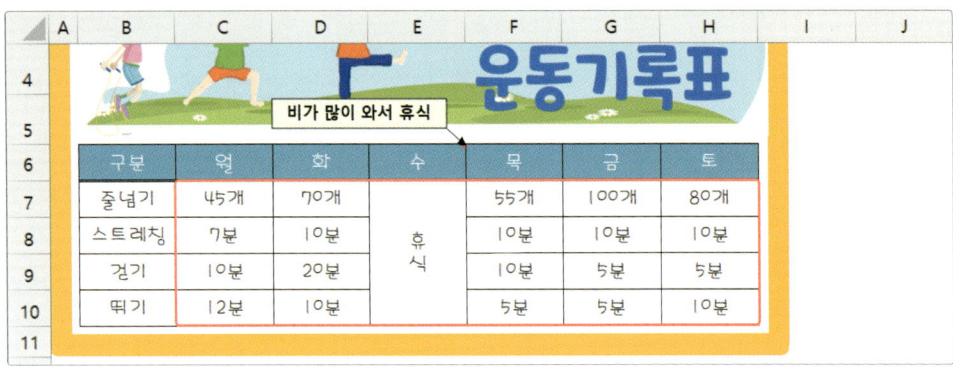

02 [B6:H6] 셀을 블록 지정하고 [홈] 탭-[글꼴] 그룹-[채우기 색]-[주황, 강조 6]을 지정해요.

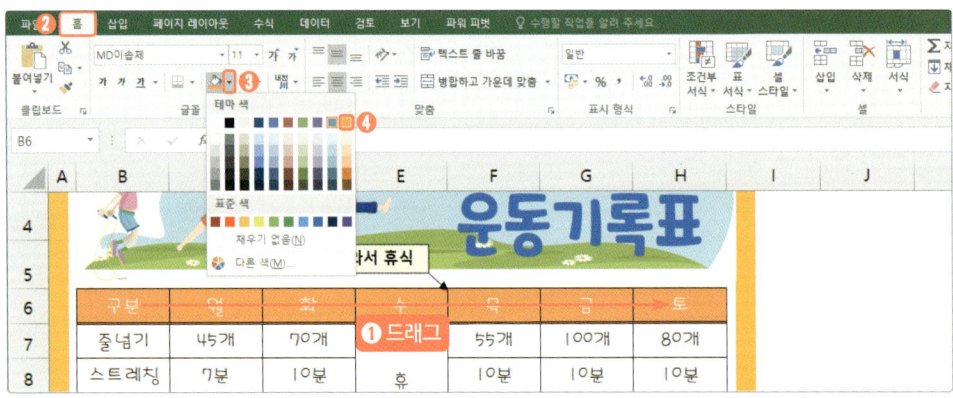

03 [E6] 셀을 선택하고 마우스 오른쪽 버튼을 눌러 바로 가기 메뉴에서 **[메모 삭제]**를 선택해 메모를 삭제해요. [G6] 셀을 선택하여 다음과 같이 메모를 삽입하고 배치해요.

사회 3-1 ▶ 교통수단의 발달과 생활 모습의 변화

1 '교통수단(예제).xlsx' 파일을 실행하여 내용을 입력하고 작성 조건에 따라 문서를 완성해 보세요.

• 실습파일 : 교통수단(예제).xlsx　　• 완성파일 : 교통수단(완성).xlsx

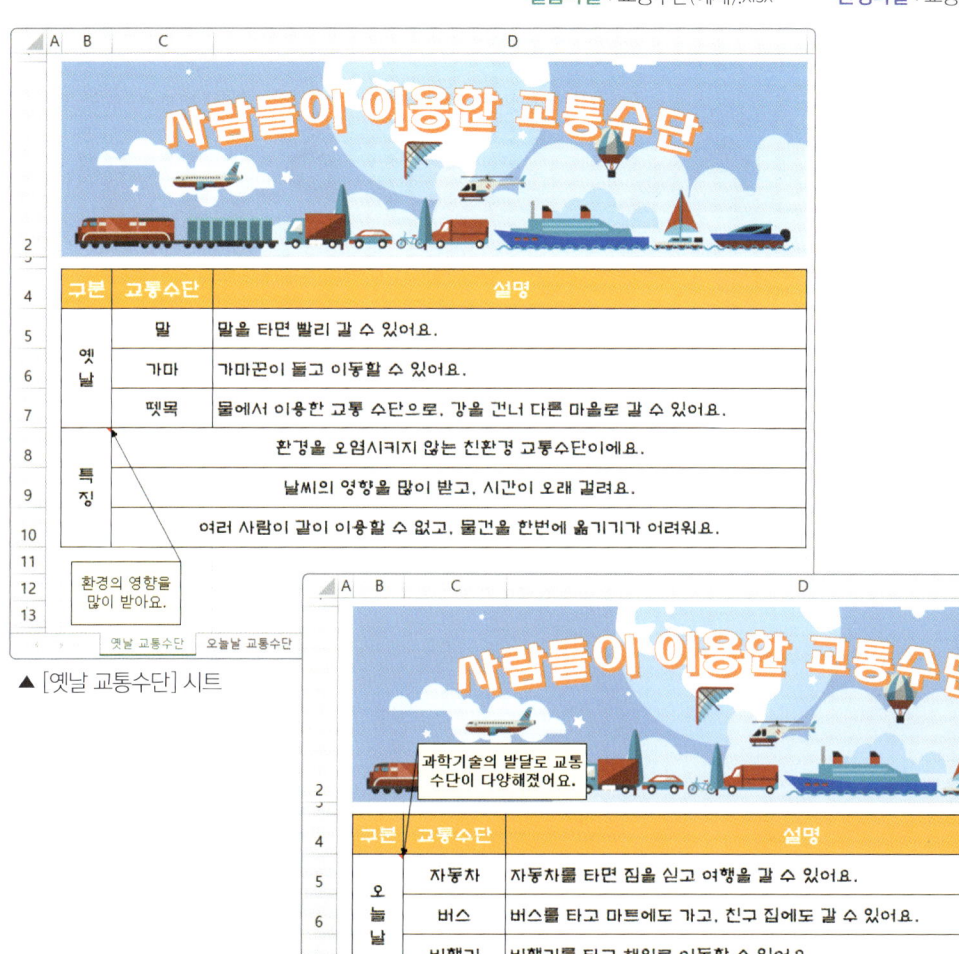

▲ [옛날 교통수단] 시트

▲ [오늘날 교통수단] 시트

- 시트명 변경 : 옛날 교통수단
- [B5:B7], [B8:B10] : 병합하고 가운데 맞춤, 세로 쓰기
- [C8:D8], [C9:D9], [C10:D10] : 병합하고 가운데 맞춤
- [B8] : 메모 삽입, 메모 표시
- 시트 복사 후 복사된 시트의 시트명 변경 : 오늘날 교통수단
- [B5:D10] 셀의 내용 변경, [B8] 셀의 메모 삭제 후 [B5] 셀에 새로운 메모 삽입

EXCEL 2016

#워드아트 #도형 #색 채우기 #윤곽선 색 #윤곽선 모양

워드아트와 도형으로 완성하는 식품 속 당분 함량

- 워드아트를 삽입하고 효과를 지정할 수 있습니다.
- 도형을 삽입하고 속성을 지정할 수 있습니다.
- 도형을 복사하여 배치할 수 있습니다.

워드아트 글자를 예쁘게 꾸미는 작업은 생각보다 어려울 수 있어요.
하지만 글자의 채우기 색, 윤곽선 색, 다양한 효과가 적용되어 있는 워드아트를 사용하면 쉽고 빠르게 예쁜 글자를 만들 수 있어요.

실습파일 : 음식속당분(예제).xlsx **완성파일** : 음식속당분(완성).xlsx

미리보기

1 워드아트 삽입하기

01 '음식속당분(예제).xlsx' 파일을 실행하고, 워드아트를 삽입하기 위해 [삽입] 탭-[텍스트] 그룹-[WordArt]-[그라데이션 채우기 – 황금색, 강조 4, 윤곽선 – 강조 4]를 클릭해요.

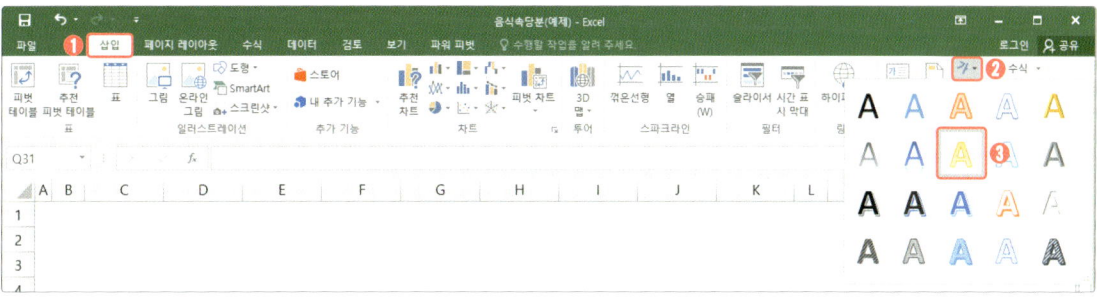

💡 워드아트의 서식을 변경할 예정이므로 아무거나 선택해도 돼요.

02 '필요한 내용을 적으십시오.'라는 문구가 표시되면 제목을 입력하고 드래그하여 문서 상단에 배치해요.

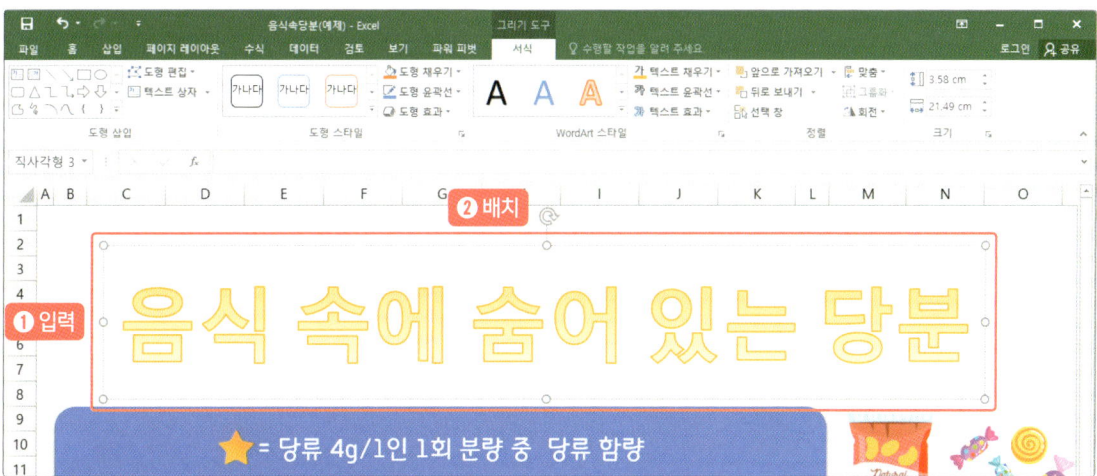

03 [그리기 도구-서식] 탭-[WordArt 스타일] 그룹에서 [텍스트 채우기]-[황금색, 강조 4], [텍스트 윤곽선]-[흰색, 배경 1], [텍스트 효과]-[네온]-[주황, 8 pt 네온, 강조색 2]를 지정해요.

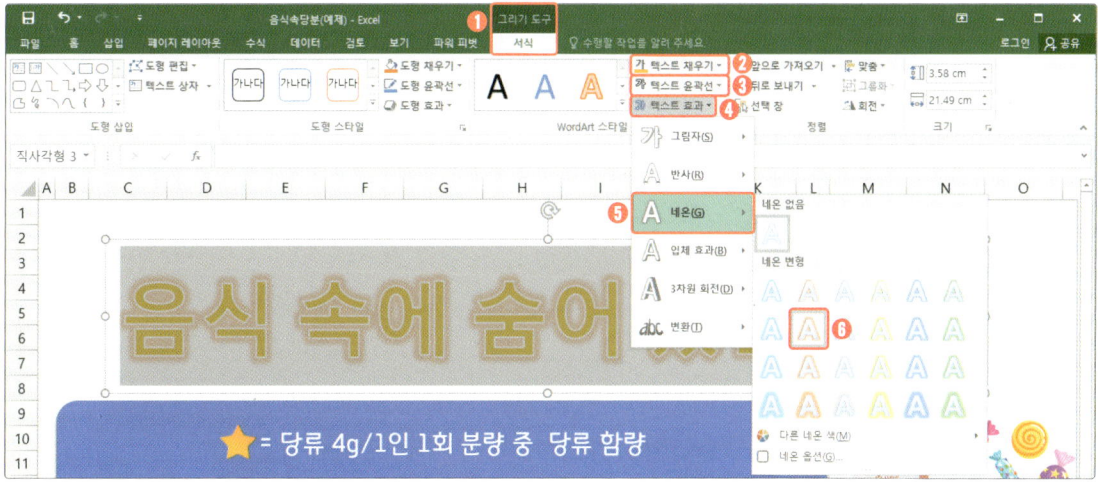

04 워드아트의 모양을 지정하기 위해 [그리기 도구-서식] 탭-[WordArt 스타일] 그룹-[텍스트 효과]-[변환]-[위쪽 원호]를 선택해요.

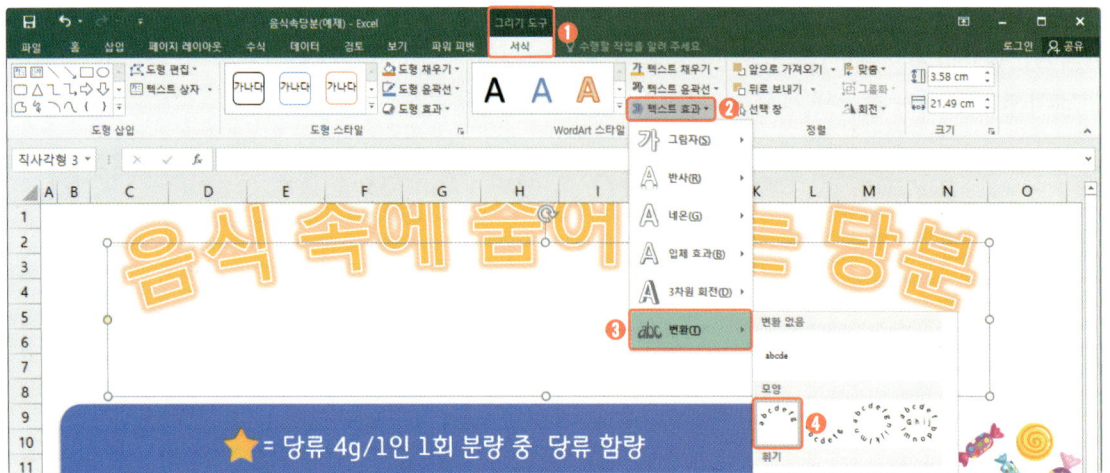

05 크기 조절점을 드래그하여 크기를 줄이고 그림과 같이 배치해요.

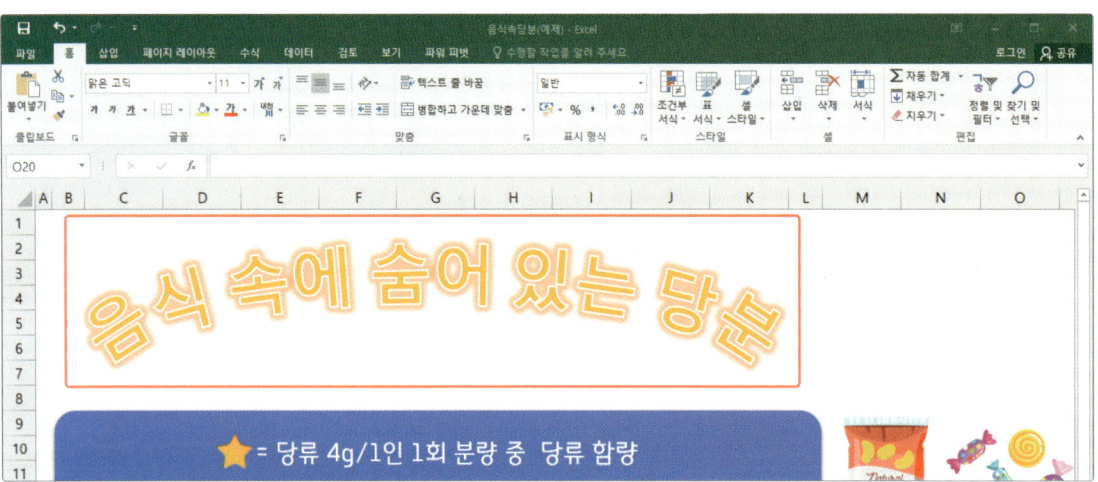

2 도형 삽입하기

01 도형을 삽입하기 위해 [삽입] 탭-[일러스트레이션] 그룹-[도형]-[타원]을 클릭해요.

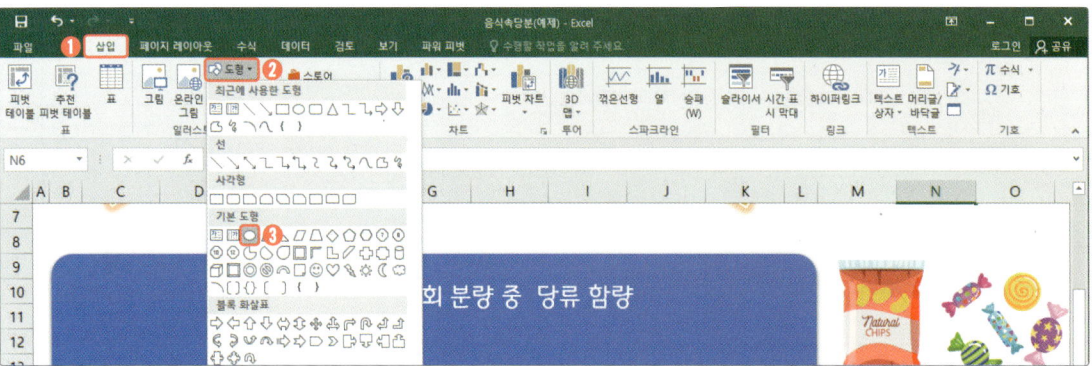

02 마우스 포인터 모양이 '+'으로 바뀌면 Shift 를 누른 상태로 드래그하여 원을 삽입해요.

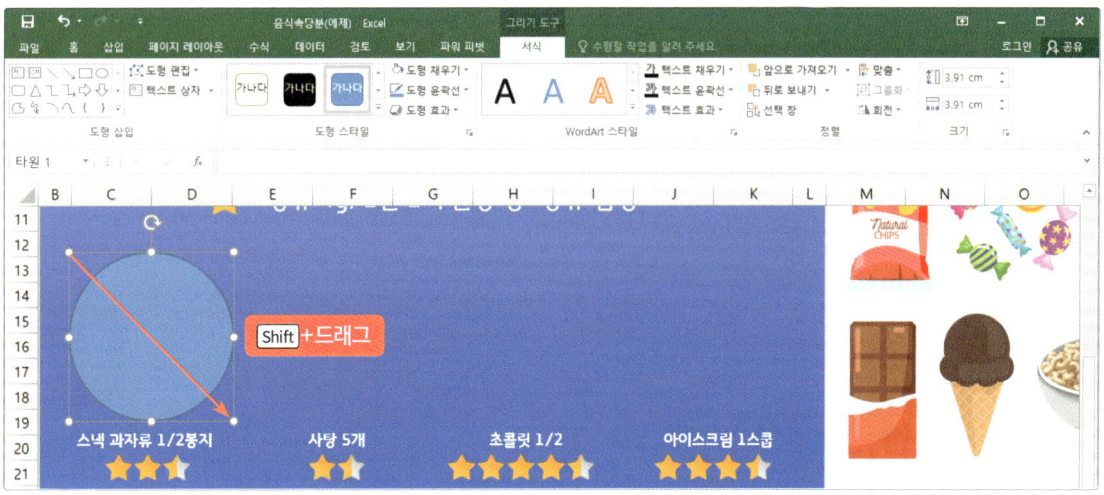

💡 도형을 삽입할 때 Shift +드래그하면 높이와 너비를 같은 비율로 그릴 수 있어요.

03 원 도형이 선택된 상태에서 [그리기 도구-서식] 탭-[크기] 그룹에서 '높이'와 '너비'를 각각 "3.95"로 입력해요.

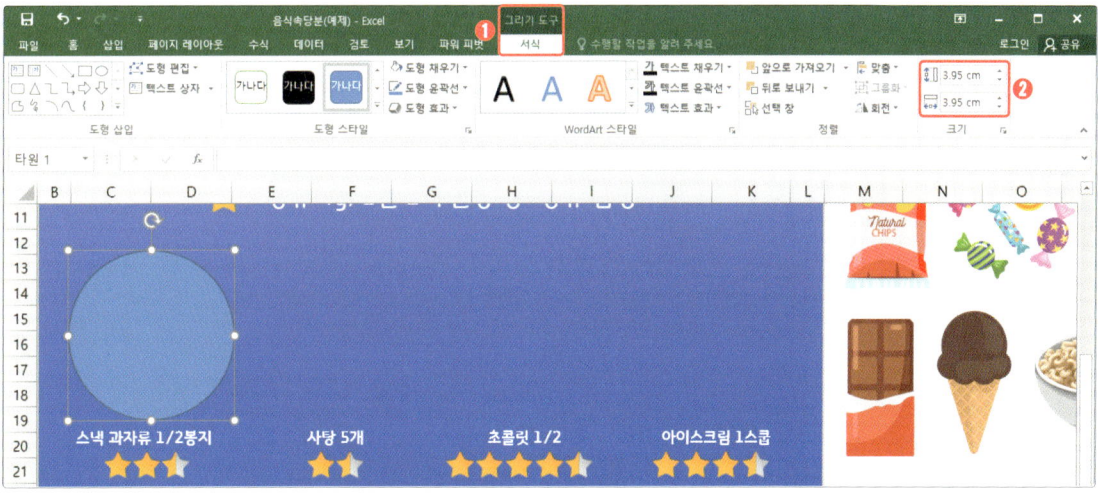

04 도형의 채우기 색과 윤곽선 색을 지정하기 위해 [그리기 도구-서식] 탭-[도형 스타일] 그룹에서 [도형 채우기]-[흰색, 배경 1], [도형 윤곽선]-[파랑]을 클릭해요.

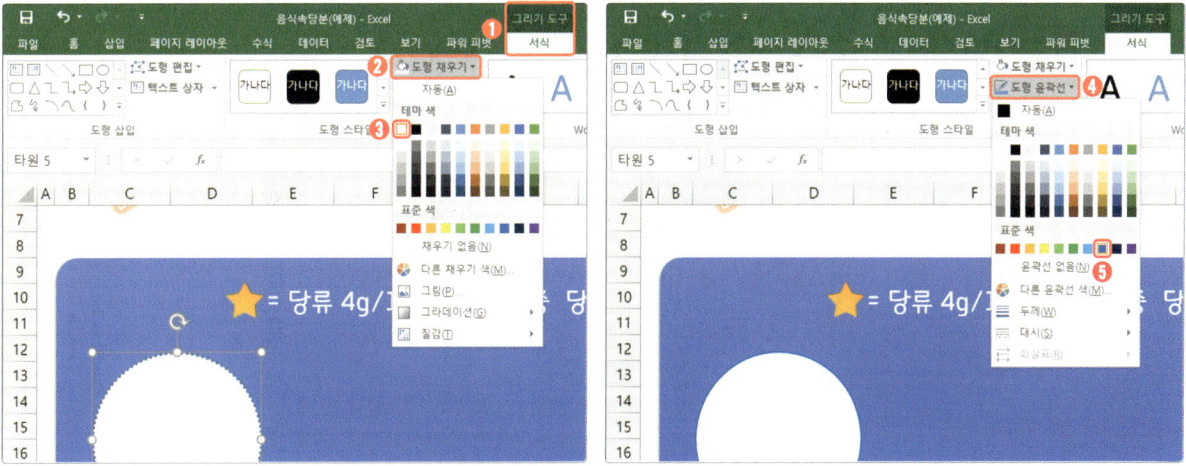

05 도형의 윤곽선 두께와 대시를 지정하기 위해 **[그리기 도구-서식] 탭-[도형 스타일] 그룹-[도형 윤곽선]-[두께]-[1 ½pt], [도형 윤곽선]-[대시]-[둥근 점선]**을 클릭해요.

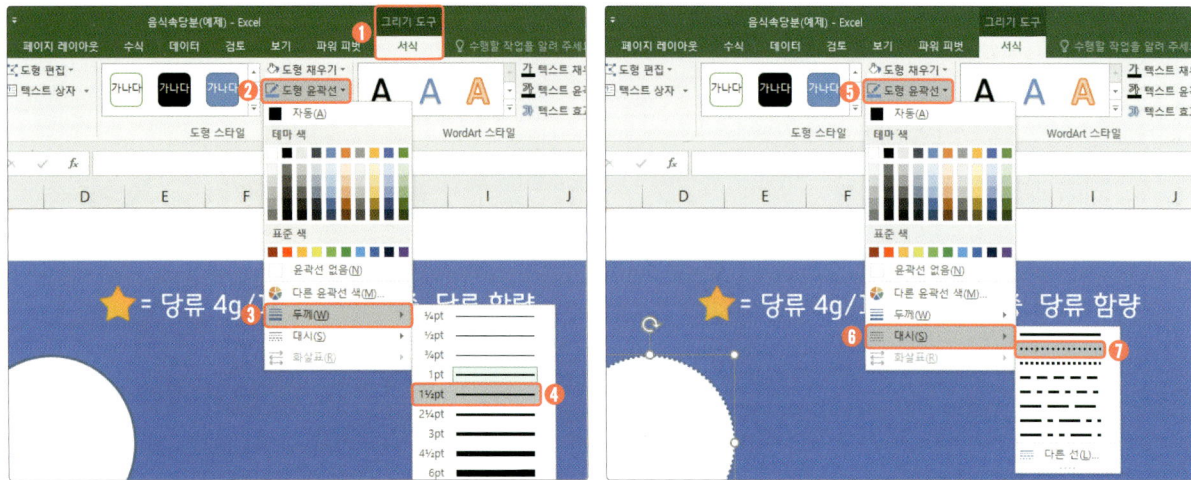

06 원 도형에 속성 지정이 완료되면 도형을 선택하고 Ctrl + Shift +드래그하여 오른쪽으로 복사해요. 같은 방법으로 도형을 복사해 텍스트 위쪽에 도형을 배치해요.

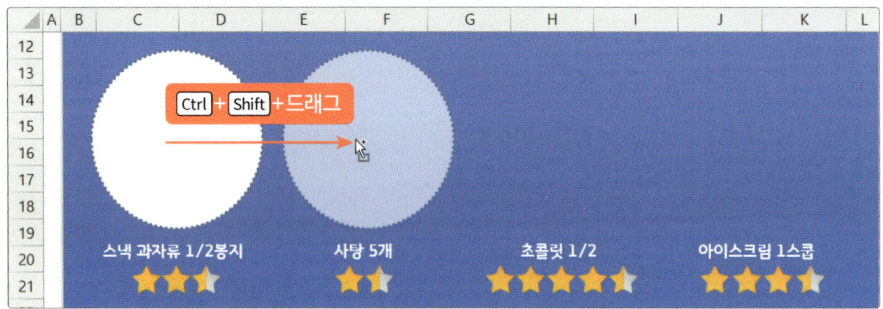

💡 도형을 드래그하는 경우 Ctrl 은 복사할 때, Shift 는 수직/수평으로 이동할 때 이용해요.

07 오른쪽에 있는 음식 이미지들을 드래그하여 원 안에 배치해 문서를 완성해요.

💡 그림이 원 뒤로 배치되면 그림을 클릭하고 [그림 도구-서식] 탭-[정렬] 그룹-[앞으로 가져오기]-[맨 앞으로 가져오기]를 클릭해요.

혼자서 뚝딱뚝딱

수학 1-1 ▶ 덧셈과 뺄셈

1 새 통합 문서에서 작성 조건에 따라 문서를 완성하고 저장해 보세요.

• 실습파일 : 이미지 파일(숫자1~숫자3, 아이콘)   • 완성파일 : 수학문제(완성).xlsx

수학 문제 풀어보기

20 **+** 23 **=** ☐

15 **+** ☐ **=** 42

56 **−** 17 **=** ☐

42 **−** ☐ **=** 13

 작성 조건

- 워드아트 : 채우기 – '파랑, 강조 1, 윤곽선 – 배경 1, 진한 그림자 – 강조 1, 갈매기형 수장'
- 도형 : 삽입 후 도형 복사 기능 이용
  - 모서리가 둥근 직사각형 : 도형 스타일 '색 윤곽선 – 황금색, 강조 4', '색 윤곽선 – 녹색, 강조 6'
  - 덧셈 기호와 등호 기호 : 윤곽선 없음, 도형 채우기 '진한 빨강'
  - 글꼴 : 글꼴 'HY동녘M', 글꼴 크기 '14'
- 그림 삽입 후 배치

08 가로/세로 영어 낱말 퀴즈

액티비티

엑셀의 기본을 잘 배워보았나요? 어려워 보이지만 하나씩 따라해보면 엑셀도 재미있는 프로그램이랍니다. 오늘은 잠시 쉬어가는 시간을 가져볼게요! 한글로 제시된 단어를 영어로 바꿔보세요. 셀 안에 알파벳을 입력하면 정답인지, 오답인지 바로바로 확인할 수 있답니다. 엑셀도 배우고, 영어 공부도 하는 일석이조의 시간! 함께 즐겨봐요.

실습파일 : 영어낱말퀴즈(예제).xlsx   **완성파일** : 영어낱말퀴즈(완성).xlsx

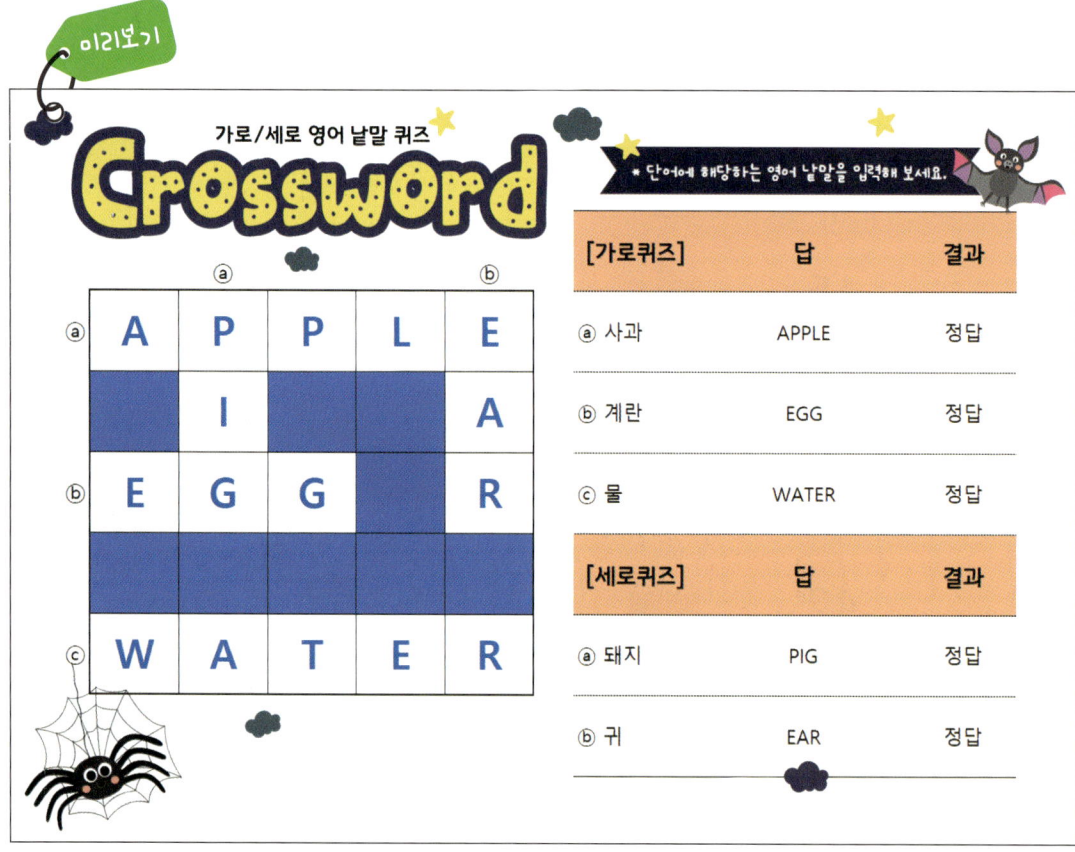

놀이 인원
✷ 개인전

놀이 시간
✷ 10분

놀이 방법
① 각각의 셀을 연결해 글자를 입력하면 답에 자동으로 표시되도록 설정해요.
② 가로/세로 퀴즈의 정답을 하나씩 입력해요.
③ 문제를 다 풀고 나서 정답의 개수를 확인해요.
④ 친구들과 문제의 정답을 찾아보세요.

1 셀 서식 지정하기

01 '영어낱말퀴즈(예제).xlsx' 파일을 실행하고, 셀 테두리를 지정하기 위해 [C3:G7] 셀을 블록 지정한 후 [홈] 탭-[글꼴] 그룹-[테두리]-[굵은 바깥쪽 테두리]를 클릭해요.

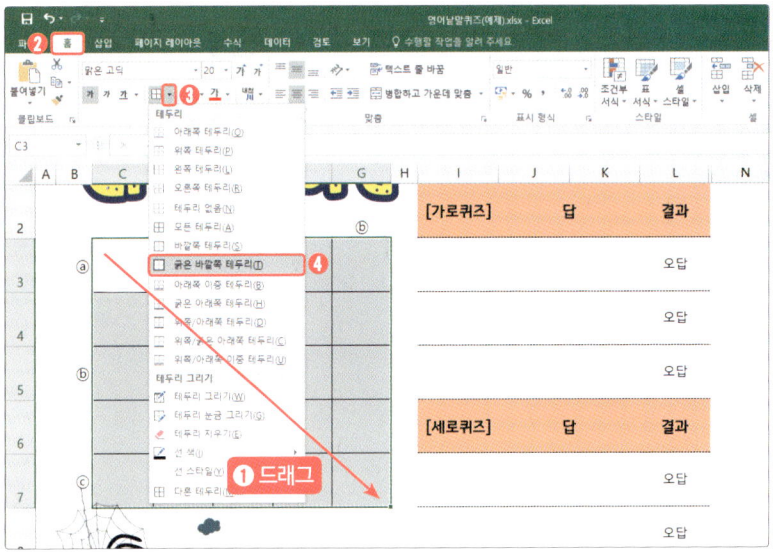

02 정답이 입력되지 않을 셀에 채우기 색을 지정하기 위해 Ctrl을 이용하여 [C4], [E4:F4], [F5], [C6:G6] 셀을 블록 지정하고 [홈] 탭-[글꼴] 그룹-[채우기 색]-[파랑, 강조 5]를 선택해요.

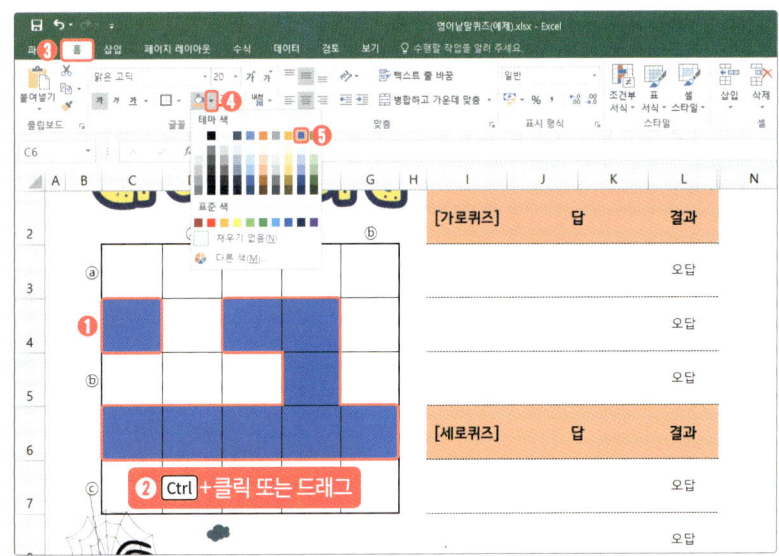

2 문자표 넣고 텍스트 입력하기

01 [I3] 셀을 선택하고 한글의 자음 "ㅇ"을 입력한 후 한자를 눌러 목록에서 'ⓐ'를 선택해요. 문자표 입력 후 Space Bar로 한 칸 띄운 후 "사과" 텍스트를 입력해요.

02 같은 방법으로 [I4], [I5], [I7], [I8] 셀에도 문자표를 넣고 텍스트를 입력해요.

- [I4] 셀 : ⓑ 계란
- [I5] 셀 : ⓒ 물
- [I7] 셀 : ⓐ 돼지
- [I8] 셀 : ⓑ 귀

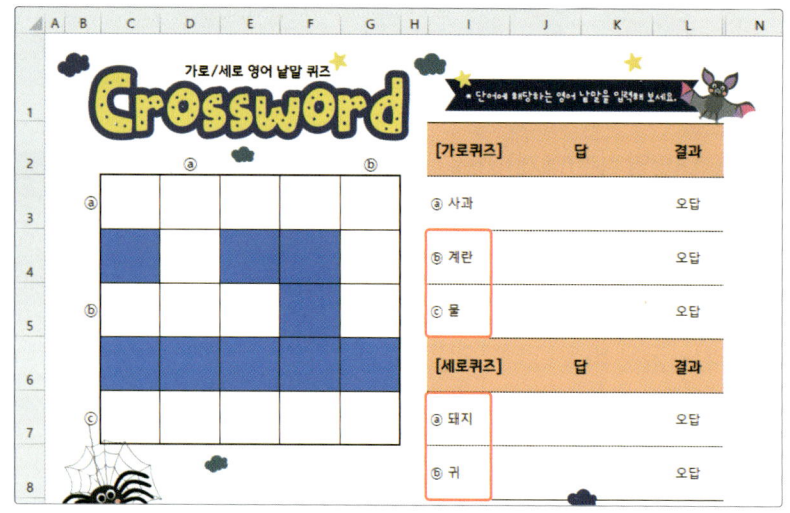

3 문자 연결하기

01 각 셀에 문자를 연결하기 위해 다음과 같이 영문 대문자로 각 셀에 알파벳을 입력해요.

💡 어떤 문자를 입력해도 관계없어요.

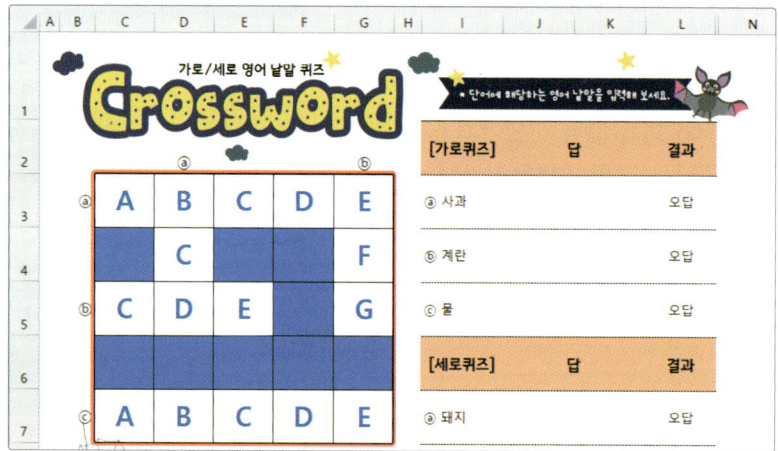

02 입력된 문자를 연결하기 위해 [J3] 셀을 선택하고 =C3&D3&E3&F3&G3을 입력한 후 Enter 를 눌러요. 각 셀에 한 단어씩 입력한 부분이 하나의 단어로 연결된 것을 확인해요.

💡 "="을 입력하고 [C3] 셀을 클릭한 후 "&"을 입력하는 방식으로 빠르게 완성할 수 있어요.

03 같은 방법으로 [J4], [J5], [J7], [J8] 셀에도 단어를 연결해보세요. 빈 셀을 연결해도 되지만 문자를 넣고 정상적으로 작동하는지 확인해 보는 것이 좋아요.

- [J4] 셀 : =C5&D5&E5
- [J5] 셀 : =C7&D7&E7&F7&G7
- [J7] 셀 : =D3&D4&D5
- [J8] 셀 : =G3&G4&G5

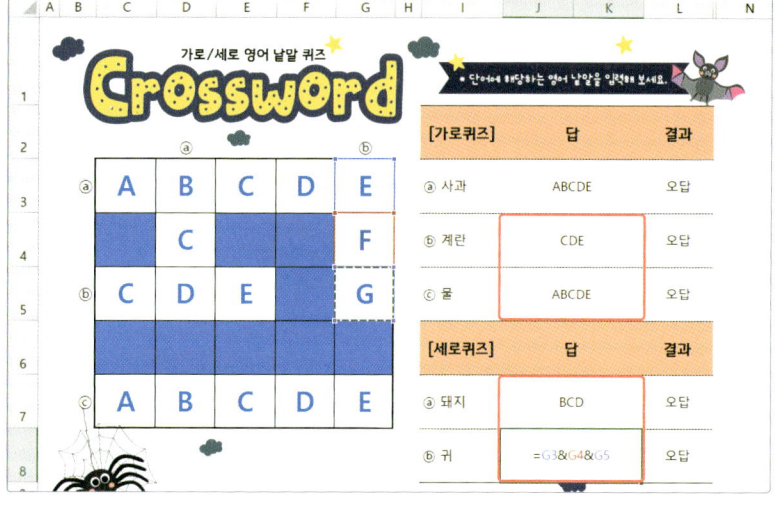

04 단어 연결이 모두 끝나면 셀 안에 입력했던 알파벳을 모두 지워요. 자동으로 답 입력 창의 텍스트도 지워지는 것을 확인해요.

05 이제, 친구들과 함께 문제를 풀어 보세요. 가로, 세로 퀴즈 정답을 입력해보세요.

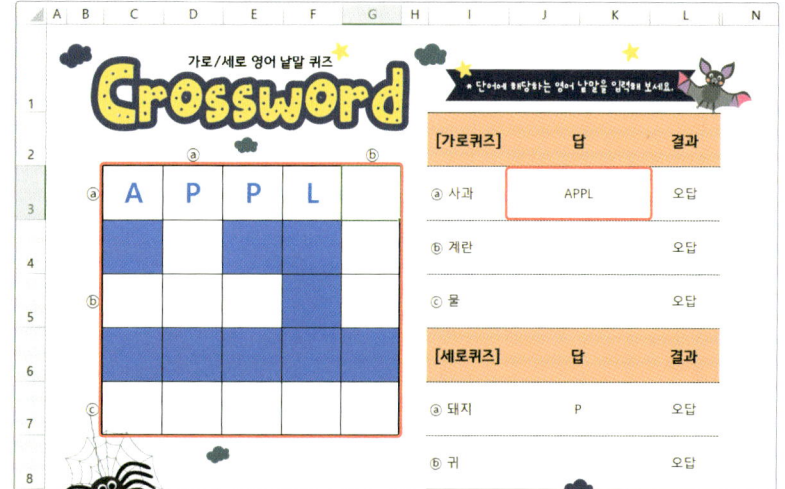

06 입력한 답이 맞으면 결과에 '정답'이 표시되고, 틀리면 '오답'이 표시돼요. 다양한 영어 퀴즈를 만들어도 좋아요.

07 가로/세로 낱말 퀴즈의 정답은 완성 파일의 [정답] 시트에서 확인할 수 있어요.

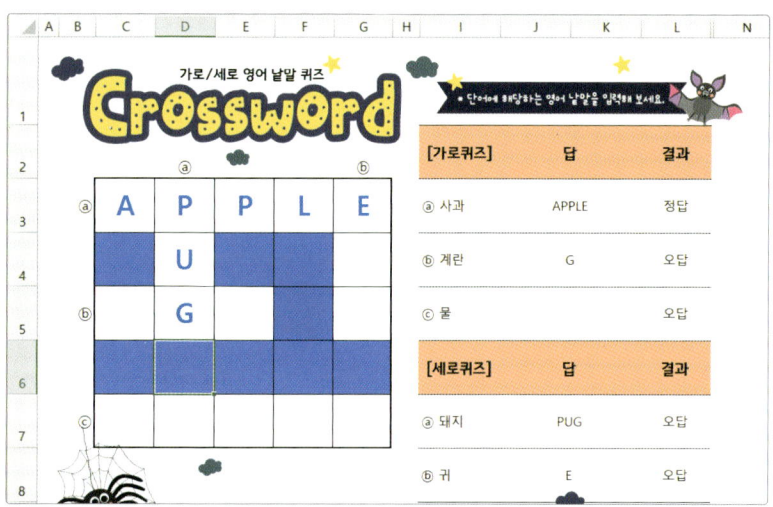

09 표시 형식으로 체육대회 일정표 만들기

학습목표
- 셀에 표시 형식을 지정하여 통일성 있는 문서를 완성할 수 있습니다.
- 서식 복사 기능을 활용하여 서식 지정을 빠르게 할 수 있습니다.

표시 형식 셀 안에 숫자만 입력되어 있으면 그 숫자가 어떤 것을 의미하는지 헷갈릴 수 있어요.
이때 표시 형식을 지정하면 쉽게 알아볼 수 있어요.

실습파일 : 체육대회(예제).xlsx   완성파일 : 체육대회(완성).xlsx

미리보기

체육대회 일정표

순번	시간	종목	종목 구분	대결팀	팀별 참석인원
1	오전 9:30	큰 공 굴리기	예선전	1반-3반	2명
2	오전 10:00		예선전	2반-4반	2명
3	오전 10:30		결승전	예선전 승리팀	2명
4	오전 11:00	계주	결승전	모두	4명
5	오후 12:00	점심 및 휴식			
6	오후 1:00	다트	예선전	1반-4반	4명
7	오후 1:30		예선전	2반-3반	4명
8	오후 2:00		결승전	예선전 승리팀	4명
9	오후 2:30	휴식			
10	오후 3:00	줄다리기	예선전	1반-2반	20명
11	오후 3:10		예선전	3반-4반	20명
12	오후 3:40		결승전	예선전 승리팀	20명

1 서식 지정하기

01 '체육대회(예제).xlsx' 파일을 실행해요. 셀 전체의 글꼴과 맞춤을 지정하기 위해 [B3:G15] 셀을 블록 지정하고 [홈] 탭-[글꼴] 그룹에서 글꼴을, [맞춤] 그룹에서 맞춤을 지정해요.

- ❸ 경기천년제목 Light ❹ 가운데 맞춤

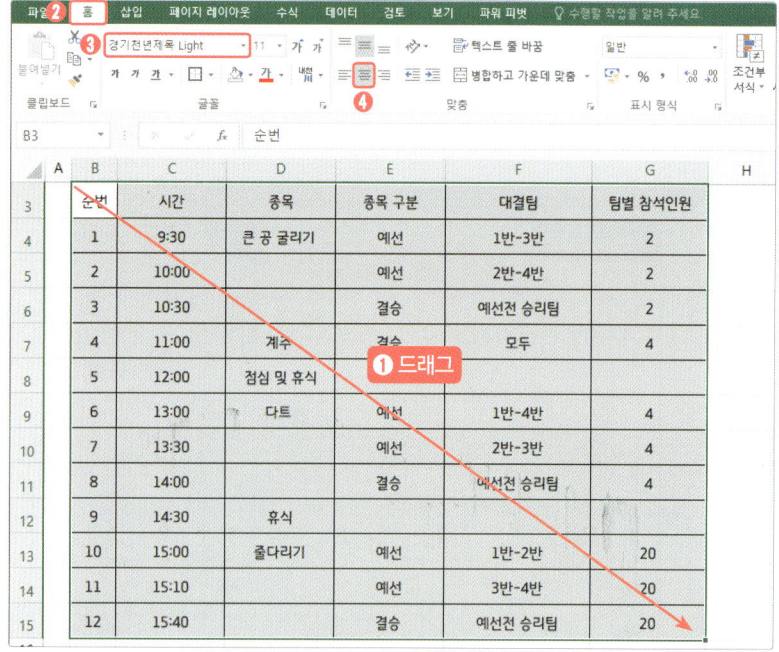

02 제목 행([B3:G3])을 블록 지정하고 [홈] 탭-[글꼴] 그룹에서 굵게, 채우기 색, 글꼴 색을 설정해요.

- ❸ 굵게 ❹ 파랑, 강조 1 ❺ 흰색, 배경 1

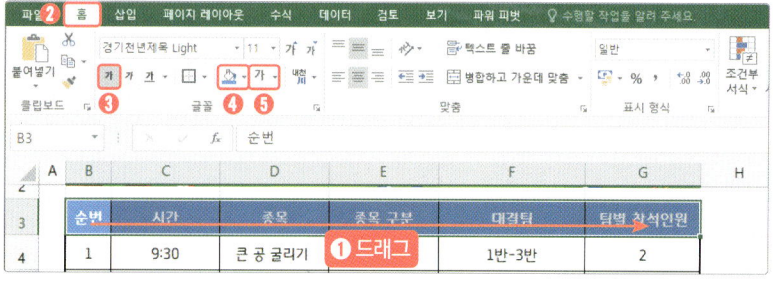

03 셀 병합을 하기 위해 Ctrl을 이용하여 [D4:D6], [D9:D11], [D13:D15], [D8:G8], [D12:G12] 셀을 블록 지정하고 [홈] 탭-[맞춤] 그룹-[병합하고 가운데 맞춤]을 클릭해요.

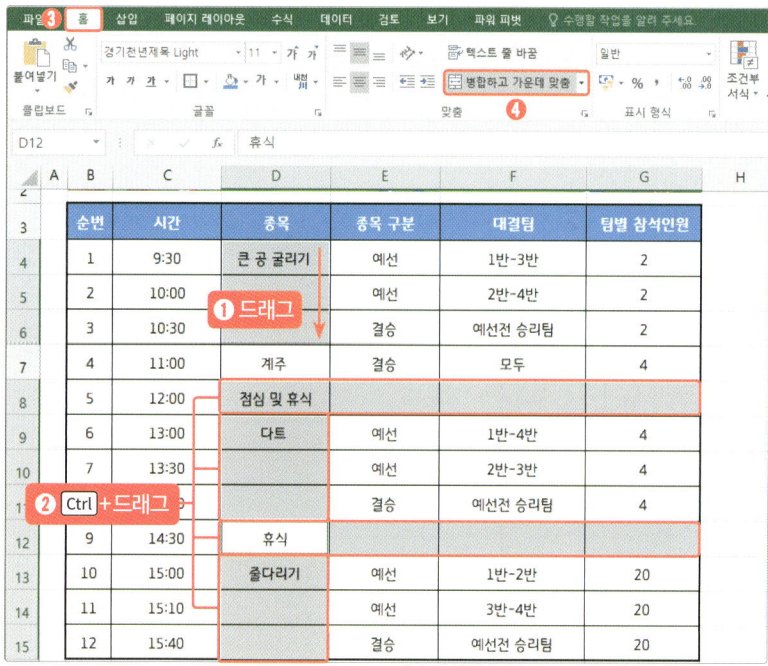

2 표시 형식 지정하기

01 시간 항목에 오전, 오후 형식을 지정하기 위해 **[C4:C15]** 셀을 블록 지정하고 마우스 오른쪽 버튼을 눌러 바로 가기 메뉴에서 **[셀 서식]**을 선택해요.

02 [셀 서식] 대화상자가 나타나면 **[표시 형식] 탭**의 '**시간**'에서 '**오후 1:30**'을 선택하고 [확인]을 클릭해요.

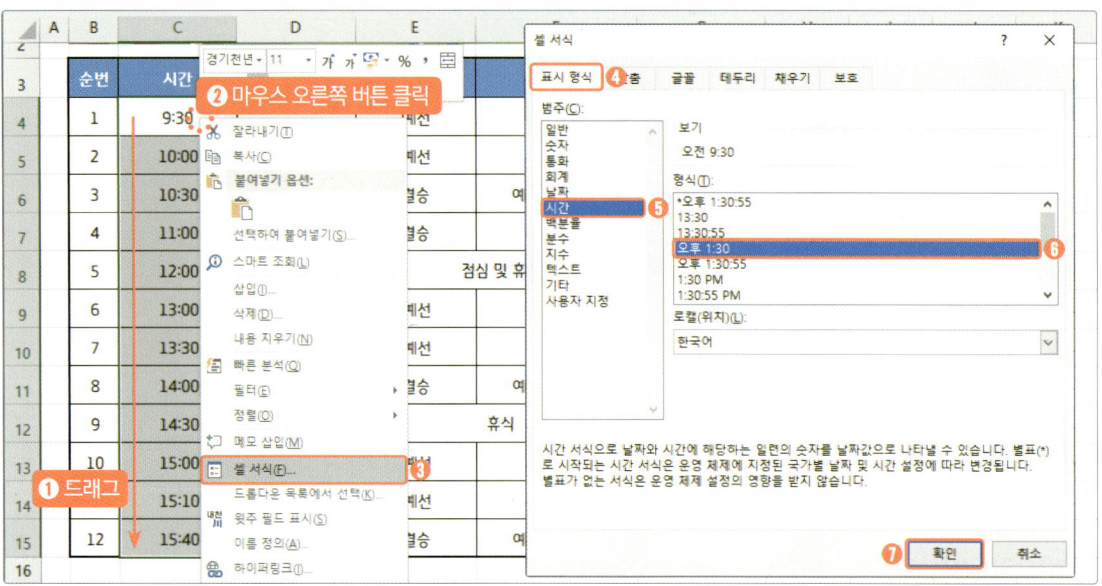

03 종목 구분 항목의 텍스트 뒤에 '전'을 추가하기 위해 Ctrl을 이용하여 [E4:E7], [E9:E11], [E13:E15] 셀을 블록 지정하고 Ctrl+1을 눌러요. [셀 서식] 대화상자가 나타나면 **[표시 형식] 탭**의 '**사용자 지정**'에서 '**형식**'에 **@"전"**을 입력하고 [확인]을 클릭해요.

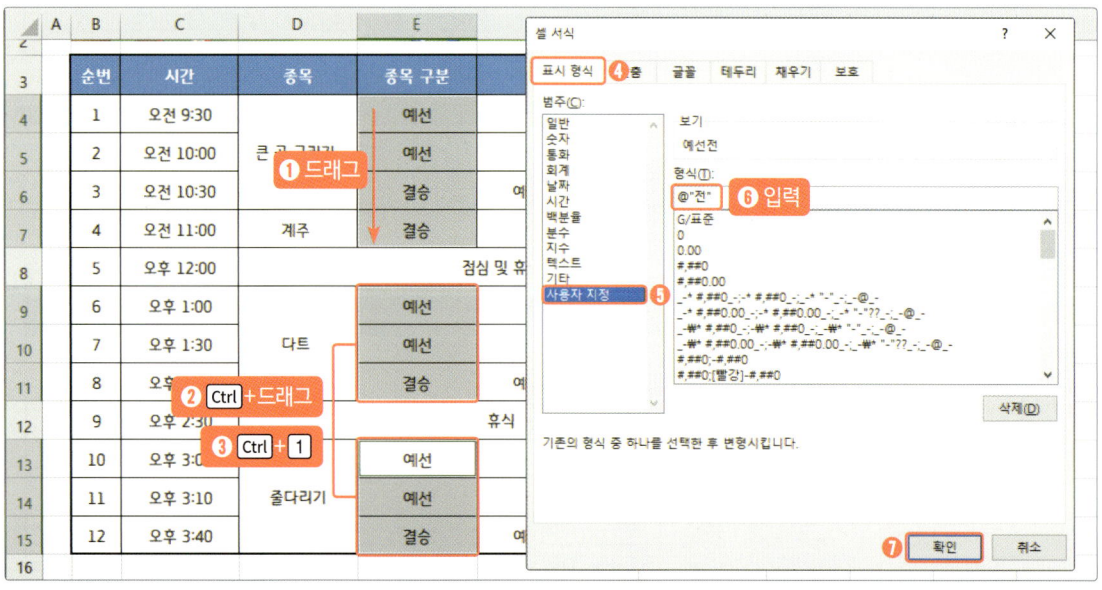

💡 '형식'에 'G/표준'이 입력되어 있는 것은 삭제하고 새로 입력하면 돼요.

04 같은 방법으로 팀별 참석인원 항목의 숫자 뒤에 '명'을 추가하기 위해 Ctrl을 이용하여 [G4:G7], [G9:G11], [G13:G15] 셀을 블록 지정하고 Ctrl+1을 눌러요. [셀 서식] 대화상자가 나타나면 **[표시 형식] 탭**의 '**사용자 지정**'에서 '**형식**'에 **#"명"**을 입력하고 [확인]을 클릭해요.

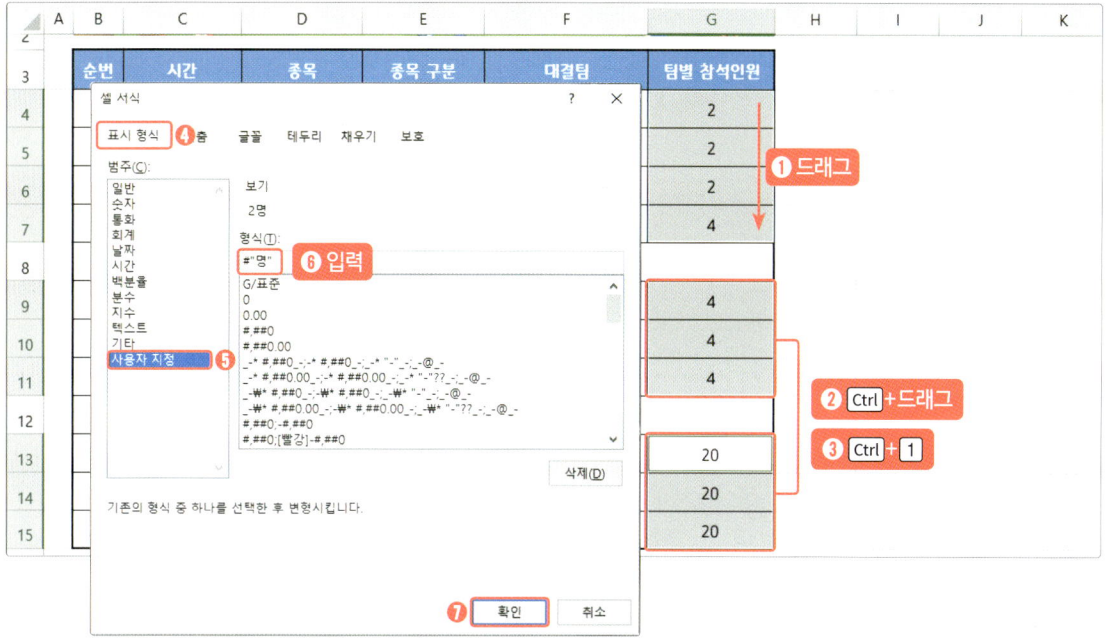

💡 표시 형식의 '0'과 '#'은 숫자를 나타내는 코드에요. 표시 형식을 '0"명"'으로 지정했을 때 숫자 입력 값이 '0'이면 "0명"으로 표시되고 '#"명"'으로 지정했을 때 숫자 입력 값이 '0'이면 "명"으로 표시돼요.

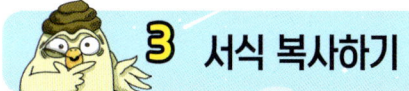

3 서식 복사하기

01 서식을 지정하기 위해 [B8:G8] 셀을 블록 지정하고 **[홈] 탭-[글꼴] 그룹**에서 굵게, 채우기 색, 글꼴 색을 지정해요.

· ❸ 굵게 ❹ 연한 녹색 ❺ 흰색, 배경 1

02 서식을 복사하기 위해 **[B8:G8]** 셀이 블록 지정되어 있는 상태에서 **[홈] 탭-[클립보드] 그룹-[서식 복사]**를 클릭해요. 마우스 포인터의 모양이 변하면 **[B12:G12]** 셀을 드래그해요. 8행에 지정된 서식이 12행에 그대로 복사돼요.

03 **[E6]** 셀을 선택하고 **[홈] 탭-[글꼴] 그룹**에서 굵게, 글꼴 색(빨강)을 지정한 후 **[홈] 탭-[클립보드] 그룹-[서식 복사]**를 더블 클릭해요. 마우스 포인터의 모양이 변하면 **[E7]**, **[E11]**, **[E15]** 셀을 클릭하여 서식을 지정하고 서식 복사를 끝내기 위해 Esc 를 눌러요.

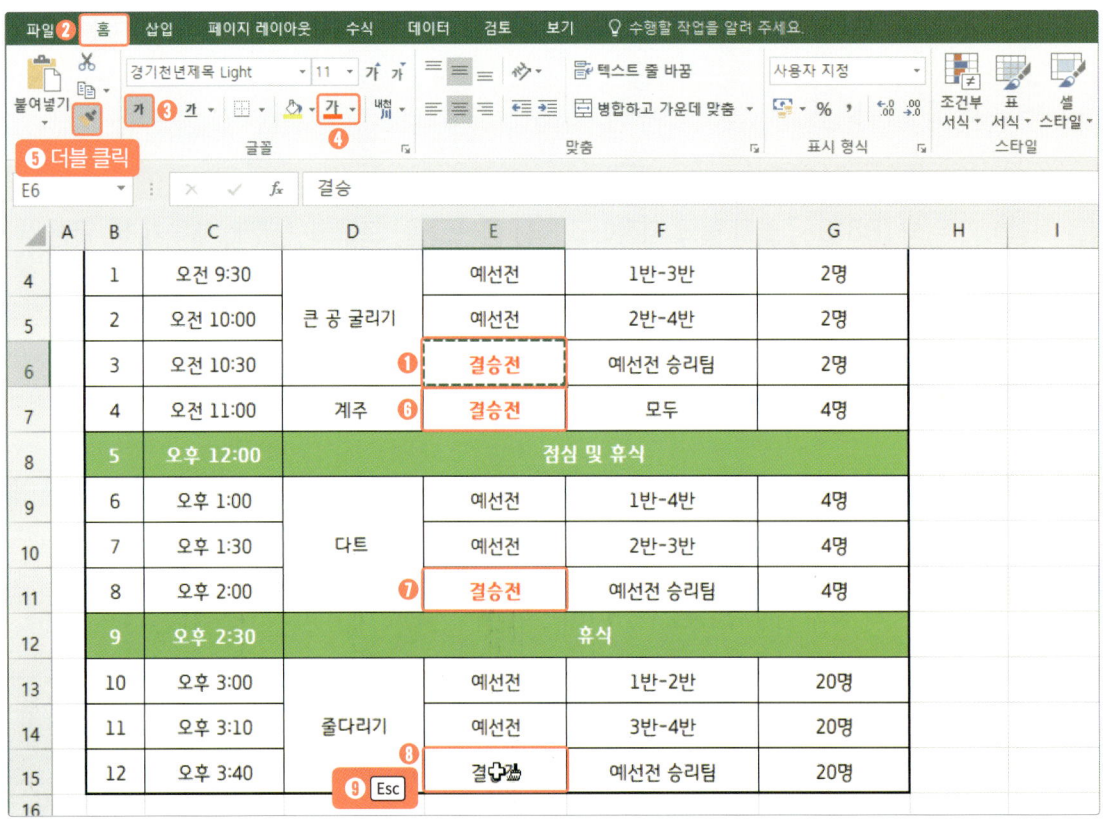

💡 같은 서식을 여러 곳에 복사할 때에는 [서식 복사]를 더블 클릭하고 적용할 대상 셀들을 클릭한 후 적용이 끝났을 때에는 Esc 를 눌러요.

04 **[E15]** 셀을 선택하고 **[홈] 탭-[글꼴] 그룹-[테두리]-[굵은 아래쪽 테두리]**를 클릭해요.

1. '시내버스 요금표(예제).xlsx' 파일을 실행하여 내용을 입력하고 작성 조건에 따라 문서를 완성해 보세요.

- **실습파일** : 시내버스 요금표(예제).xlsx
- **완성파일** : 시내버스 요금표(완성).xlsx

작성조건

- 텍스트 입력 : [C11] 셀은 Alt + Enter 활용
- [D5:E10] : 회계 표시 형식 지정
- [C7:E7] : 굵게, 채우기 색 '녹색', 글꼴 색 '노랑'을 지정하고 서식 복사
- [C10:E10] : [C7:E7]에서 복사한 서식 적용

경기도 시내버스 요금표

종류	구분	현금	교통카드
도시형	어른	₩ 1,300	₩ 1,250
	청소년	₩ 900	₩ 870
	어린이	₩ 700	₩ 630
일반좌석	어른	₩ 2,100	₩ 2,050
	청소년	₩ 1,600	₩ 1,520
	어린이	₩1,400	₩1,370
비고	어른(만 19세 이상) 청소년(만 13세 ~ 18세) 어린이(만 7세 ~ 12세)		

사회 3-1 ▶ 우리가 알아보는 고장 이야기

2. '제주도 관광지(예제).xlsx' 파일을 실행하여 내용을 입력하고 작성 조건에 따라 문서를 완성해 보세요.

- **실습파일** : 제주도 관광지(예제).xlsx
- **완성파일** : 제주도 관광지(완성).xlsx

제주 유명 관광지 소개

관광지	주소	성인	청소년/군경	어린이
천지연폭포	제주 서귀포시 천지동	2,000	1,000	1,000
정방폭포	제주 서귀포시 동홍동	2,000	1,000	1,000
천제연폭포	제주 서귀포시 천제연로 132	2,500	1,370	1,370
갯깍주상절리대	제주 서귀포시 색달동	2,000	1,000	1,000
절물	제주 제주시 외도1동	1,000	600	300
만장굴	제주 제주시 구좌읍 만장굴길 182	2,000	1,000	1,000
메모	* 대한민국에서 가장 큰 섬 * 유인도 8개, 무인도 55개로 구성 * 제주시 / 서귀포시로 구분			

작성조건

- 텍스트 입력 : [C11] 셀은 Alt + Enter 활용
- [D5:F10] : 쉼표 스타일 지정
- [D7] : 굵게, 채우기 색 '주황, 강조 2', 글꼴 색 '흰색, 배경 1'을 지정하고 서식 복사 후 [F7], [E10]에 적용
- [E6] : 굵게, 채우기 색 '파랑, 강조 5', 글꼴 색 '노랑'을 지정하고 서식 복사 후 [F9]에 적용
- [B4:F11] : 테두리 '모든 테두리, 굵은 바깥쪽 테두리'

EXCEL 2016　　#수식 계산 #표시 형식 #천 단위 구분 기호

 수식으로 용돈 기입장 만들기

학습목표
- 수식을 이용하여 금액 계산을 할 수 있습니다.
- 표시 형식 기능을 활용할 수 있습니다.

✿ **수식**　여러 셀에 입력된 숫자를 더하거나 빼고, 곱하거나 나누어야 하는 경우가 생길 수 있어요.
이때 엑셀의 수식 기능을 이용하면 직접 하는 것보다 빠르게 계산할 수 있어요.

실습파일 : 용돈기입장(예제).xlsx　　**완성파일** : 용돈기입장(완성).xlsx

미리보기

	날짜	내용	금액		날짜	내용	금액
들어온돈	1/1	용돈	20,000	나간돈	1/2	문구	2,500
	1/3	용돈(할머니)	10,000			아이스크림	1,000
	1/10	용돈	20,000			과자	1,000
	1/20	세뱃돈	65,000		1/15	분식집	10,000
	1/30	용돈	20,000		1/17	문구	30,000
					1/25	분식집	5,000
						저금	65,000
	합계		135,000		합계		114,500
	남은돈						20,500

1 데이터 입력하고 서식 지정하기

01 '**용돈기입장(예제).xlsx**' 파일을 실행하고 다음과 같이 데이터를 입력해요.

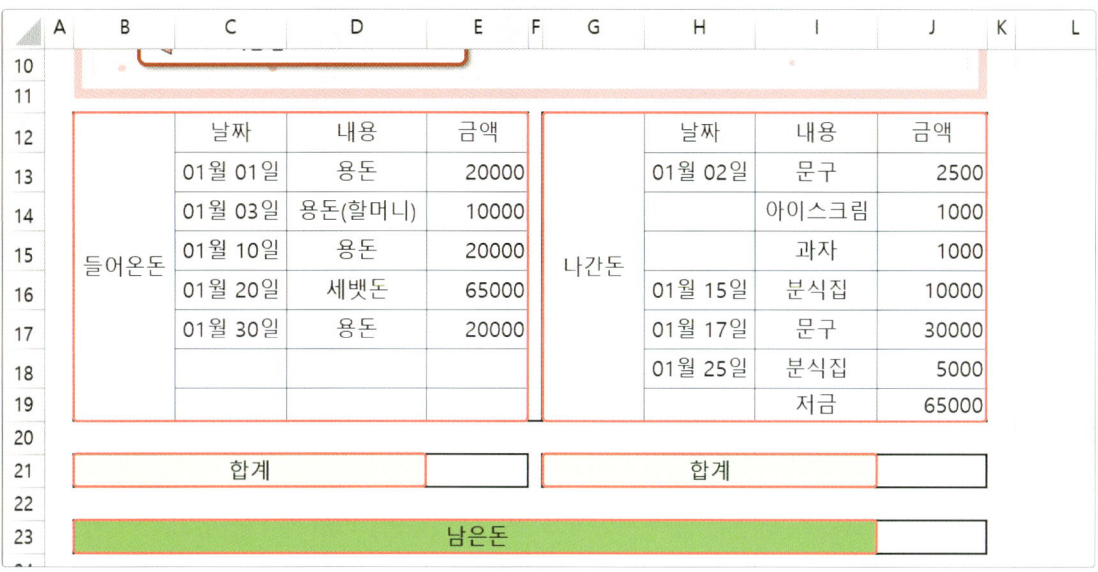

💡 날짜는 "1-1" 형태로 입력하면 자동으로 "1월 1일"로 입력돼요.

02 글꼴을 바꾸기 위해 Ctrl 을 이용하여 **[B12:E19], [G12:J19], [B21], [G21], [B23]** 셀을 블록 지정한 후 **[홈] 탭-[글꼴]** 그룹에서 글꼴(**경기천년바탕 Bold**)을 지정해요.

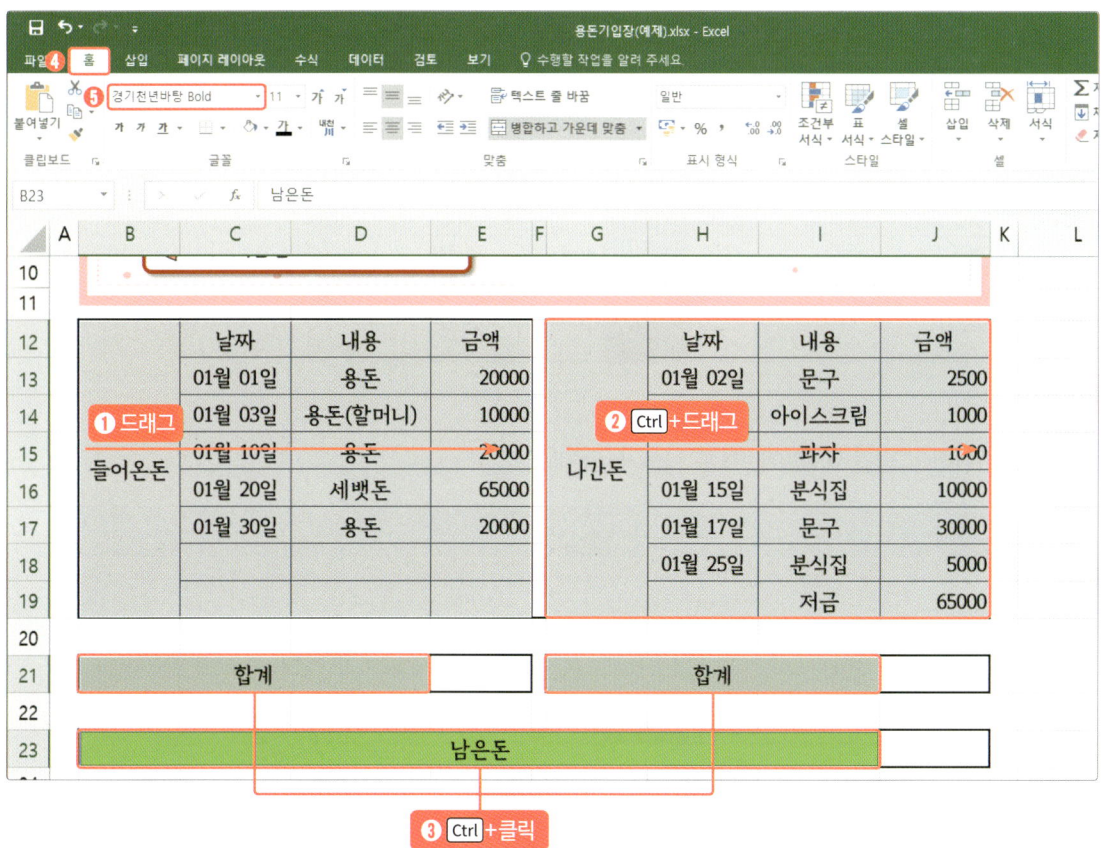

03 [B12], [C12:E12] 셀을 블록 지정하고 [홈] 탭-[글꼴] 그룹에서 **굵게**, 채우기 색(**파랑**), 글꼴 색(**흰색, 배경 1**)을 지정해요.

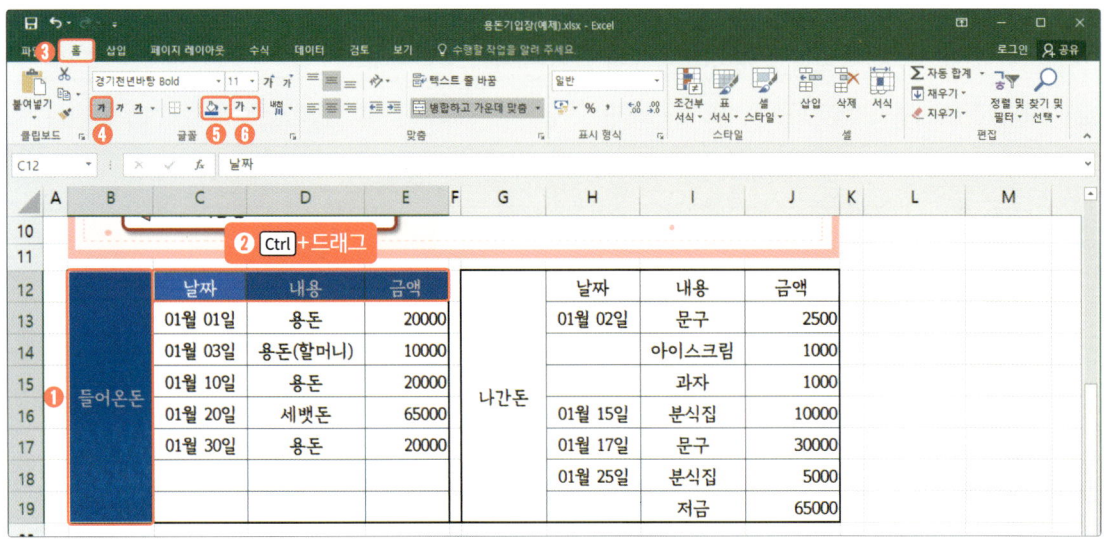

04 같은 방법으로 [G12], [H12:J12] 셀을 블록 지정하고 [홈] 탭-[글꼴] 그룹에서 **굵게**, 채우기 색(**자주**), 글꼴 색(**흰색, 배경 1**)을 지정해요.

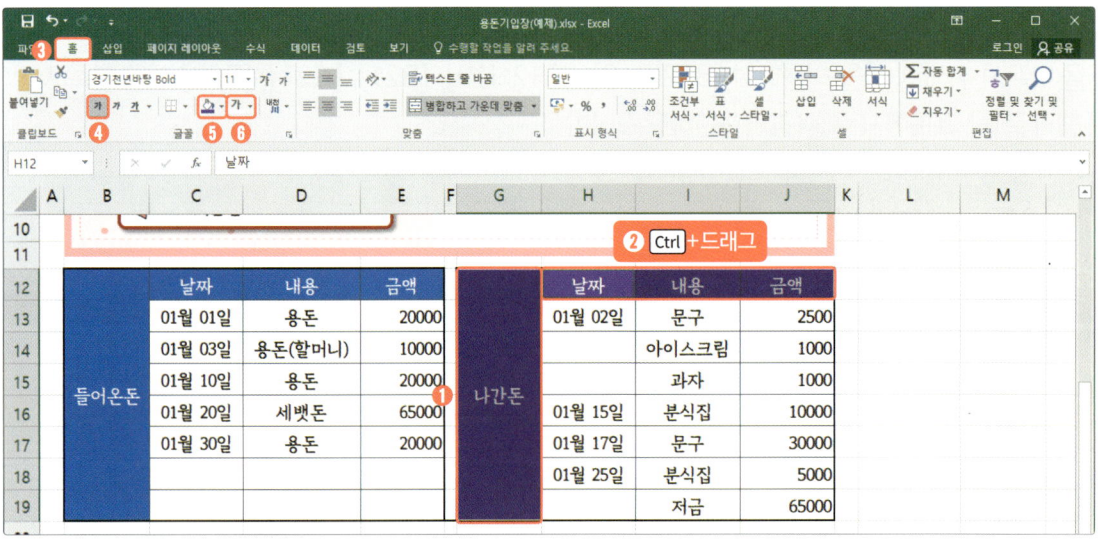

05 [B23] 셀을 선택하고 글꼴 색(**흰색, 배경 1**)을 지정해요.

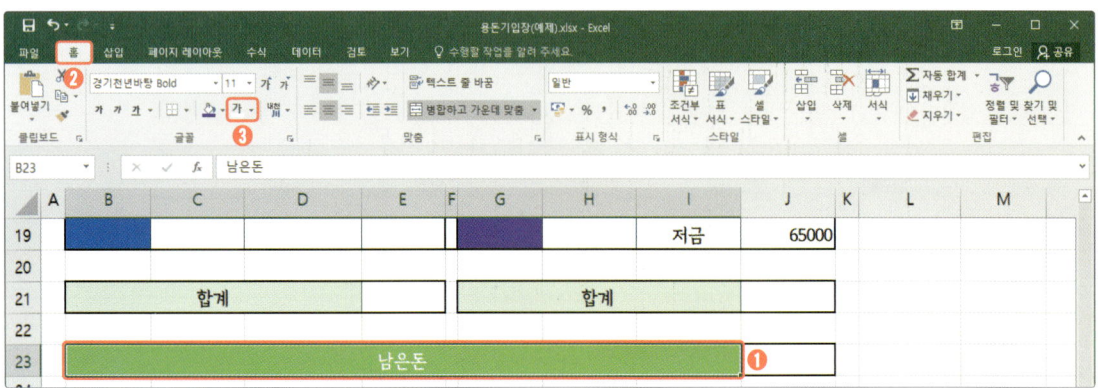

2 표시 형식 변경하기

01 표시 형식을 지정하기 위해 Ctrl을 이용하여 **[C13:C17], [H13], [H16:H18]** 셀을 블록 지정하고 Ctrl +1을 눌러요. [셀 서식] 대화상자가 나타나면 **[표시 형식] 탭**의 '**날짜**'에서 '**3/14**'를 선택하고 [확인]을 클릭해요.

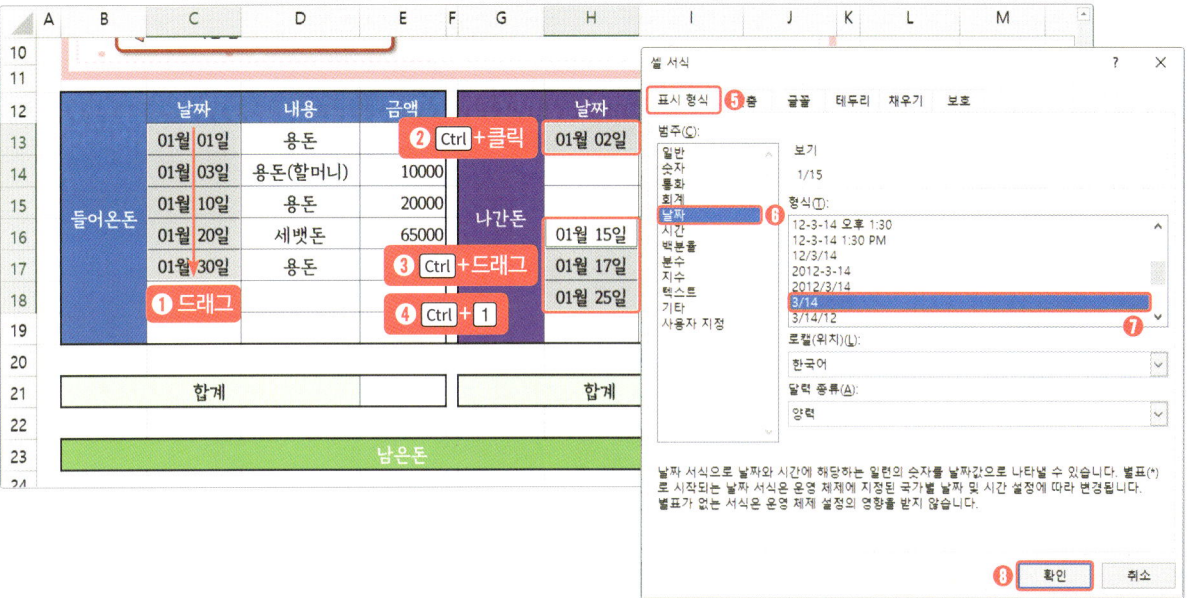

02 금액에 천 단위 구분 기호를 표시하기 위해 Ctrl을 이용하여 **[E13:E17], [J13:J19]** 셀을 블록 지정하고 **[홈] 탭-[표시 형식] 그룹-[쉼표 스타일]**을 클릭해요.

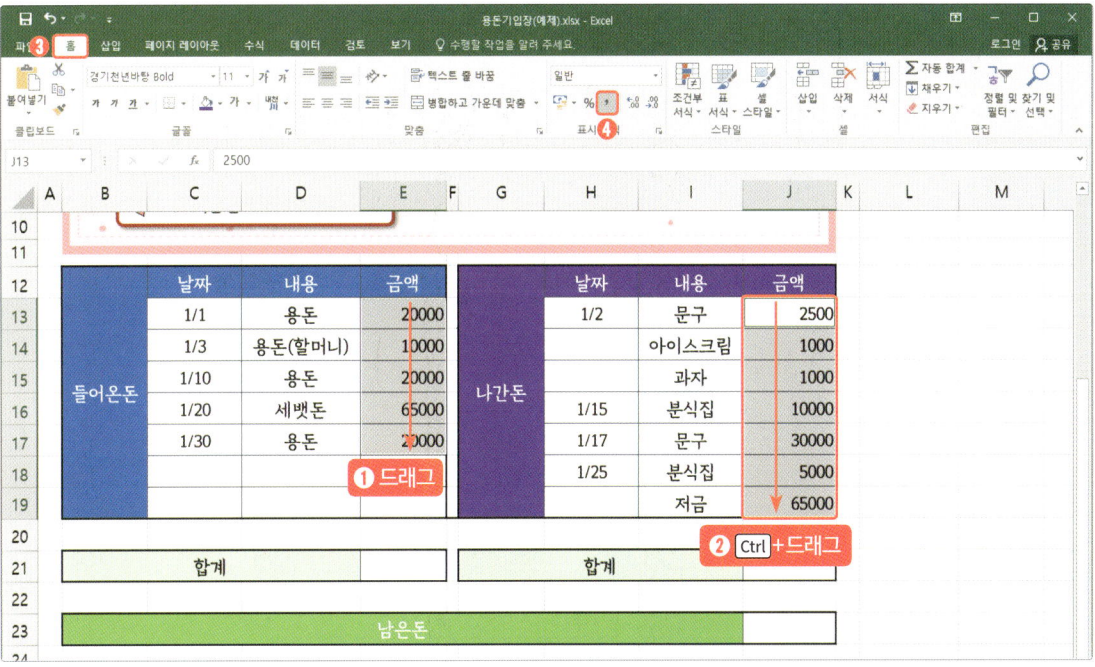

3 수식으로 합계 계산하기

01 '들어온돈'의 합계를 계산하기 위해 [E21] 셀을 선택하고 **=E13+E14+E15+E16+E17**을 입력한 후 [Enter]를 눌러요.

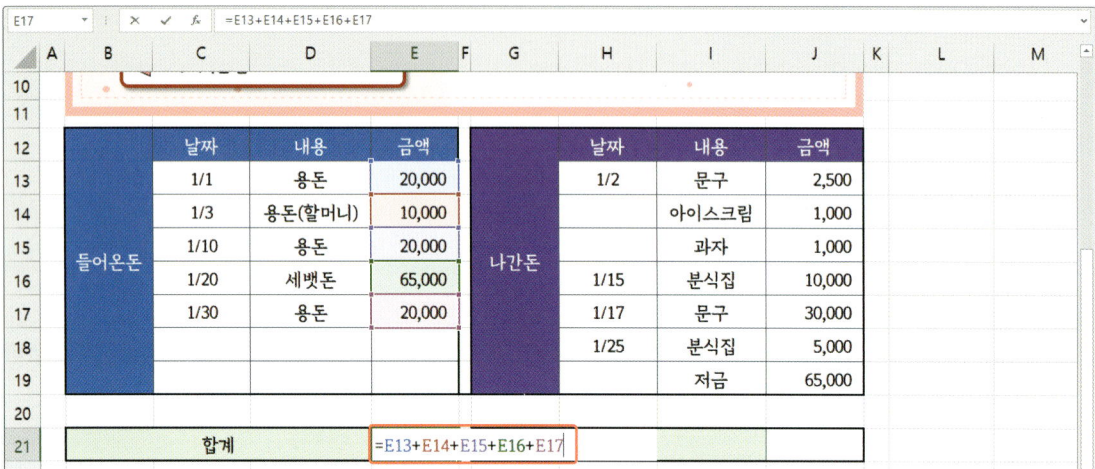

02 같은 방법으로 '나간돈'의 합계를 계산하기 위해 [J21] 셀을 선택하고 **=J13+J14+J15+J16+J17+J18+J19**를 입력한 후 [Enter]를 눌러요.

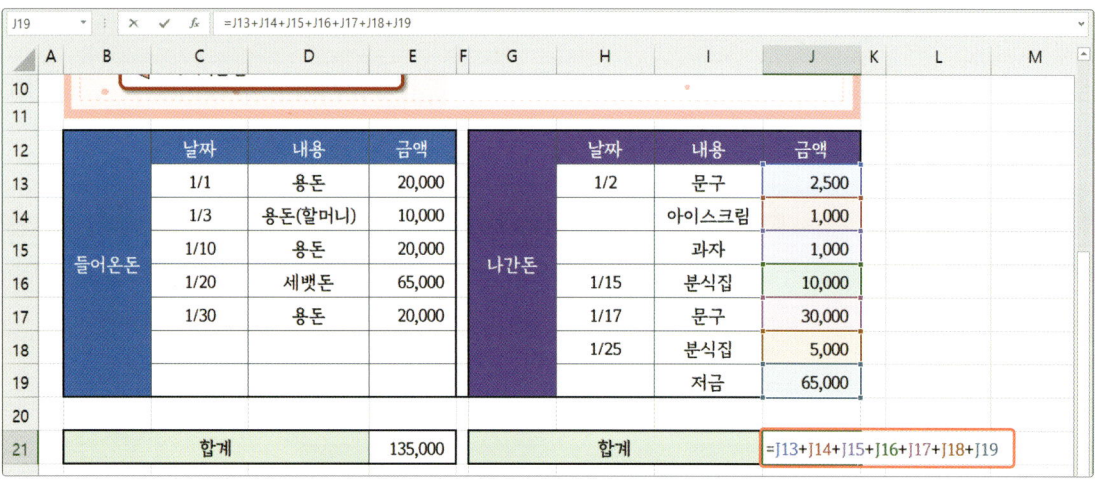

03 이번엔 '남은돈'을 계산하기 위해 [J23] 셀을 선택하고 **=E21-J21**을 입력한 후 [Enter]를 눌러요. 들어온 돈의 합계에서 나간 돈의 합계를 뺀 결괏값이 표시돼요.

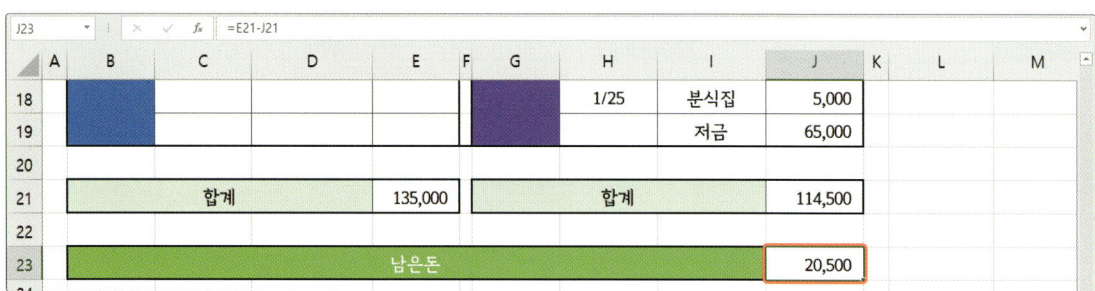

1 '나의 운동 기록(예제).xlsx' 파일을 실행하고 작성 조건에 따라 문서를 완성해 보세요.

• **실습파일** : 나의 운동 기록(예제).xlsx   • **완성파일** : 나의 운동 기록(완성).xlsx

- [C4:G4], [C6:G6] 셀 : 숫자만 입력
- [H4], [H6] 셀 : 1일차~5일차의 합계 구하기
- [B9] 셀 : [H4] 셀과 [H6] 셀의 합계 구하기
- [E9] 셀 : [B9] 셀의 값을 10으로 나누기

가을 1-2 ▶ 동네 한 바퀴

2 '마트지출내역(예제).xlsx' 파일을 실행하고 작성 조건에 따라 문서를 완성해 보세요.

• **실습파일** : 마트지출내역(예제).xlsx   • **완성파일** : 마트지출내역(완성).xlsx

- [E4] 셀 : '단가' * '수량'
- [E4] 셀의 계산 결과를 채우기 핸들을 이용하여 [E9] 셀까지 채우기
- [C4:C9], [E4:E10] : [셀 서식]-[표시 형식]-[회계]
- [E10] 셀 : 가격이 입력된 셀들의 합계 구하기

EXCEL 2016

#조건부 서식 #도형 삽입

11 조건부 서식으로 스마트폰 사용시간 조사표 만들기

학습목표
- 도형을 활용하여 제목을 꾸밀 수 있습니다.
- 조건부 서식으로 조건을 만족하는 데이터를 꾸밀 수 있습니다.

조건부 서식 문서에 많은 데이터가 입력되어 있을 때 기준에 맞는 데이터에만 서식을 지정하여 쉽게 알아볼 수 있도록 하기 위해서는 조건부 서식을 이용하면 돼요.

실습파일 : 스마트폰 사용시간(예제).xlsx   완성파일 : 스마트폰 사용시간(완성).xlsx

미리보기

우리반 스마트폰 사용 시간

(단위:분)

구분	인터넷 검색	웹툰	음악듣기	게임하기	SNS	1일 총 사용 시간
오하랑	30	15	● 30	↘ 20	10	105
최천웅	40	11	△ 20	↓ 0	30	101
민승현	5	20	◆ 0	↑ 50	10	85
전유주	20	30	△ 25	↘ 20	20	115
이다재	40	30	◆ 0	↓ 10	30	110
이승호	30	20	△ 20	↓ 10	10	90
김재환	40	15	● 40	↘ 20	10	125
평균값	29.3	20.1	19.3	18.6	17.1	
최댓값	40	30	40	50	30	
최솟값	5	11	0	0	10	

1 도형 삽입하고 제목 입력하기

01 '스마트폰 사용시간(예제).xlsx' 파일을 실행하고 제목을 입력하기 위해 **[삽입] 탭-[일러스트레이션] 그룹-[도형]-[대각선 방향의 모서리가 잘린 사각형]**을 선택하고 **[B1:H1]** 셀에서 드래그하여 삽입해요.

02 삽입한 도형이 선택된 상태에서 **[그리기 도구-서식] 탭-[도형 스타일] 그룹-[도형 채우기]**에서 채우기 색을, **[도형 윤곽선]**에서 윤곽선 색과 두께를 지정해요.

- ❷ 파랑, 강조 1, 50% 더 어둡게 ❹ 흰색, 배경 1 ❻ 3pt

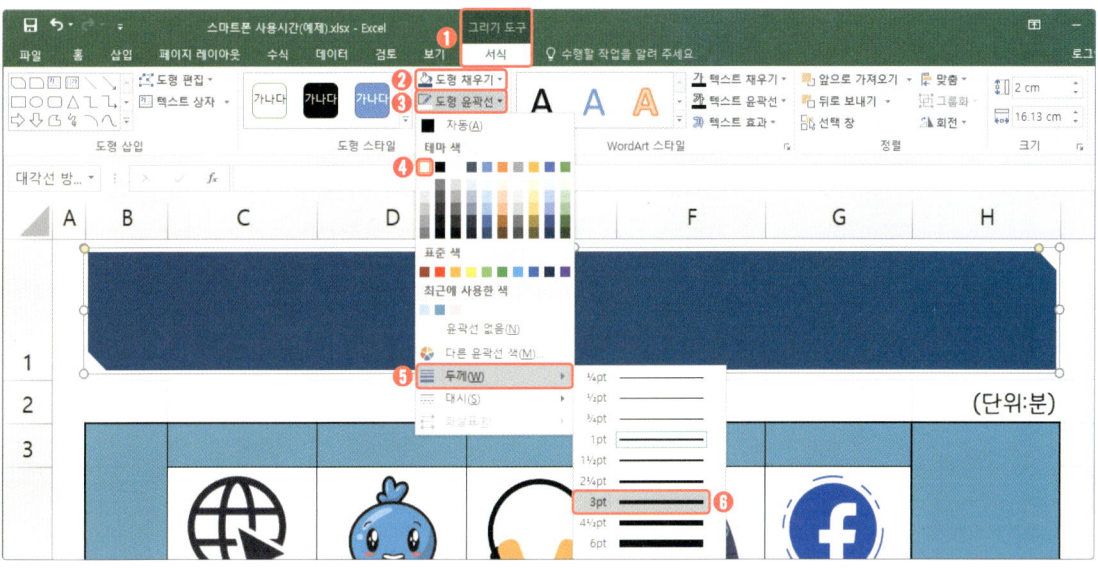

03 도형을 선택하고 제목을 입력해요. 입력한 제목을 블록 지정하고 **[홈] 탭-[글꼴] 그룹**에서 글꼴, 글꼴 크기, 글꼴 색을 지정하고, **[맞춤] 그룹**에서 맞춤을 지정해요.

- ❸ 경기천년제목V Bold ❹ 25 ❺ 흰색, 배경 1 ❻ 가운데 맞춤(세로) ❼ 가운데 맞춤(가로)

04 계속해서 제목에 그림자를 지정하기 위해 [그리기 도구-서식] 탭-[WordArt 스타일] 그룹-[텍스트 효과]-[그림자]-[원근감 대각선 오른쪽 위]를 클릭해요.

💡 도형을 선택한 상태에서 지정해도 돼요.

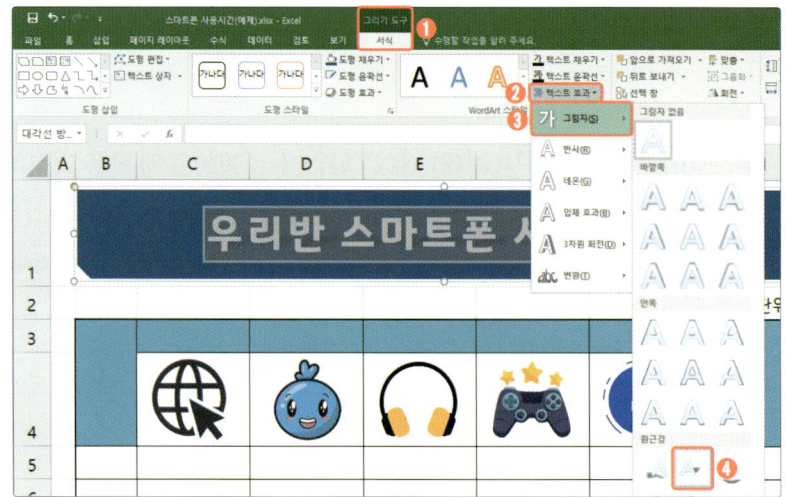

2 데이터 입력하고 조건부 서식 지정하기

01 빈 셀에 다음과 같이 데이터를 입력해요. 데이터를 입력하면 자동으로 합계, 평균값, 최댓값, 최솟값이 계산돼요.

💡 [H4] 셀은 "1일 총"을 입력하고 [Alt]+[Enter]를 누른 후 "사용 시간"을 입력해요.

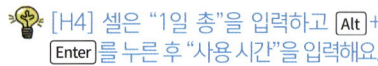

02 조건부 서식을 지정하기 위해 [C5:C11] 셀을 블록 지정하고 [홈] 탭-[스타일] 그룹-[조건부 서식]-[데이터 막대]-[그라데이션 채우기]-[연한 파랑 데이터 막대]를 클릭해요.

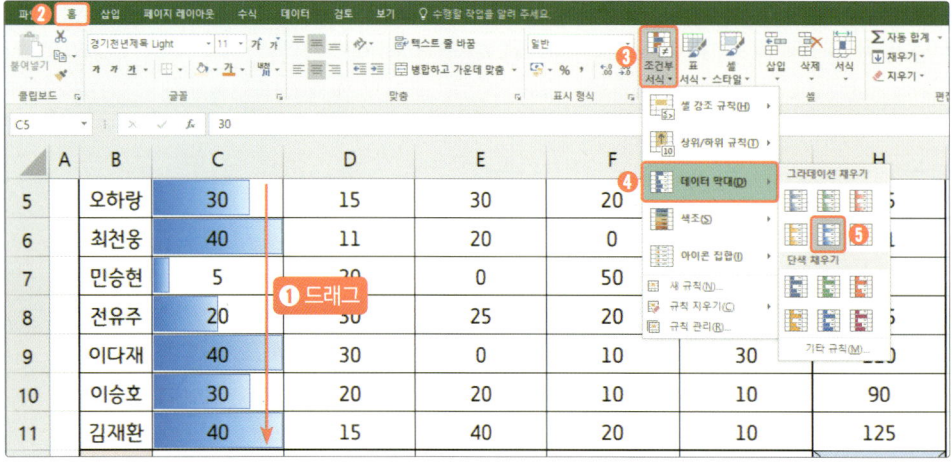

💡 가장 큰 값을 100으로 하여 나머지 값이 막대로 구분되어 표시돼요.

03 같은 방법으로 [D5:D11] 셀을 블록 지정하고 [홈] 탭-[스타일] 그룹-[조건부 서식]-[색조]-[빨강 – 노랑 – 녹색 색조]를 클릭해요.

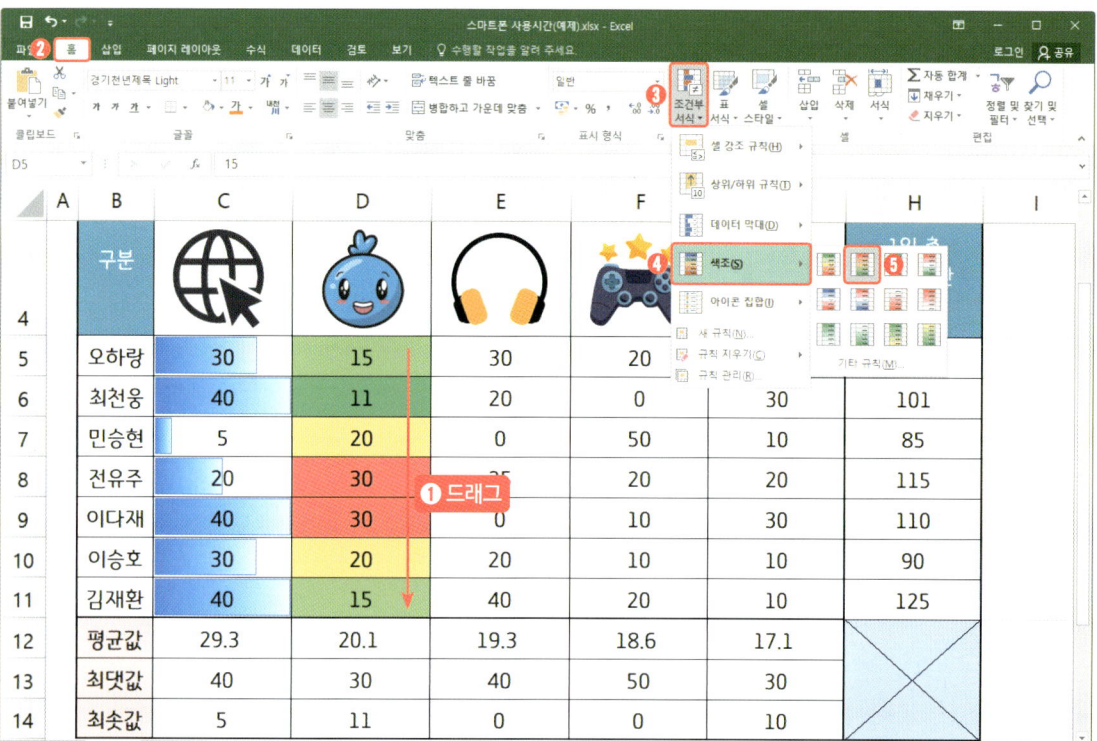

셀 범위에 입력된 데이터 크기에 따라 큰 값은 빨강, 중간 값은 노랑, 작은 값은 녹색으로 셀을 표시해요.

04 같은 방법으로 [E5:E11] 셀과 [F5:F11] 셀을 각각 블록 지정하고 [홈] 탭-[스타일] 그룹-[조건부 서식]-[아이콘 집합]에서 [3가지 모양]과 [4방향 화살표(컬러)]를 클릭해요.

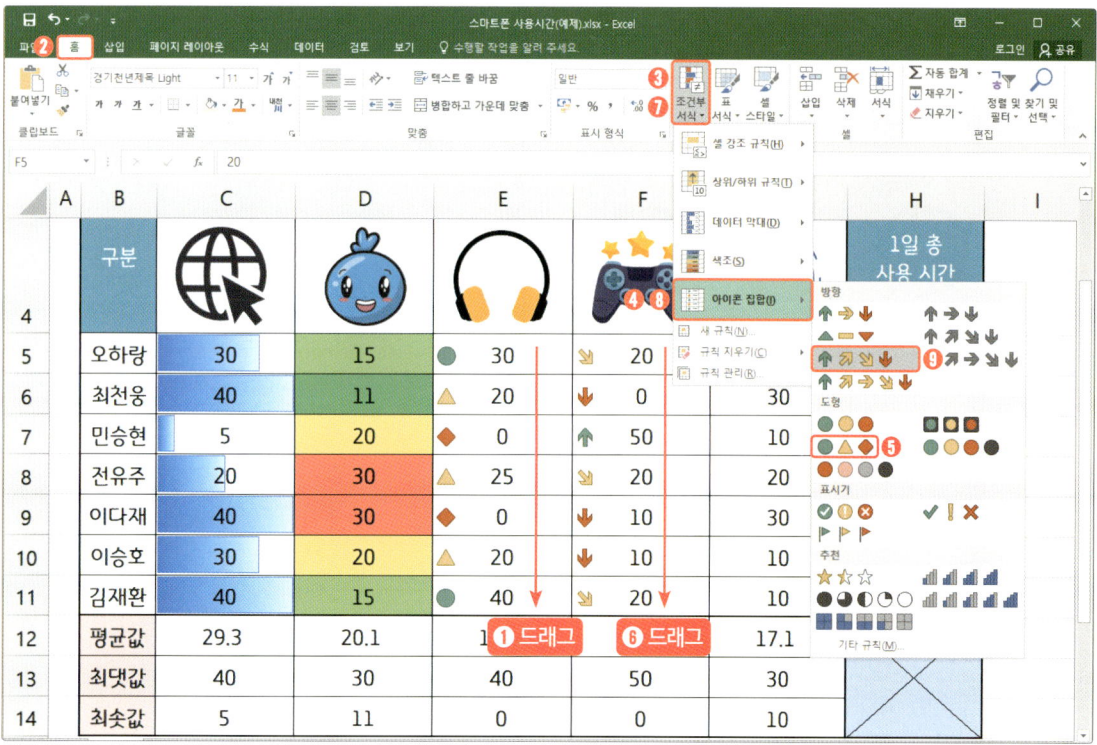

셀 범위에 입력된 데이터 크기에 따라 아이콘으로 구분하여 표시해요.

05 이번엔 새로운 규칙을 만들기 위해 **[G5:G11]** 셀을 블록 지정하고 **[홈] 탭-[스타일] 그룹-[조건부 서식]- [셀 강조 규칙]-[보다 큼]**을 클릭해요.

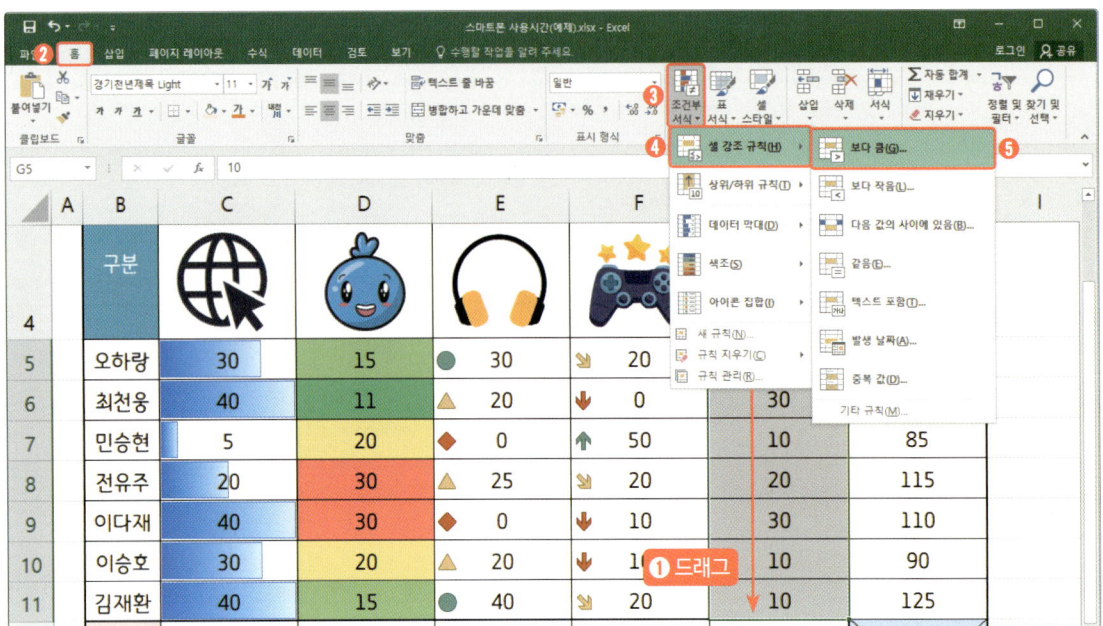

06 [보다 큼] 대화상자가 나타나면 '**다음 값보다 큰 셀의 서식 지정**'에 "**15**"를 입력하고 '**적용할 서식**'에 '**진한 빨강 텍스트가 있는 연한 빨강 채우기**'를 선택한 후 [확인]을 클릭해요.

07 15보다 큰 값이 있는 셀만 채우기 색과 글꼴 색이 바뀐 것을 확인해요.

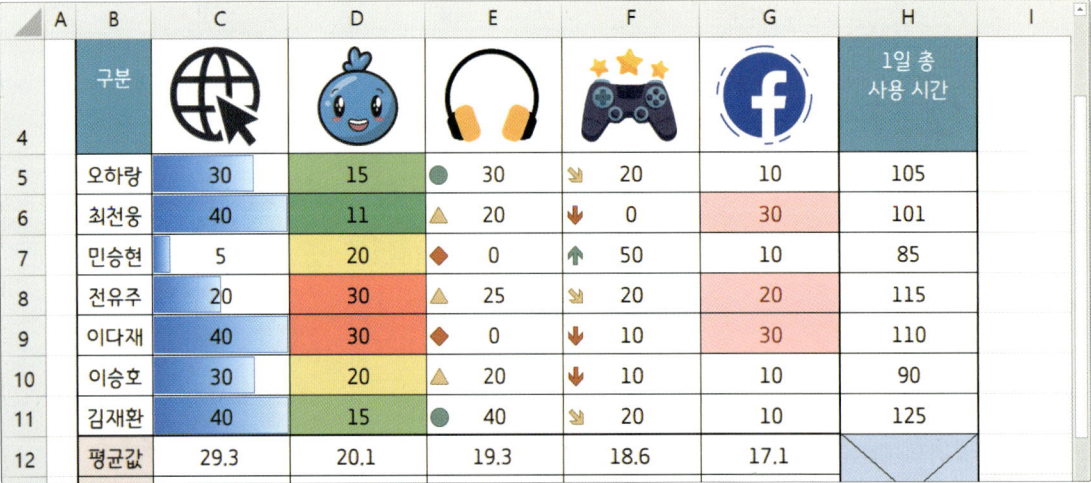

체육 4 ▶ 건강 관리 능력을 길러요

1 '건강체력키우기(예제).xlsx' 파일을 실행하고 작성 조건에 따라 문서를 완성해 보세요.

• 실습파일 : 건강체력키우기(예제).xlsx   • 완성파일 : 건강체력키우기(완성).xlsx

이름	50M 달리기(초)	앉아 윗몸 앞으로 굽히기(cm)	체지방 검사(%)
김민서	9.10	32	10
유현욱	10.30	25	25
김가인	9.20	5	10
손슬하	8.90	40	6
김준서	11.10	12	9
박예린	9.50	29	17
임종욱	11.30	19	13
평균	9.91	23.14	12.86

- **[B1:E1] 셀**
  - 도형 삽입 : 양쪽 모서리가 둥근 사각형
  - 도형 채우기 : 황금색, 강조 4
  - 도형 윤곽선 : 선 색 '회색-25%, 배경 2', 두께 '2¼pt'
  - 텍스트 입력 : 글꼴 'HY견고딕', 글꼴 크기 '24', 글꼴 색 '흰색, 배경 1', 가로 '가운데 맞춤', 세로 '가운데 맞춤'
  - 텍스트 효과 : 네온 '녹색, 11pt 네온, 강조색 6'
- **조건부 서식**
  - [C4:C10] 셀 : [색조]-[녹색 – 노랑 색조]
  - [D4:D10] 셀 : [데이터 막대]-[그라데이션 채우기]-[자주 데이터 막대]
  - [E4:E10] 셀 : [아이콘 집합]-[상자 5개]

EXCEL 2016

#스마트아트 #도형 추가&서식 지정

12 스마트아트로 마인드맵 만들기

학습목표
- 스마트아트를 삽입할 수 있습니다.
- 스마트아트에 하위 목록을 추가하거나 삭제할 수 있습니다.
- 스마트아트에 글꼴, 글꼴 크기를 지정할 수 있습니다.

   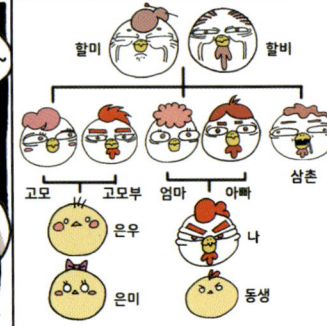

☆ 스마트아트(SmartArt) 스마트아트는 정보를 표현할 때 멋진 그래픽으로 표현하도록 도와주는 기능이에요. 이 기능을 잘 사용하면 여러분도 전문가처럼 디자인할 수 있어요.

실습파일 : 마인드맵(예제).xlsx 완성파일 : 마인드맵(완성).xlsx

미리보기

 **1 스마트아트 삽입하기**

01 '마인드맵(예제).xlsx' 파일을 실행하고 스마트아트를 삽입하기 위해 **[삽입] 탭-[일러스트레이션] 그룹-[SmartArt]**를 클릭해요. [SmartArt 그래픽 선택] 대화상자가 나타나면 **'주기형'-'방사형 클러스터형'**을 선택하고 [확인]을 클릭해요.

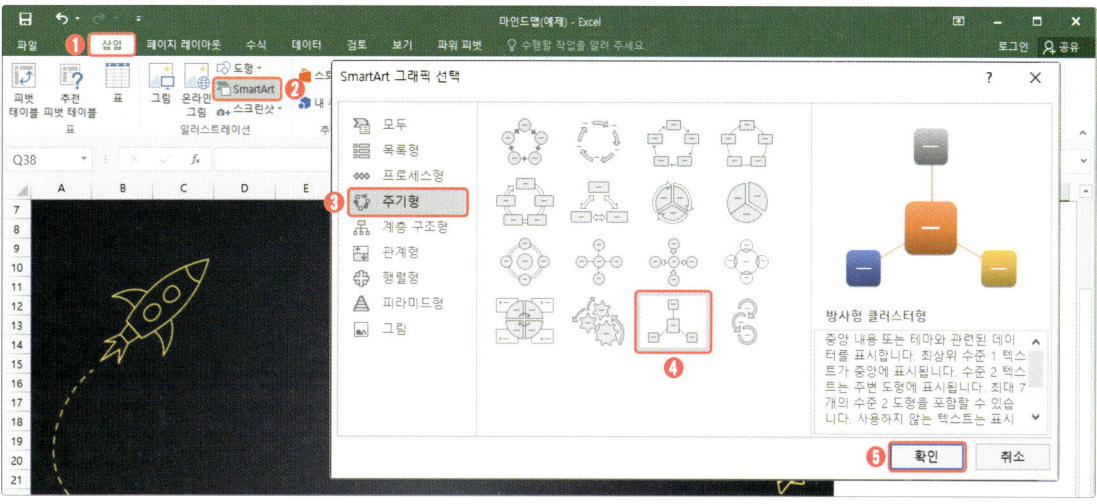

02 스마트아트가 삽입되면 문서의 가운데 배치하고 디자인 서식을 변경하기 위해 [SmartArt 도구-디자인] 탭-[SmartArt 스타일] 그룹-[색 변경]-[색상형 - 강조색]을 클릭해요.

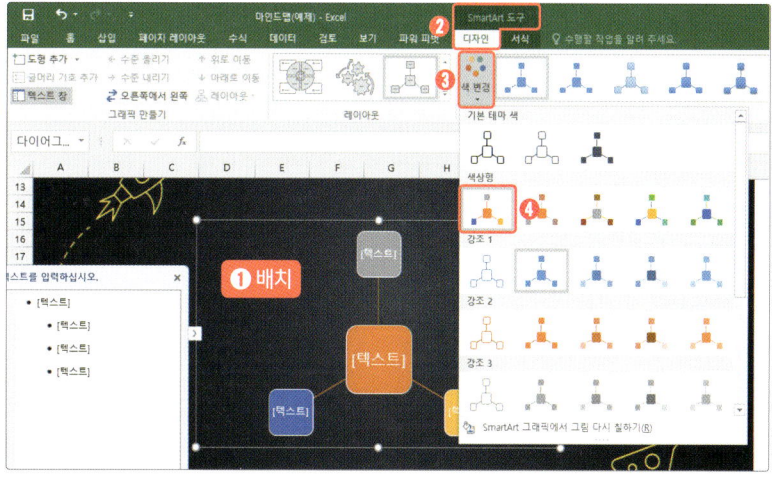

03 다시 [SmartArt 도구-디자인] 탭-[SmartArt 스타일] 그룹에서 [자세히(▽)]를 클릭하여 [광택 처리]를 선택해요.

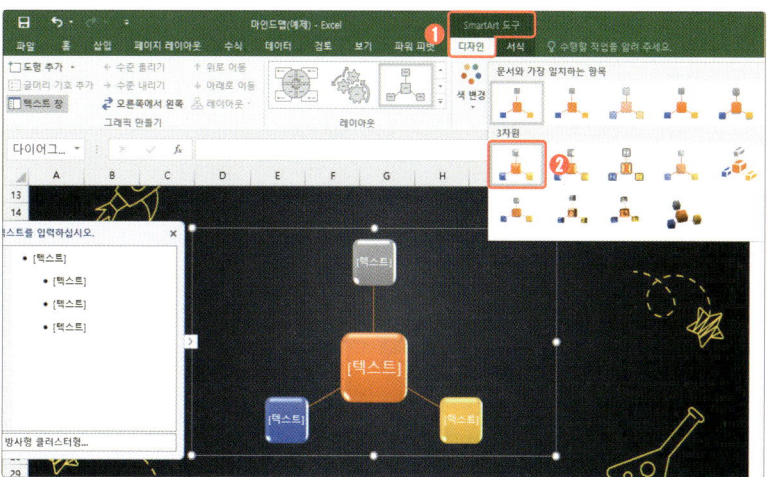

2 스마트아트 도형 추가하기

01 가운데 가장 큰 도형을 선택하고 [SmartArt 도구-디자인] 탭-[그래픽 만들기] 그룹-[도형 추가]-[아래에 도형 추가]를 클릭해 첫 번째 하위 도형을 추가해요.

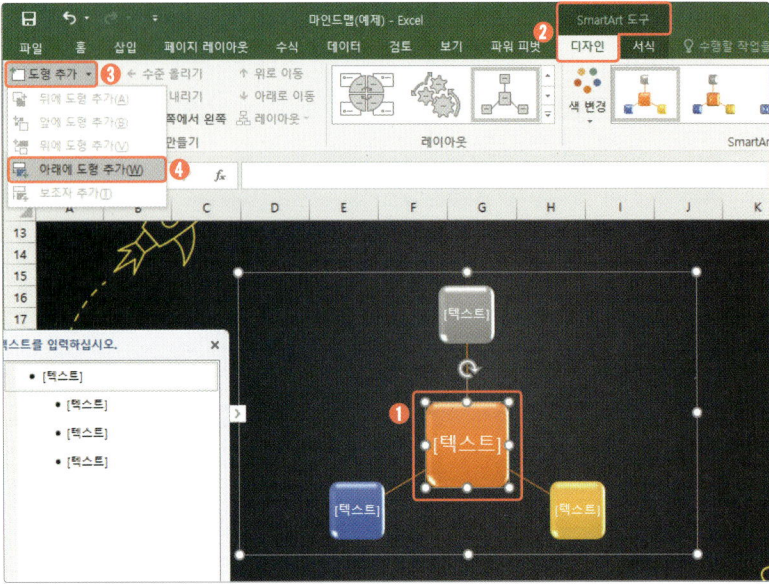

02 두 번째 하위 항목을 추가하기 위해 추가된 도형이 선택된 상태에서 [도형 추가]-[앞에 도형 추가]를 클릭해요. 도형이 추가되면 [그래픽 만들기] 그룹-[수준 내리기]를 클릭해요.

03 선택한 도형이 두 번째 하위 항목으로 이동한 것을 확인해요.

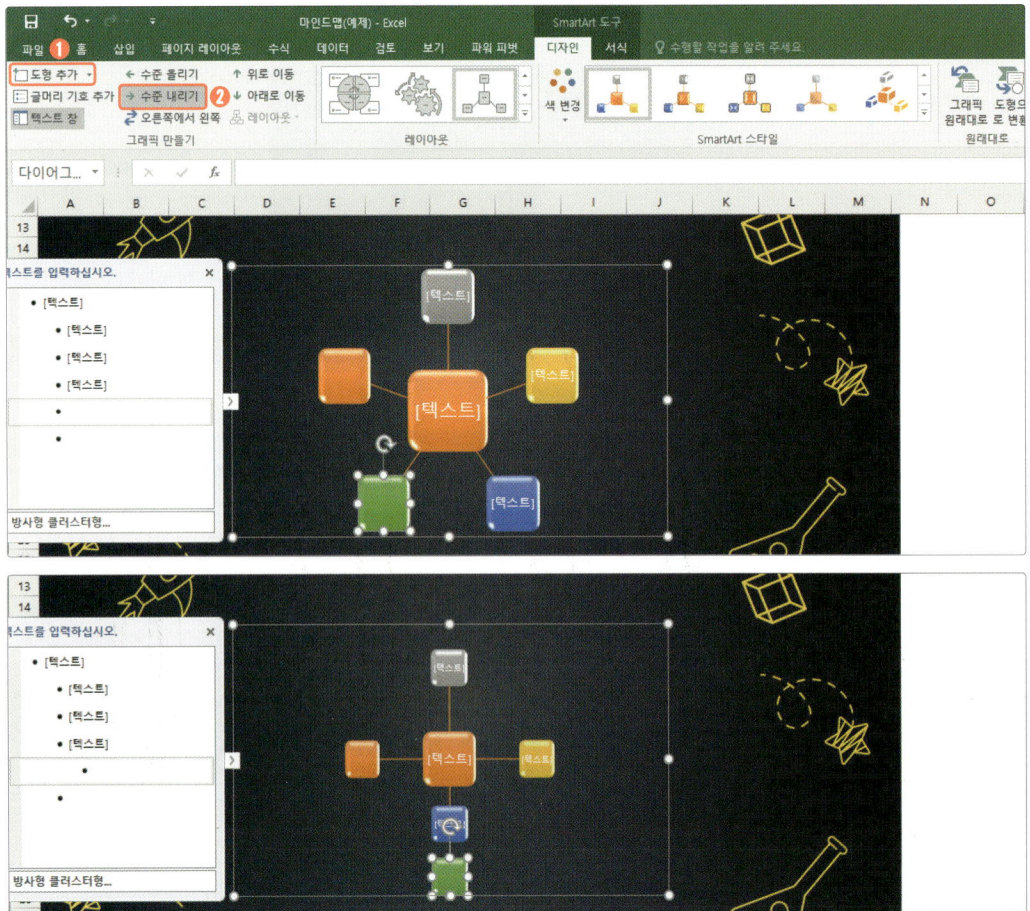

04 파란색 도형을 선택하고 [도형 추가]-[아래에 도형 추가]를 클릭하면 두 번째 하위 항목이 하나 더 추가돼요. 같은 방법으로 각각의 하위 항목에 두 번째 하위 항목을 추가해주세요.

> 💡 [아래에 도형 추가]와 [앞에 도형 추가]를 반복하여 동일한 모양을 만들 수 있어요.

05 하위 항목이 모두 추가되었으면 모서리의 크기 조절점을 드래그하여 크기를 키워주세요.

 도형에 서식 지정하기

01 삽입된 스마트아트 도형을 Ctrl을 누른 상태에서 하나씩 클릭하여 모두 선택하고 [홈] 탭-[글꼴] 그룹에서 글꼴을 '**경기천년제목V Bold**'로 지정한 후 선택을 해제하기 위해 Esc를 눌러요.

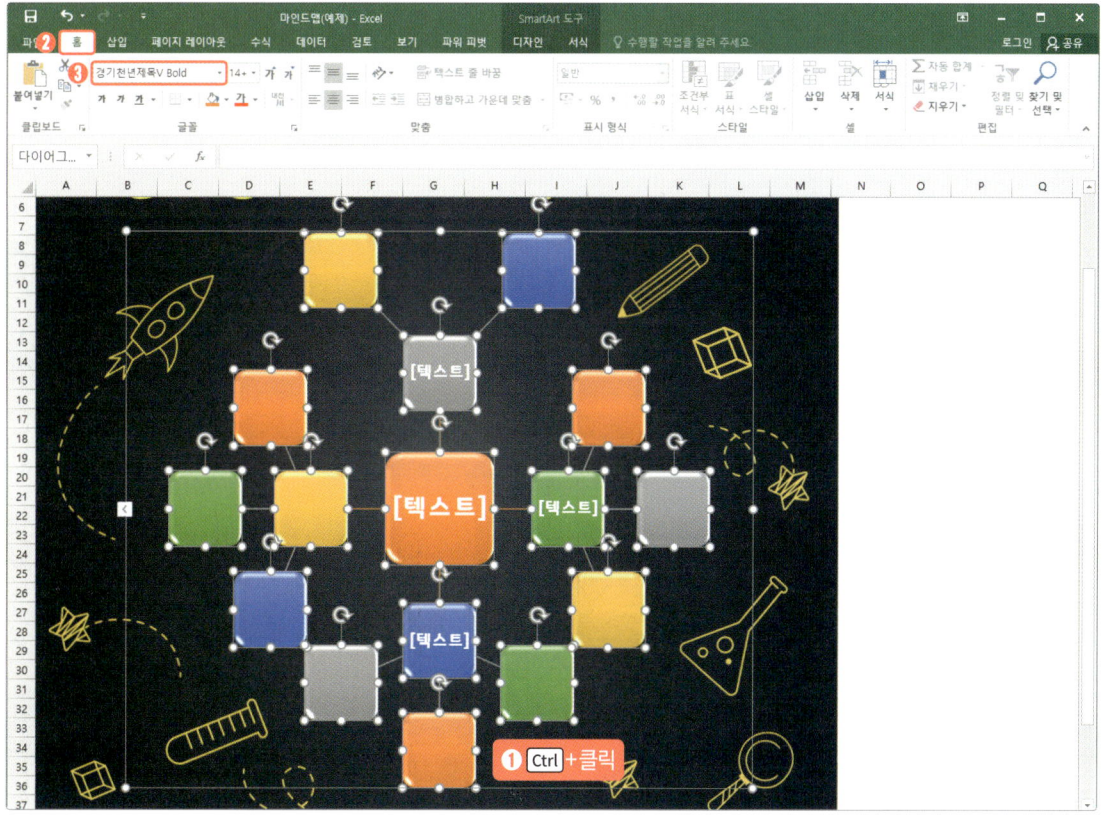

> 💡 스마트아트 왼쪽에 표시되는 텍스트 창은 '닫기(✕)'를 눌러 닫아주세요.

02 가운데 가장 큰 도형을 선택하고 [홈] 탭-[글꼴] 그룹에서 글꼴 크기를 "48"로 지정한 후 텍스트를 입력해요.

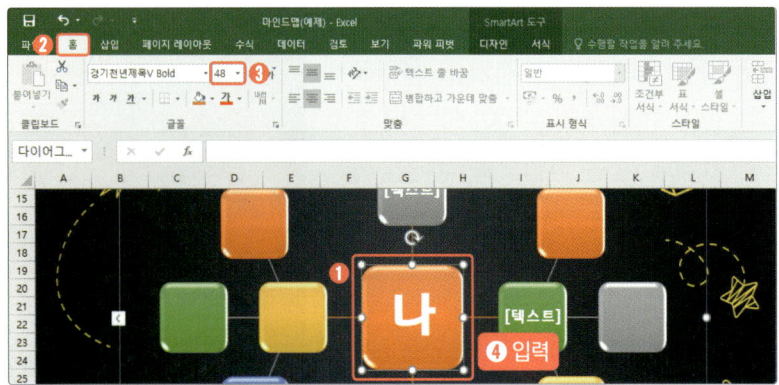

03 첫 번째 하위 도형 4개를 Ctrl을 이용하여 선택하고 [홈] 탭-[글꼴] 그룹에서 글꼴 크기를 "22"로 지정한 후, 텍스트를 입력해요.

04 두 번째 하위 도형 11개를 Ctrl을 이용하여 선택하고 [홈] 탭-[글꼴] 그룹에서 글꼴 크기를 "16"으로 지정한 후 텍스트를 입력해요.

과학 5-2 ▶ 생태계는 어떻게 유지될까요?

1 '생태계 먹이사슬(예제).xlsx' 파일을 실행하고 작성 조건에 따라 문서를 완성해 보세요.

• **실습파일** : 생태계 먹이사슬(예제).xlsx, 이미지 파일(개구리, 매, 메뚜기, 벼)　　• **완성파일** : 생태계 먹이사슬(완성).xlsx

- SmartArt 삽입
  - [피라미드형]-[기본 피라미드형]
  - 도형 추가 : 뒤에 또는 앞에 도형 추가
  - [디자인] 탭-[색 변경]-[색상형 범위 - 강조색 5 또는 6]
  - [디자인] 탭-[SmartArt 스타일]-[광택 처리]
  - 그림 삽입 : '매.jpg'를 삽입하고 크기 조절 후 배치
  - 각 도형에 그림 삽입 : [도형 서식]-[채우기]-[그림 또는 질감 채우기]
  - 텍스트 : 글꼴 'HY헤드라인M', 글꼴 크기 '20'
- 도형 삽입 후 텍스트 입력
  - 화살표 도형 : [도형 윤곽선]-[주황], [도형 윤곽선]-[두께]-[3pt]
  - 직사각형 도형 : [도형 스타일]-[강한 효과 – 황금색, 강조 4], 글꼴 'HY헤드라인M', 가로 '가운데 맞춤', 세로 '가운데 맞춤'

도형 안에 그림 채우기

❶ 도형 선택 후 마우스 오른쪽 버튼 클릭 - [도형 서식] 클릭

❷ [그림 서식] 작업 창-[채우기 및 선]-[채우기]-[그림 또는 질감 채우기]-[파일] 클릭

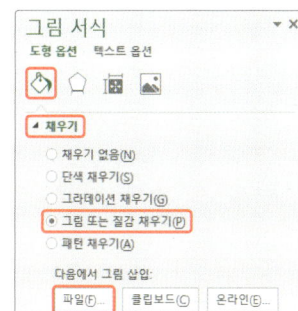

EXCEL 2016 #표 #표 스타일

13 표 기능으로 친구 조사표 만들기

학습목표
- 입력한 셀을 표로 변환할 수 있습니다.
- 만들어진 표에 표 스타일을 지정할 수 있습니다.
- 제목에 반사 효과를 지정할 수 있습니다.

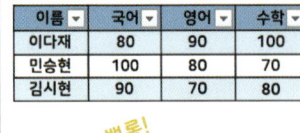

자료들이 정리되지 않고 뒤죽박죽 섞여 있으면 정신이 없겠죠? 자료를 표로 정리하면 깔끔하게 정리돼요. 엑셀에서는 입력된 데이터를 바로 표 변환할 수 있고, 다양한 표 스타일을 지정할 수 있어요.

실습파일 : 친구알기(예제).xlsx, friend.png **완성파일** : 친구알기(완성).xlsx

내 친구에 대해 알아보기

이름	생일	혈액형	취미	좋아하는 음식	좋아하는 운동	좋아하는 유명인	장래희망
박서준	7/8	A형	야구	치킨	야구	대통령	선생님
김시우	7/24	B형	색칠하기	피자	배드민턴	방탄소년단	유튜버
이도윤	1/25	B형	피아노	떡볶이	피구	도티	의사
윤시연	8/11	A형	그림그리기	아이스크림	피구	펭수	선생님
박시윤	3/9	A형	그림그리기	분식	축구	아이유	가수
우지윤	5/5	AB형	게임	치킨	인라인	김연아	프로게이머
홍예은	6/7	B형	게임	햄버거	인라인	트와이스	변호사
이하준	12/31	O형	책읽기	짜장면	태권도	펭수	경찰
박지아	11/3	B형	색칠하기	파스타	배드민턴	펭수	요리사
김하윤	2/15	AB형	음악듣기	돈까스	축구	유재석	운동선수
최윤우	3/2	O형	공부	치킨	축구	임영웅	연예인
박건우	9/9	O형	책읽기	짜장면	야구	흔한남매	유튜버

1 제목 입력하고 서식 지정하기

01 '친구알기(예제).xlsx' 파일을 실행하고 제목을 입력하기 위해 **[삽입] 탭-[텍스트] 그룹-[텍스트 상자]-[가로 텍스트 상자]**를 클릭해요.

02 마우스 포인터가 'ㅣ' 모양으로 바뀌면 클릭하여 제목을 입력해요.

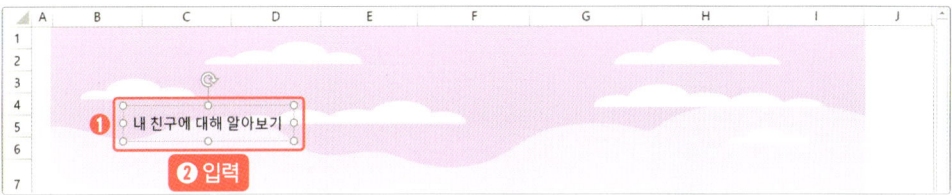

03 제목이 입력되면 드래그하여 블록 지정하거나 텍스트 상자 테두리를 선택하고 **[홈] 탭-[글꼴] 그룹**에서 글꼴, 글꼴 크기, 굵게, 글꼴 색을 지정해요.

- ❸ HY헤드라인M ❹ 40 ❺ 굵게 ❻ 진한 파랑

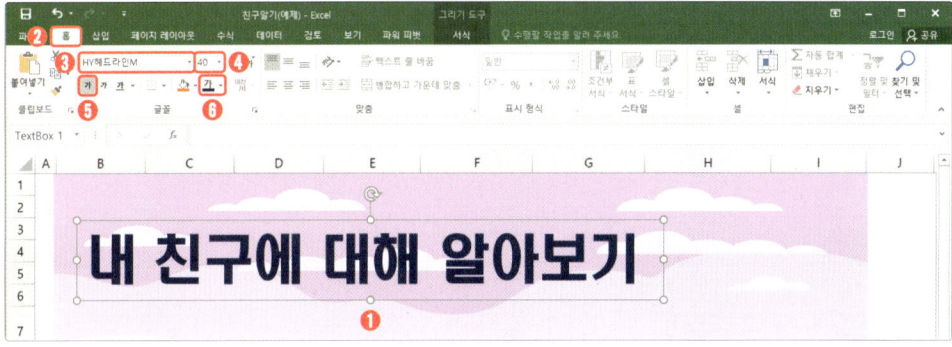

04 제목에 반사 효과를 지정하기 위해 **[그리기 도구-서식] 탭-[WordArt 스타일] 그룹-[텍스트 효과]-[반사]-[근접 반사, 터치]**를 클릭해요.

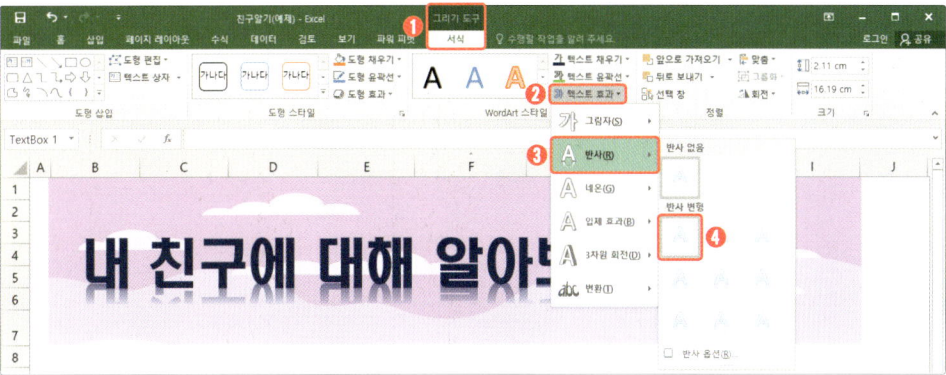

05 [삽입] 탭-[일러스트레이션] 그룹-[그림]을 클릭하여 [13차시] 폴더에서 'friend.png' 파일을 삽입하고, 크기를 조절하여 제목 옆에 배치해요.

2 데이터 입력하고 셀 서식 지정하기

01 [B8:I20] 셀에 다음과 같이 텍스트를 입력해요.

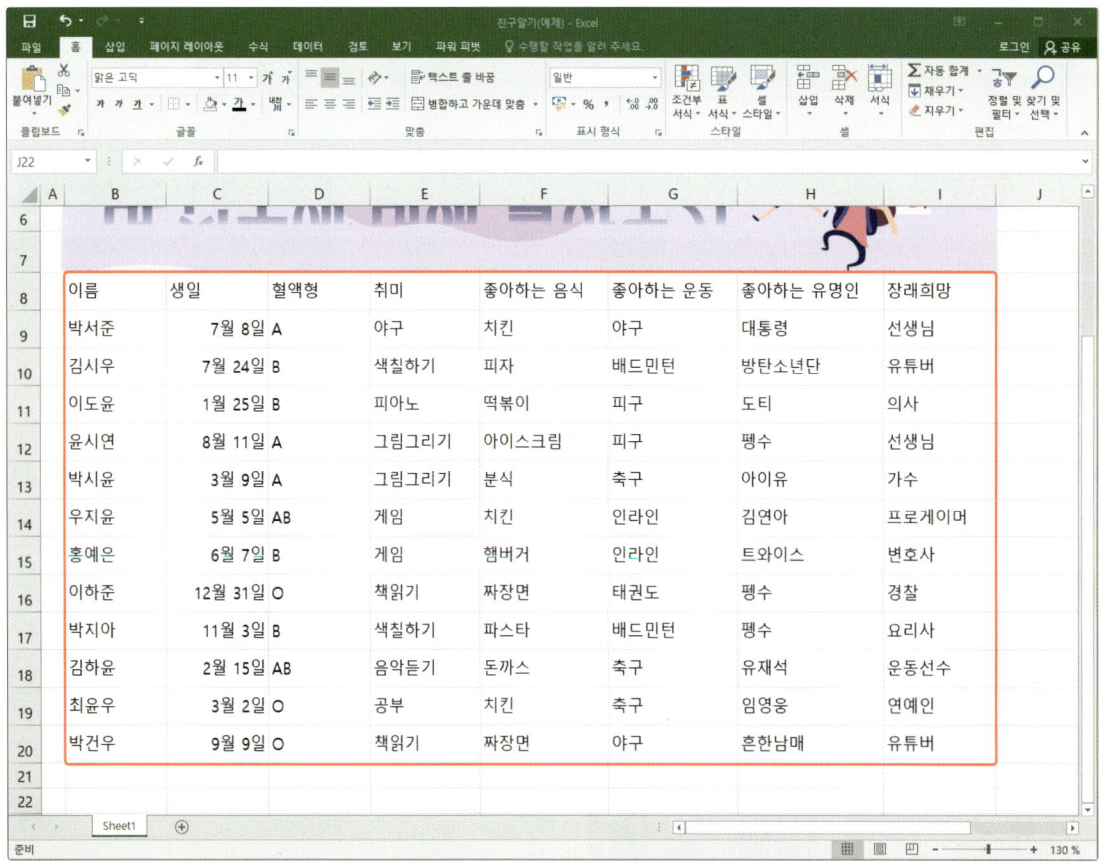

쉽게 입력하기 위해 [보기] 탭-[표시] 그룹에서 '눈금선'에 체크하면 눈금선이 표시돼요.

02 생일에 표시 형식을 지정하기 위해 [C9:C20] 셀을 블록 지정하고 Ctrl+1을 눌러요. [셀 서식] 대화상자가 나타나면 [표시 형식] 탭의 '**날짜**'에서 '**3/14**'를 선택하고 [확인]을 클릭해요.

03 혈액형 뒤에 '형'을 추가하기 위해 [D9:D20] 셀을 블록 지정하고 Ctrl+1을 눌러요. [셀 서식] 대화상자가 나타나면 [표시 형식] 탭의 '**사용자 지정**'에서 '**형식**'에 @"형"을 입력하고 [확인]을 클릭해요.

04 [B8:I20] 셀을 블록 지정하고 [홈] 탭-[맞춤] 그룹-[가운데 맞춤]을 클릭해요.

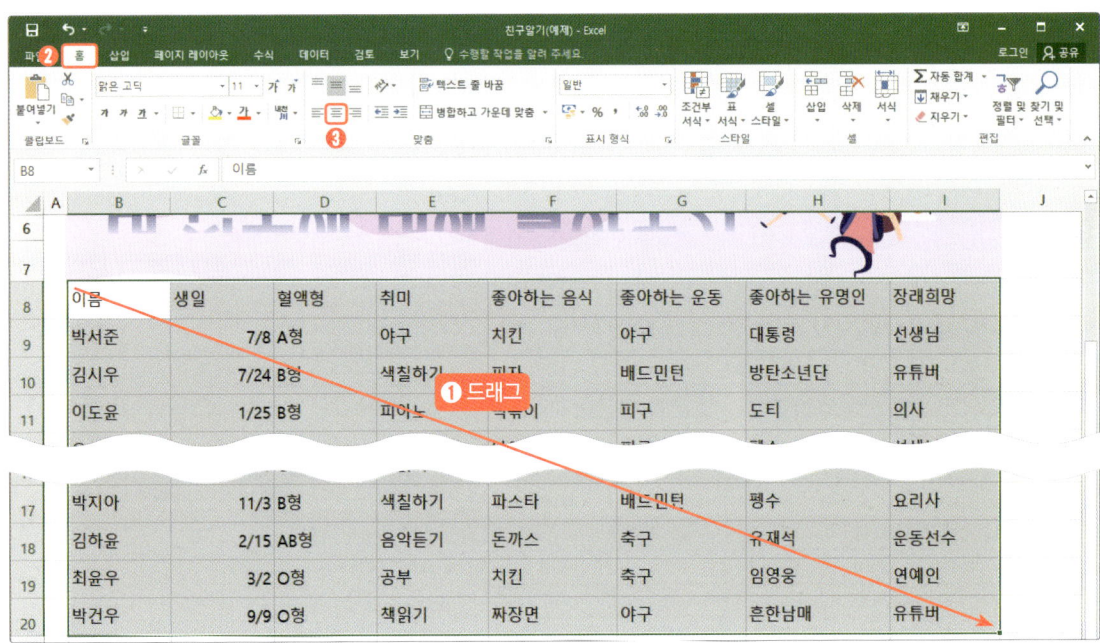

13 표 기능으로 친구 조사표 만들기

3 표로 변환하고 표 스타일 지정하기

01 [B8:I20] 셀이 블록 지정된 상태에서 **[삽입] 탭-[표] 그룹-[표]**를 선택해요. [표 만들기] 대화상자가 나타나면 블록 지정된 범위가 표시되는 것을 확인하고 [확인]을 클릭해요.

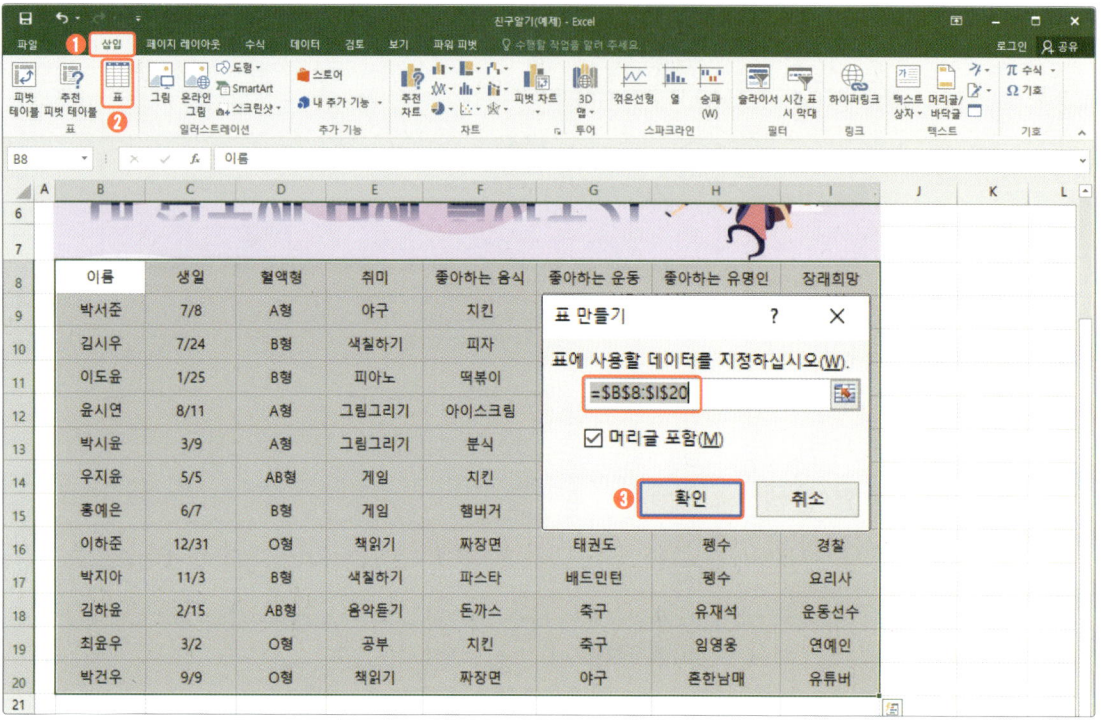

02 블록 지정된 셀이 표로 바뀐 것을 확인하고 표 스타일을 지정하기 위해 **[표 도구-디자인] 탭-[표 스타일 옵션] 그룹**에서 [필터 단추]의 체크를 해제하고, [표 스타일] 그룹의 자세히(▼)를 클릭하여 '**표 스타일 보통 8**'을 클릭해요.

사회 5-2 ▶ 선사 시대의 생활 모습

1 '선사시대(예제).xlsx' 파일을 실행하고 작성 조건에 따라 문서를 완성해 보세요.

• 실습파일 : 선사시대(예제).xlsx   • 완성파일 : 선사시대(완성).xlsx

구분	구석기 시대	신석기 시대	청동기 시대	철기 시대
도구	뗀석기 : 주먹도끼	간석기 : 갈판과 갈돌 돌괭이, 돌삽, 돌보습, 돌낫, 가락바퀴	청동기 : 비파형 동검, 거친무늬 거울 간석기 : 반달 돌칼	철기 : 철제 농기구, 철제 무기
토기	-	빗살무늬 토기	민무늬 토기, 미송리식 토기	검은 간토기
사회	무리 생활, 이동 생활	부족사회, 정착사회	계급 발생, 군장 국가	연맹 왕국
주거	동굴, 막집	움집	구릉지대에 주거지 형성, 지상 가옥화	구릉지대에 주거지 형성, 지상 가옥화
경제	사냥, 채집	농경	일부 저습지에서 벼농사 시작	중국과의 교류
기타	-	원시 신앙, 원시적 수공업	고인돌, 선민사상	한반도에 독자적 청동기 문화

표 제목: **선사 시대 한눈에 보기**

- 제목 : [B2:F2]
  - 병합하고 가운데 맞춤
  - 채우기 색 : 녹색
  - [테두리]-[굵은 바깥쪽 테두리]
  - 텍스트 입력 : 글꼴 'HY수평선B', 글꼴 크기 '36', 글꼴 색 '노랑'
- [B4:F10] 셀 : 데이터 입력
  - [B4:F4], [B5:B10] 셀 : 글꼴 '경기천년제목 Light', 글꼴 크기 '14'
  - [C5:F10] 셀 : 글꼴 '경기천년바탕 Bold', 글꼴 크기 '12'
- 표 삽입
  - 머리글 행 체크, 첫째 열 체크, 필터 단추 해제
  - 표 스타일 : 표 스타일 어둡게 6

EXCEL 2016

14 차트를 활용하여 개그맨 선호도 그래프 만들기

#차트 삽입 #차트 편집

학습목표
- 입력한 데이터를 이용하여 차트를 삽입할 수 있습니다.
- 차트의 구성 요소에 서식을 지정할 수 있습니다.

   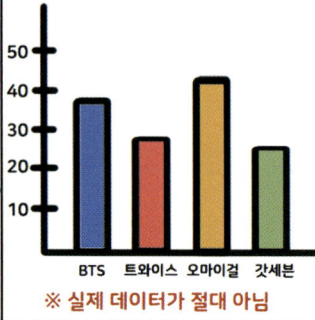

※ 실제 데이터가 절대 아님

차트 차트는 워크시트에 입력된 내용을 보기 쉽게 표현한 것으로, 그래프라고도 해요.
표의 자료를 차트로 나타내면 한눈에 알아보기 편리해요.

실습파일 : 개그맨 순위(예제).xlsx   **완성파일** : 개그맨 순위(완성).xlsx

미리보기

한국인이 좋아하는 예능인

(단위 : %)

구분	2017년	2018년	2019년
강호동	23.3	23.3	22.7
박나래	15.9	27.4	27.3
신동엽	13.5	9.2	7.1
유재석	38.3	33.4	47
이경규	9.5	0	0
이영자	0	15.6	7.9

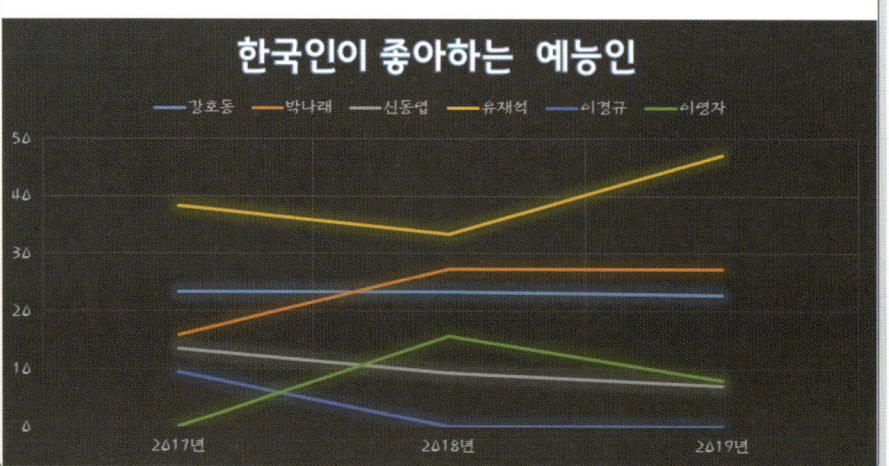

1 표 안에 데이터 입력하기

01 '개그맨 순위(예제).xlsx' 파일을 실행하고 [B9:E15] 셀에 다음과 같이 데이터를 입력해요.

02 [B9:E9] 셀을 블록 지정하고 [홈] 탭-[글꼴] 그룹에서 글꼴, 글꼴 크기를 지정해요.

- ❸ 경기천년제목 Medium ❹ 14

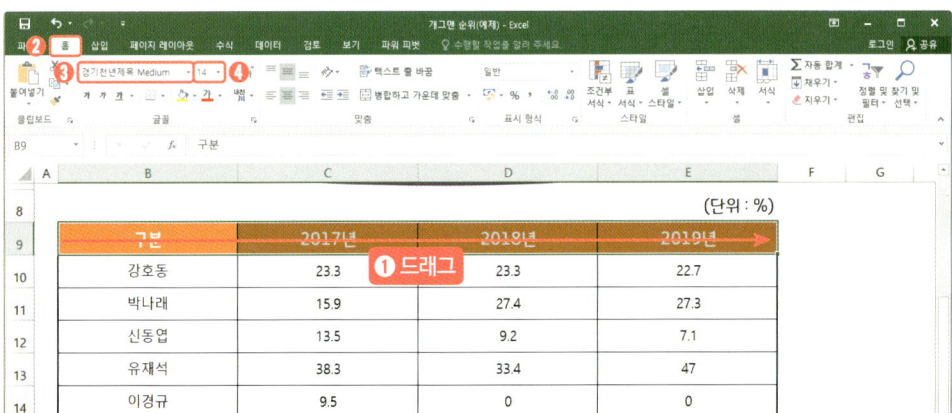

03 [B10:E15] 셀을 블록 지정하고 [홈] 탭-[글꼴] 그룹에서 글꼴, 글꼴 크기를 지정해요.

- ❸ 경기천년제목 Light ❹ 14

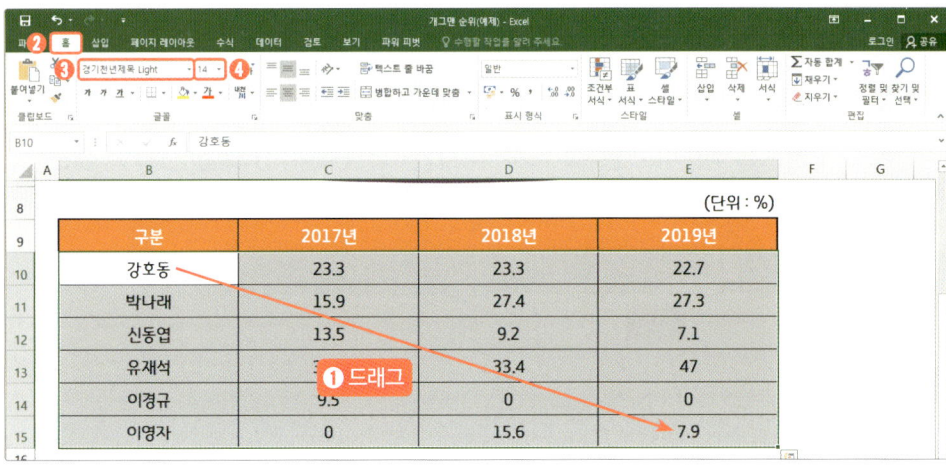

2 차트 삽입하기

01 차트를 삽입하기 위해 [B9:E15] 셀을 블록 지정하고 [삽입] 탭-[차트] 그룹-[꺾은선형 또는 영역형 차트 삽입]-[꺾은선형]을 클릭해요.

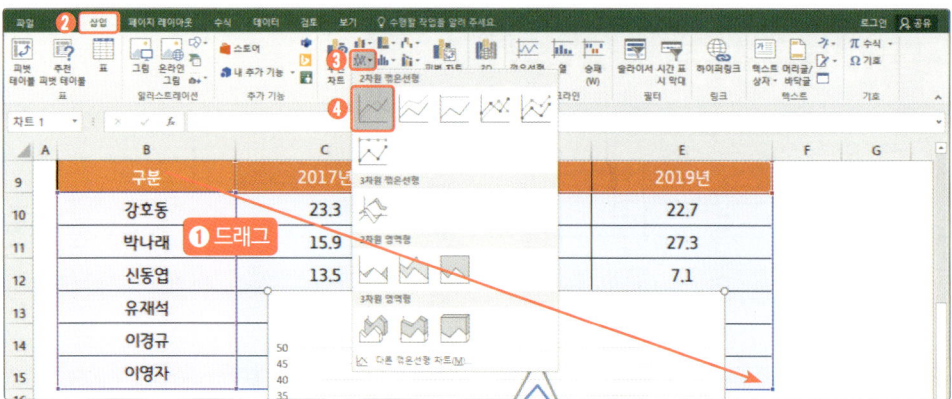

02 차트가 삽입되면 차트를 드래그하여 [B17:E33] 셀에 맞춰 크기를 조절해요.

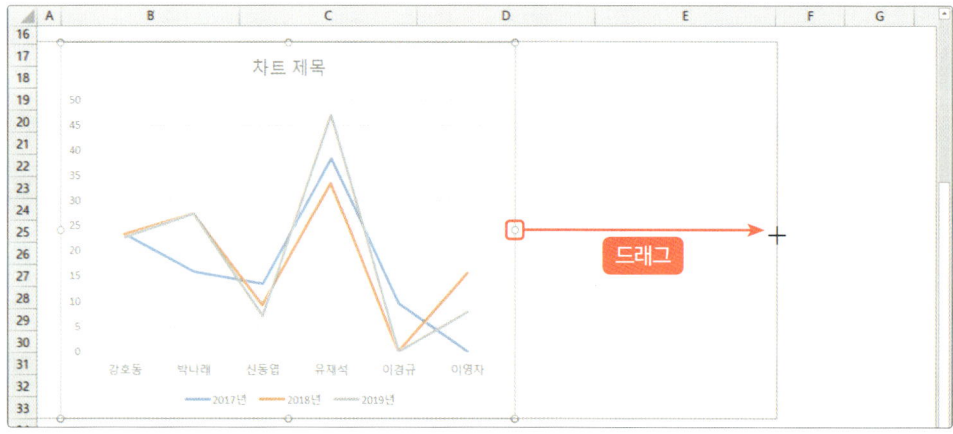

💡 Alt 를 누른 상태에서 차트 크기를 조절하면 셀 눈금선에 맞춰 조절할 수 있어요.

3 차트 편집하기

01 차트의 행/열을 변환하기 위해 차트를 선택하고 [차트 도구-디자인] 탭-[데이터] 그룹-[행/열 전환]을 클릭해요.

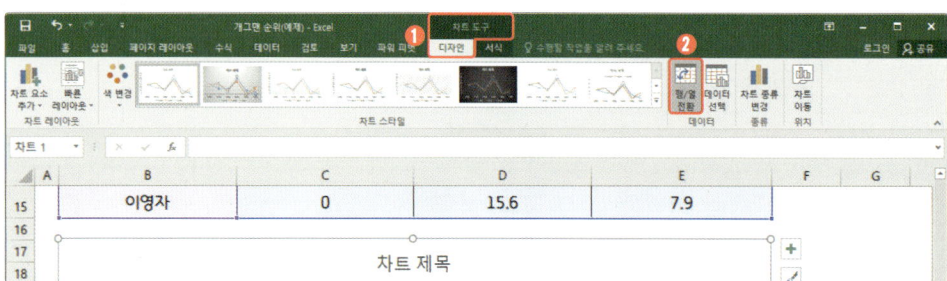

02 차트 스타일을 변경하기 위해 **[차트 도구-디자인] 탭-[차트 스타일] 그룹**에서 '**자세히( )**'를 클릭하여 '**스타일 9**'를 선택해요.

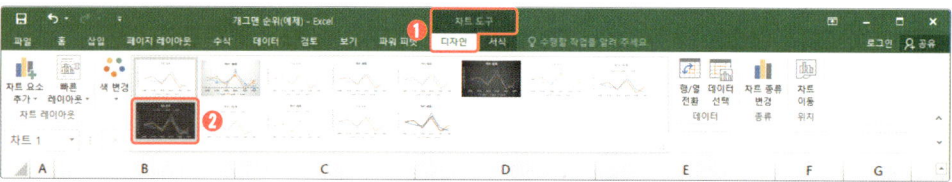

03 '차트 제목' 텍스트를 더블 클릭하여 제목을 입력하고 **[홈] 탭-[글꼴] 그룹**에서 글꼴, 글꼴 크기를 지정해요.
- ❹ 경기천년제목 Medium ❺ 25

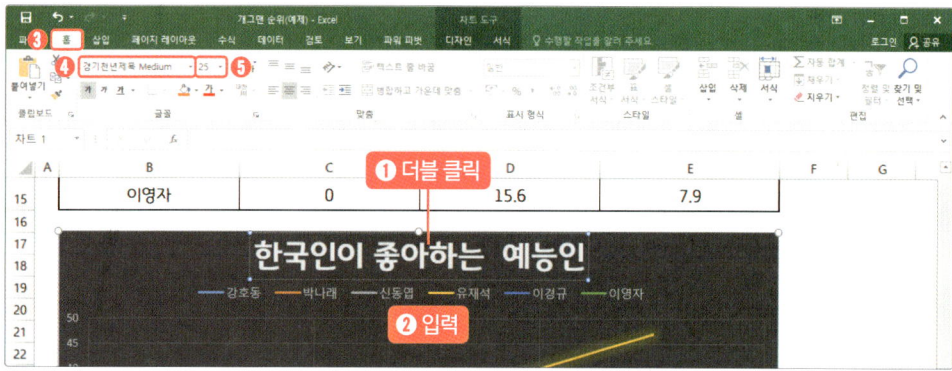

04 차트의 서식을 변경하기 위해 차트 제목 테두리를 더블 클릭해요. 오른쪽에 [차트 제목 서식] 작업 창이 나타나면 **[텍스트 옵션]-[텍스트 채우기 및 윤곽선]-[텍스트 채우기]-[단색 채우기]**에서 채우기 색을 '**흰색, 배경 1**'로 지정하고, **[텍스트 윤곽선]-[실선]**에서 윤곽선 색을 '**파랑, 강조 1**'을 클릭해요.

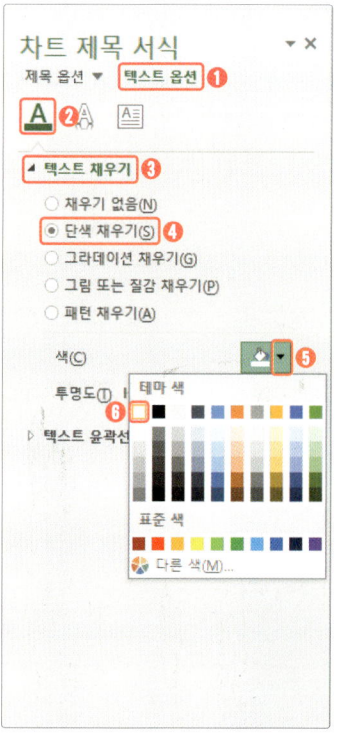

05 차트의 '**세로 (값) 축**'을 클릭하여 작업 창이 [축 서식]으로 변경되면 **[축 옵션]**을 선택하고 주 단위를 "**10**"으로 변경해요.

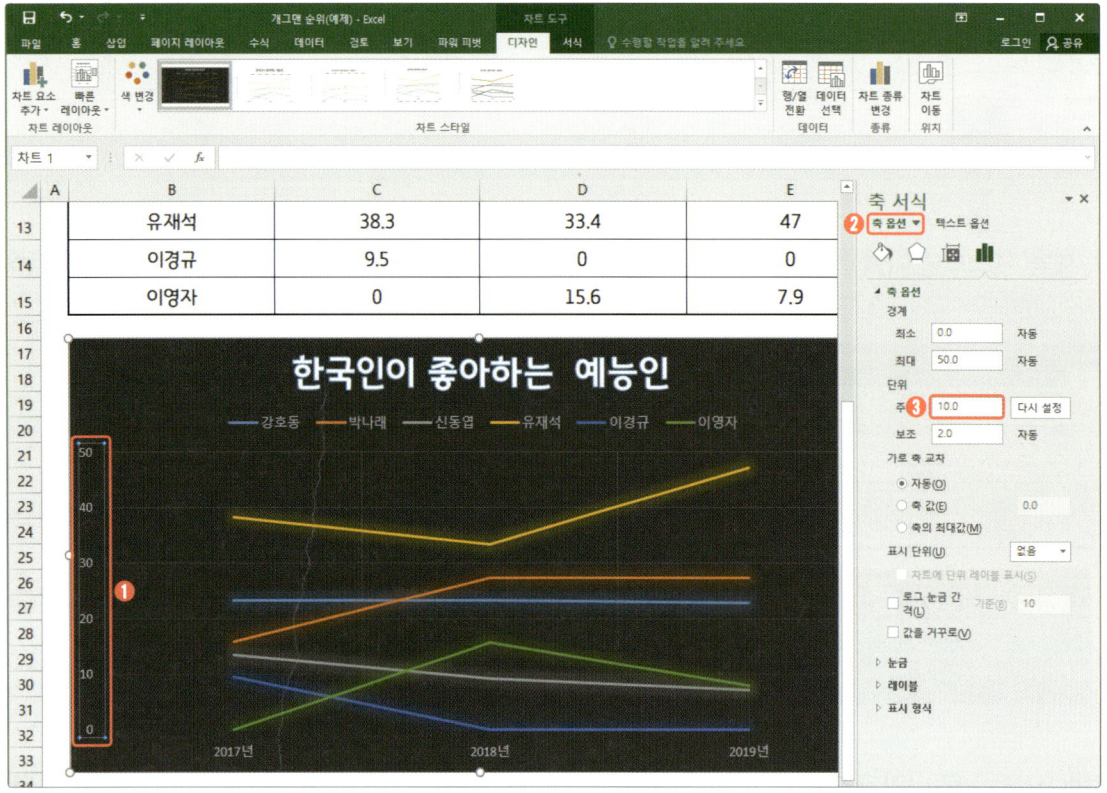

- 작업 창이 열린 상태에서 다른 항목을 클릭하면 작업 창의 이름이 변경되어 바로 지정할 수 있어요.
- 수정이 완료되면 [축 서식] 작업 창의 닫기 버튼을 클릭해요.

06 '**세로 (값) 축**'과 '**가로 (항목) 축**', '**범례**'를 각각 선택하고 **[홈] 탭-[글꼴] 그룹**에서 글꼴(**HY목판L**), 글꼴 크기(**10**)를 지정해요.

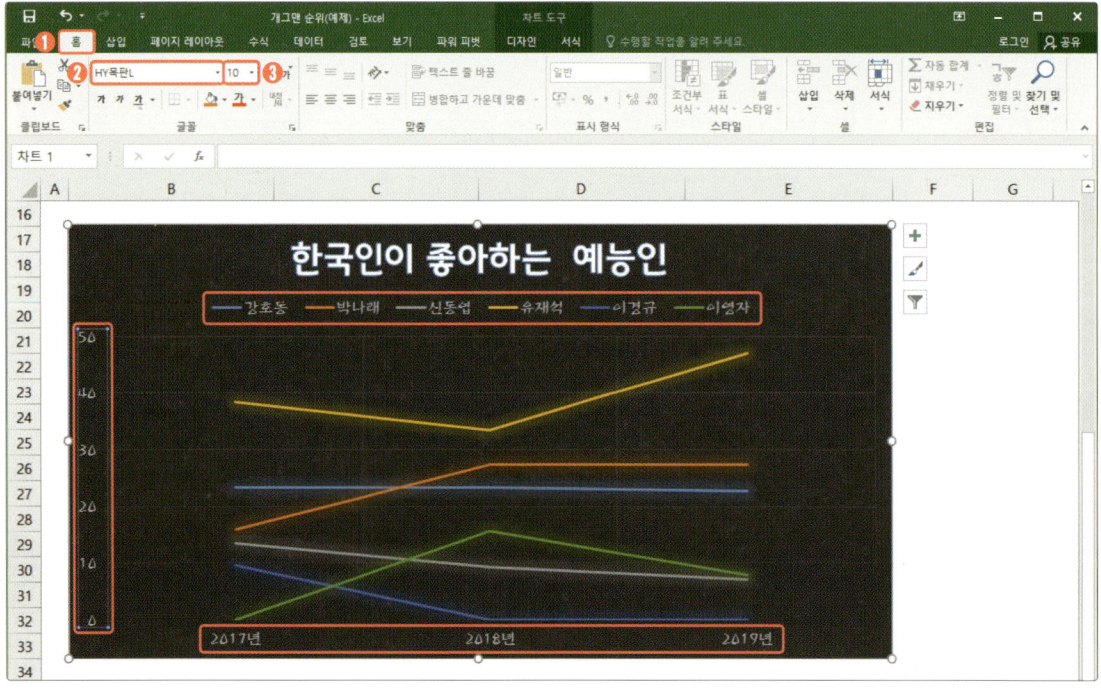

1 '타자연습(예제).xlsx' 파일을 실행하고 작성 조건에 따라 문서를 완성해 보세요.

• 실습파일 : 타자연습(예제).xlsx   • 완성파일 : 타자연습(완성).xlsx

- [B2:D8] 영역을 이용하여 '묶은 가로 막대형' 차트 삽입
- 색 변경 : 색 4
- 차트 제목 : 글꼴 'HY견고딕', 글꼴 크기 '20', 텍스트 그림자 효과 '오프셋 대각선 오른쪽 아래'
- 가로 (값) 축, 세로 (항목) 축, 범례 : 글꼴 '경기천년제목 Light', 글꼴 크기 '10'
- 가로 (값) 축 : 최댓값 변경

💡 최댓값은 [축 서식]-[축 옵션]-[경계]-[최대]에서 지정해요.

실과 5-1 ▶ 균형 잡힌 식생활

2 '나트륨 함량(예제).xlsx' 파일을 실행하고 작성 조건에 따라 문서를 완성해 보세요.

• 실습파일 : 나트륨 함량(예제).xlsx   • 완성파일 : 나트륨 함량(완성).xlsx

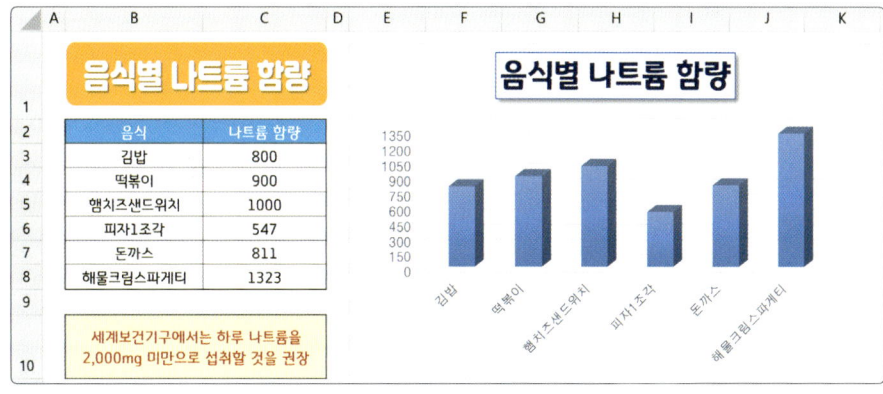

- [B2:C8] 영역을 이용하여 '3차원 묶은 세로 막대형' 차트 삽입
- 차트 스타일 : 스타일 5
- 차트 제목
  - 테두리 : '실선', '파랑', 그림자 효과 '오프셋 대각선 오른쪽 아래'
  - 글꼴 '경기천년제목 Bold', 글꼴 크기 '22', 글꼴 색 '진한 파랑'
- 주 단위 : 150
- 가로 (값) 축, 세로 (항목) 축 : 글꼴 'HY중고딕'

EXCEL 2016　　#예측 시트

15 예측 시트를 활용하여 전교생 수 예측하기

학습목표
- 날짜마다 바뀌는 데이터를 이용하여 예측 시트를 만들 수 있습니다.
- 차트를 다른 워크시트로 이동할 수 있습니다.

❀ **예측 시트** 엑셀 2016에서는 예측시트를 통해서 미래의 값을 예측해볼 수 있어요.
규칙적인 날짜나 시간 데이터만 있다면 자동으로 계산하여 예측한 값을 새로운 시트에서 표와 차트로 보여줘요.

실습파일 : 전교생수(예제).xlsx　　**완성파일** : 전교생수(완성).xlsx

우리학교 전교생 수 예측 차트

연도	학생 수
2005년 3월	765
2006년 3월	780
2007년 3월	769
2008년 3월	770
2009년 3월	739
2010년 3월	733
2011년 3월	680
2012년 3월	675
2013년 3월	632
2014년 3월	624
2015년 3월	590
2016년 3월	580
2017년 3월	593
2018년 3월	595
2019년 3월	645
2020년 3월	632

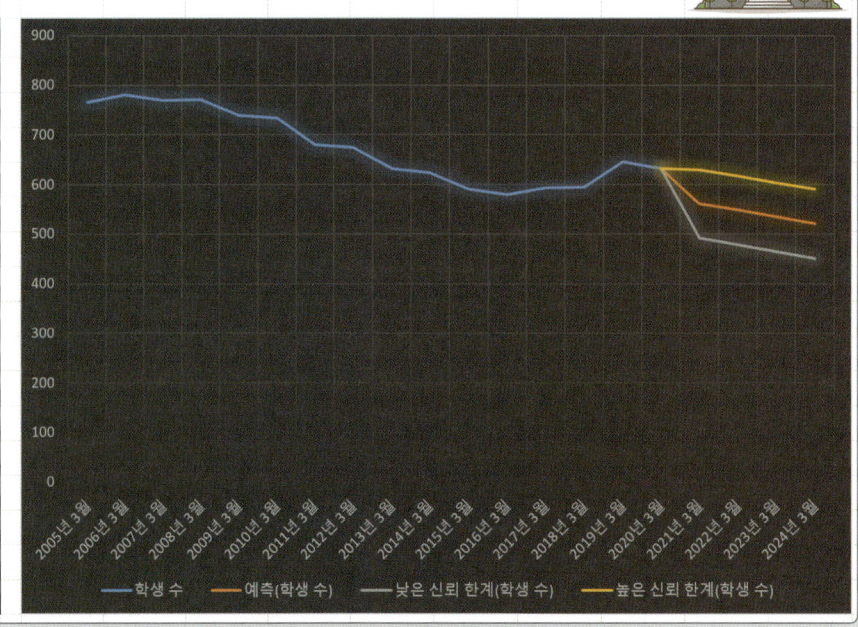

1 데이터 입력하고 서식 지정하기

01 '전교생수(예제).xlsx' 파일을 실행하고 다음과 같이 데이터를 입력해요.

> 연도 항목에는 "2005-03"으로 입력하면 자동으로 "Mar-05"로 입력돼요. 셀 서식을 지정할 것이므로 어떤 형태로 입력해도 관계 없어요.

02 입력한 연도 항목에 셀 서식을 지정하기 위해 **[B5:B20]** 셀을 블록 지정하고 Ctrl + 1 을 눌러요. [셀 서식] 대화상자가 나타나면 **[표시 형식] 탭**의 **'날짜'**에서 **'2012년 3월'**을 선택하고 [확인]을 클릭해요.

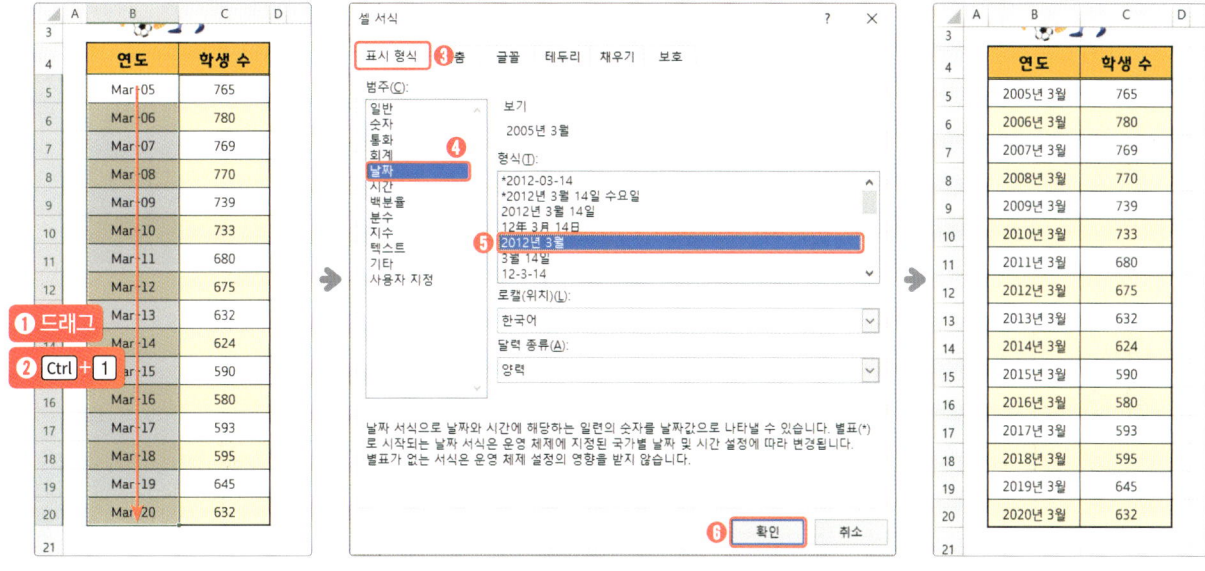

2 예측 시트 삽입하기

01 앞으로 5년 동안의 전교생 수가 어떻게 변할지 예측해 보기 위해 **[B4:C20]** 셀을 블록 지정하고 **[데이터] 탭-[예측] 그룹-[예측 시트]**를 클릭한 후 [예측 워크시트 만들기] 창에서 **[만들기]**를 클릭해요.

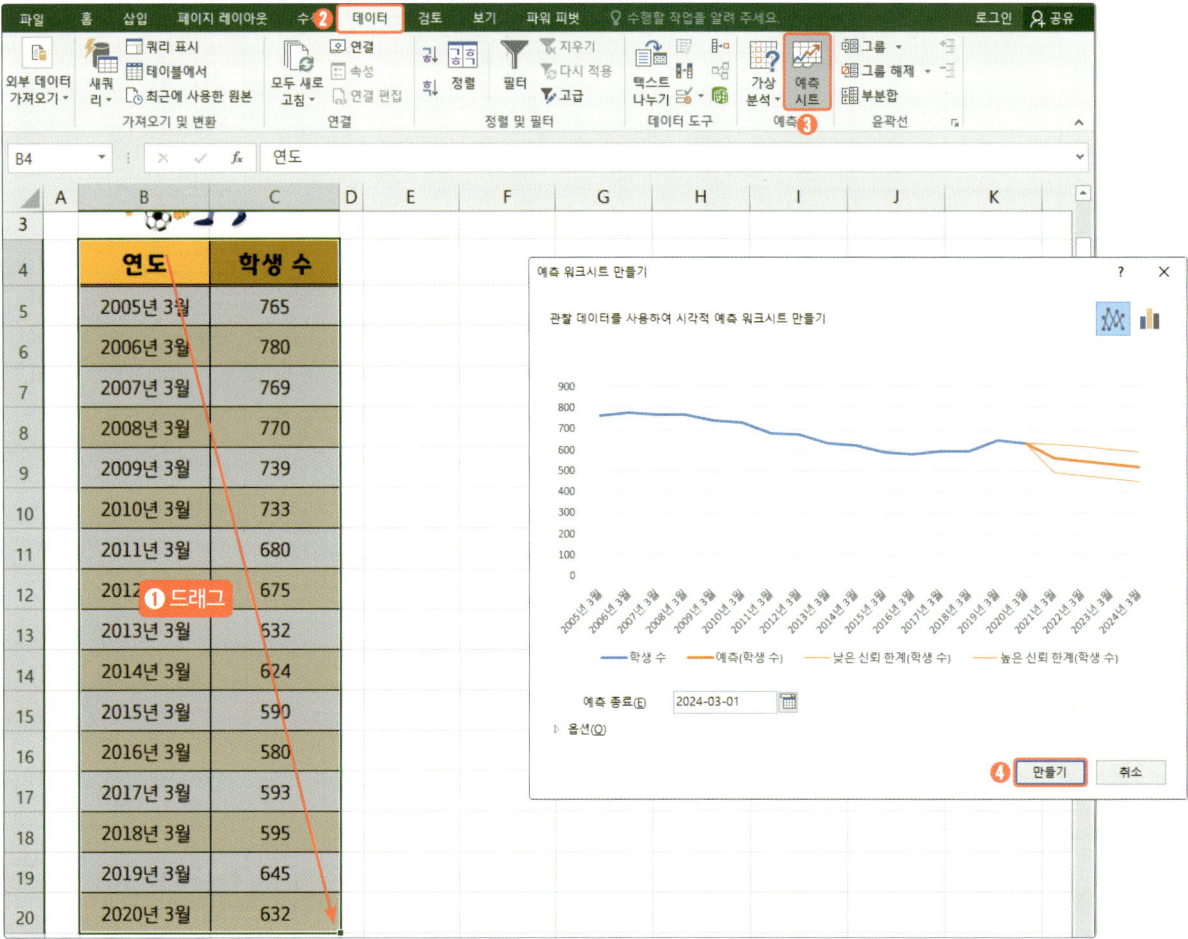

02 [Sheet2] 시트가 추가된 것을 확인하고 예측 차트를 [Sheet1]로 옮기기 위해 차트를 선택한 후 **[차트 도구-디자인] 탭-[위치] 그룹-[차트 이동]**을 클릭해요. [차트 이동] 대화상자가 나타나면 '**워크시트에 삽입**'-'**Sheet1**'을 지정하고 [확인]을 클릭해요.

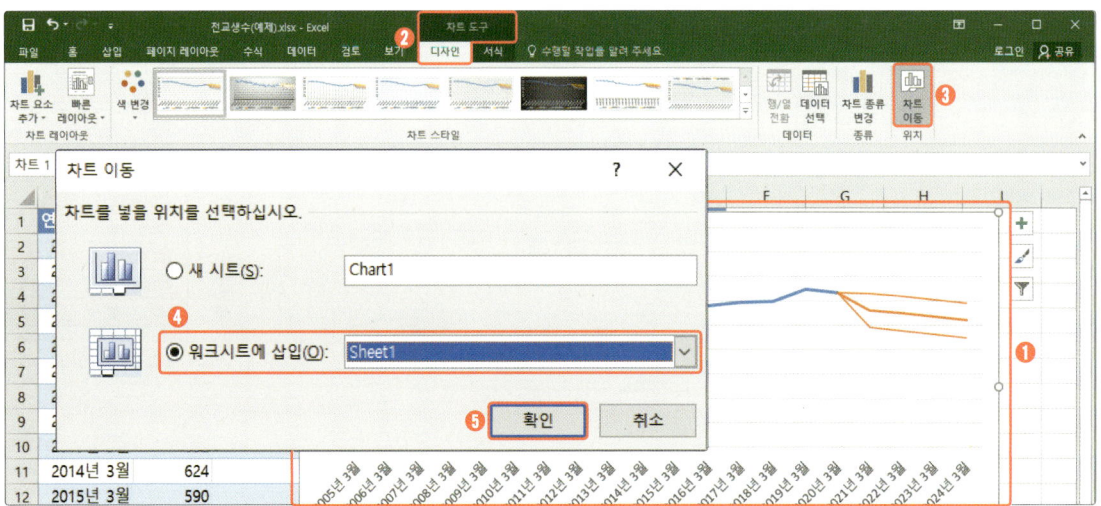

03 차트가 [Sheet1]로 이동하면 차트를 드래그하여 **[E4:N20]** 셀에 맞춰 크기를 조절해요.

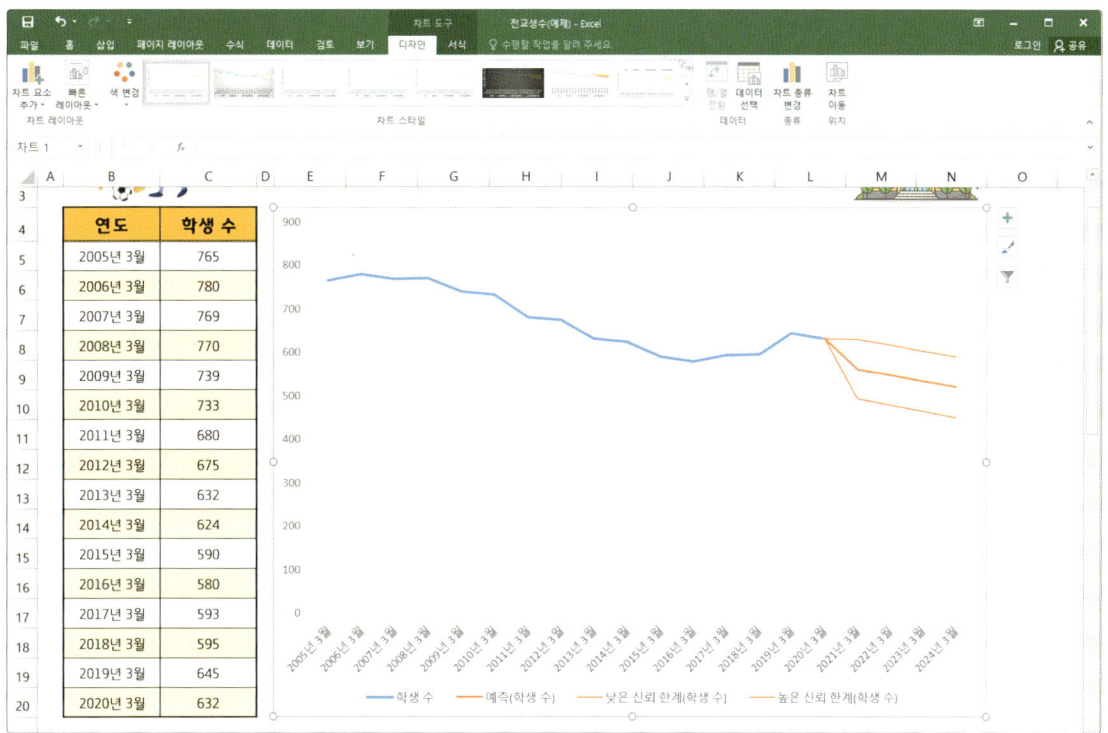

💡 Alt 를 누른 상태에서 차트 크기를 조절하면 셀 눈금선에 맞춰 조절할 수 있어요.

04 차트 스타일을 지정하기 위해 **[차트 도구-디자인] 탭-[차트 스타일] 그룹-[자세히(▼)]-[스타일 9]**를 클릭해요.

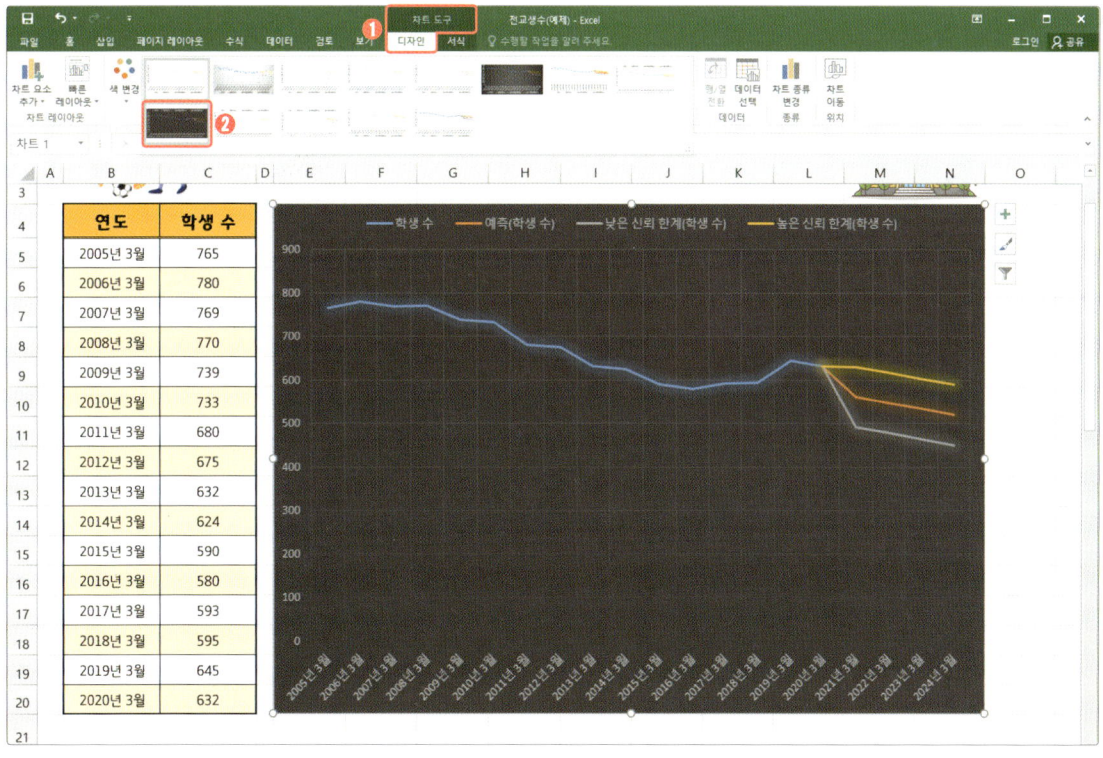

15 예측 시트를 활용하여 전교생 수 예측하기 89

05 범례의 위치를 변경하기 위해 차트를 선택하고 **[차트 도구-디자인] 탭-[차트 레이아웃] 그룹-[차트 요소 추가]-[범례]-[아래쪽]**을 클릭해요.

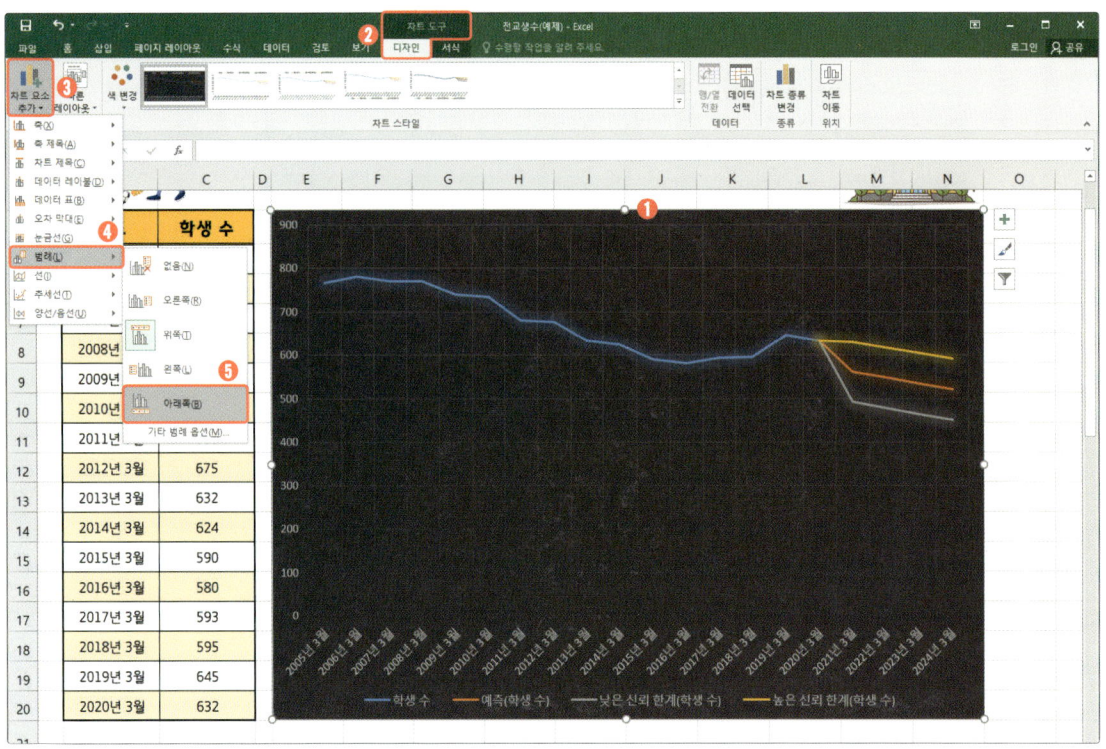

06 '**세로 (값) 축**' 항목을 선택하고 **[홈] 탭-[글꼴] 그룹**에서 글꼴 크기를 "**10**"으로 지정해요. 같은 방법으로 '**가로 (항목) 축**', '**범례**'의 글꼴 크기도 "**10**"으로 지정해요.

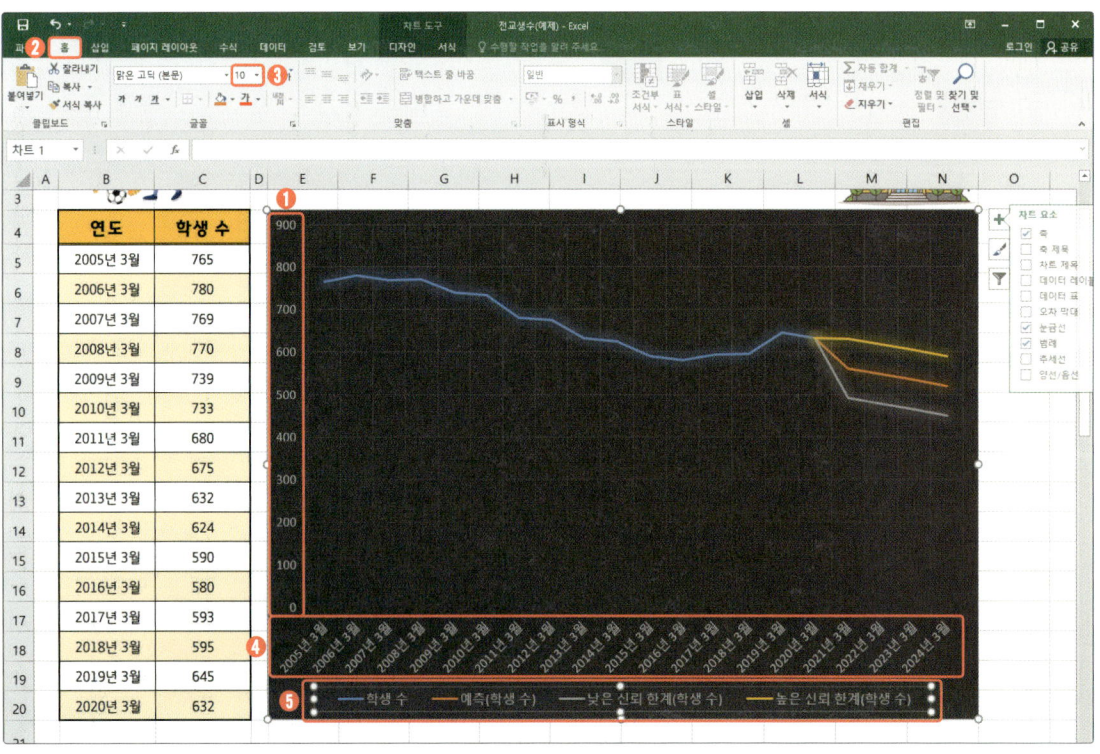

수학 2-2 ▶ 표와 그래프

1 '수학점수(예제).xlsx' 파일을 실행하여 내용을 입력하고 작성 조건에 따라 문서를 완성해 보세요.

• 실습파일 : 수학점수(예제).xlsx   • 완성파일 : 수학점수(완성).xlsx

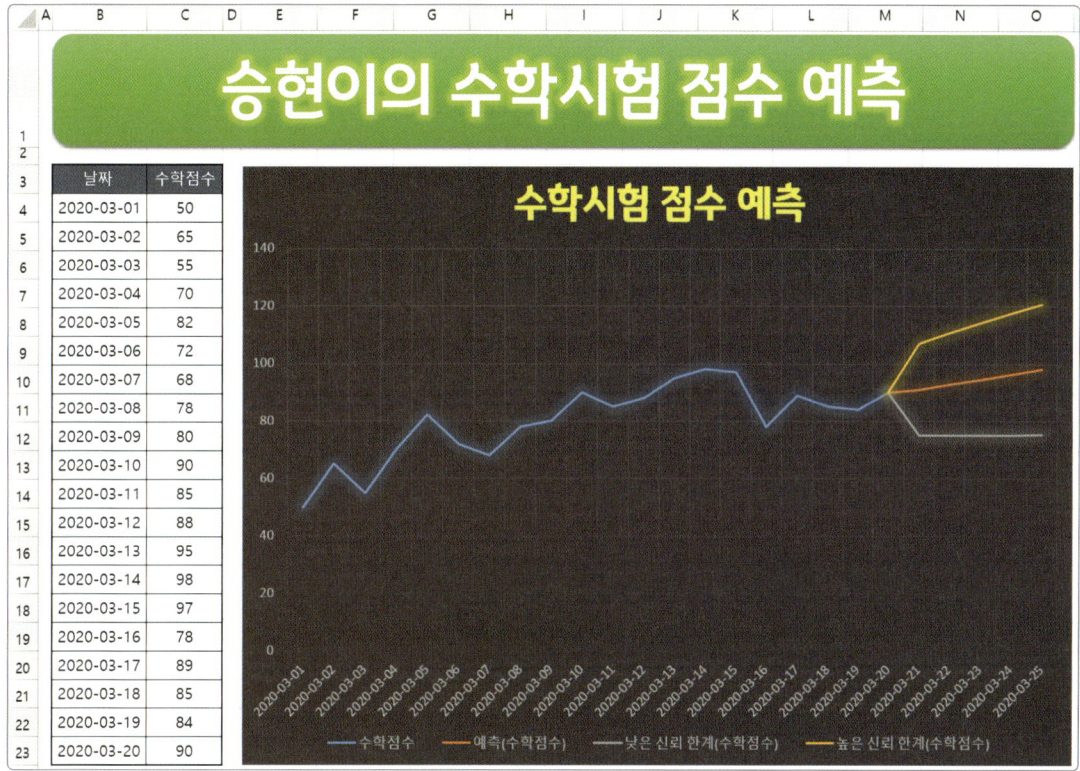

- [B4:C23] 셀 : 데이터 입력
- 예측 시트 삽입, [Sheet1] 시트로 이동한 후 [E3:O23] 셀에 배치
- 차트 스타일 : 스타일 9
- 차트 제목 : 차트 위, 글꼴 '경기천년제목 Medium', 글꼴 크기 '28', 글꼴 색 '노랑'
- 범례 : 아래쪽, 글꼴 크기 '10'
- 세로 (값) 축, 가로 (항목) 축 : 글꼴 크기 '10'

EXCEL2016

16 대결 오목게임!

오늘은 재미있는 게임을 한 번 해 볼까요? 바로 '오목'이라는 게임인데요. 오목은 다섯 개의 바둑돌이 가로, 세로, 대각선으로 위치하면 이기는 게임이에요. 친구의 바둑돌이 다섯 개가 되지 못하게 방어하고, 내 바둑돌이 나란히 다섯 개가 놓일 수 있도록 해 보세요. 게임 방법은 아주 쉽지만 게임에 이기기 위해서는 전략을 세워야 한답니다. 바둑판과 바둑돌을 만들어 게임을 즐겨볼까요?

실습파일 : 오목게임(예제).xlsx, 이미지 파일(캐릭터1~캐릭터4)　　**완성파일** : 오목게임(완성).xlsx

미리보기

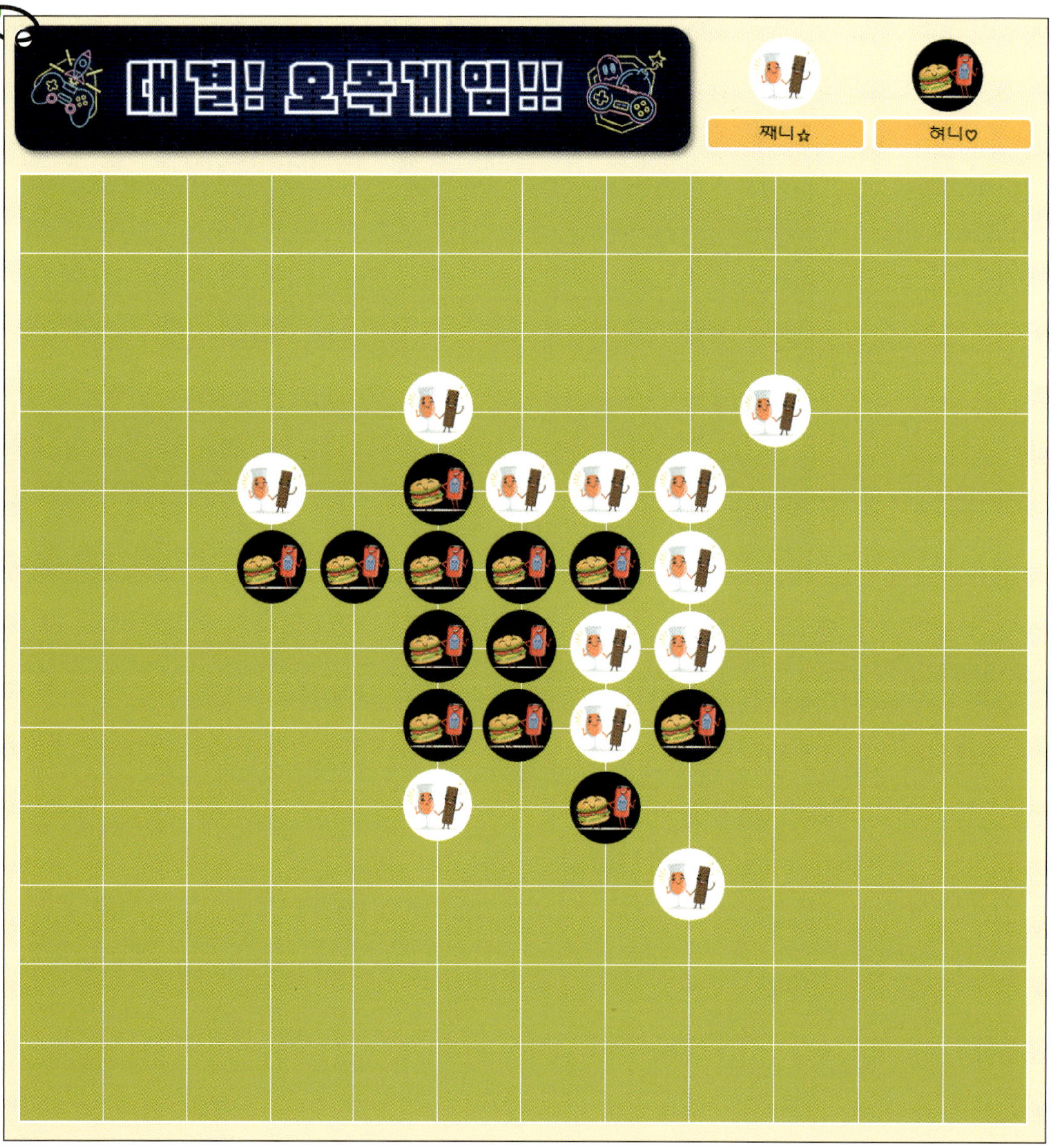

1 바둑판 만들기

01 '오목게임(예제).xlsx' 파일을 실행하고 바둑판을 만들기 위해 **[B4:M15]** 셀을 블록 지정 후 **[홈] 탭-[글꼴] 그룹-[채우기 색]**에서 **[다른 색...]**을 클릭해요.

02 [색] 대화상자가 나타나면 **[사용자 지정] 탭**에서 '**빨강**', '**녹색**', '**파랑**'에 각각 "204", "204", "0"을 입력하고 [확인]을 클릭해요.

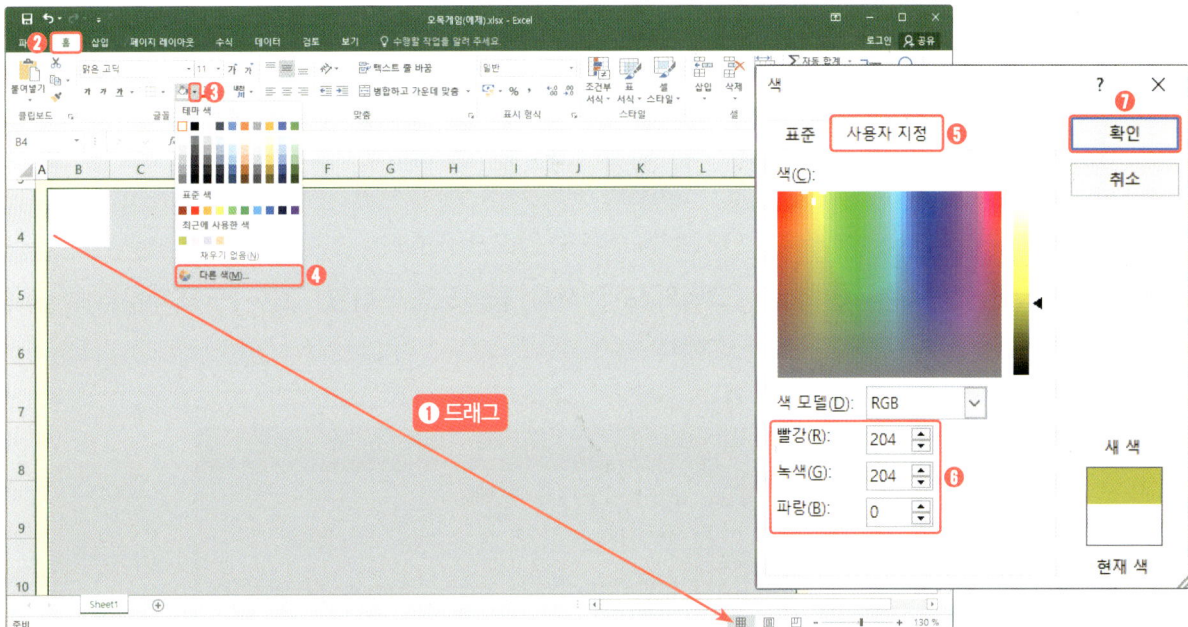

03 선 모양을 만들기 위해 [B4:M15] 셀이 블록 지정된 상태에서 **[홈] 탭-[글꼴] 그룹-[테두리]-[선 색]**에서 색 (**흰색, 배경 1**)을 설정하고, 다시 [테두리]에서 **[모든 테두리]**, **[굵은 바깥쪽 테두리]**를 차례로 클릭해요.

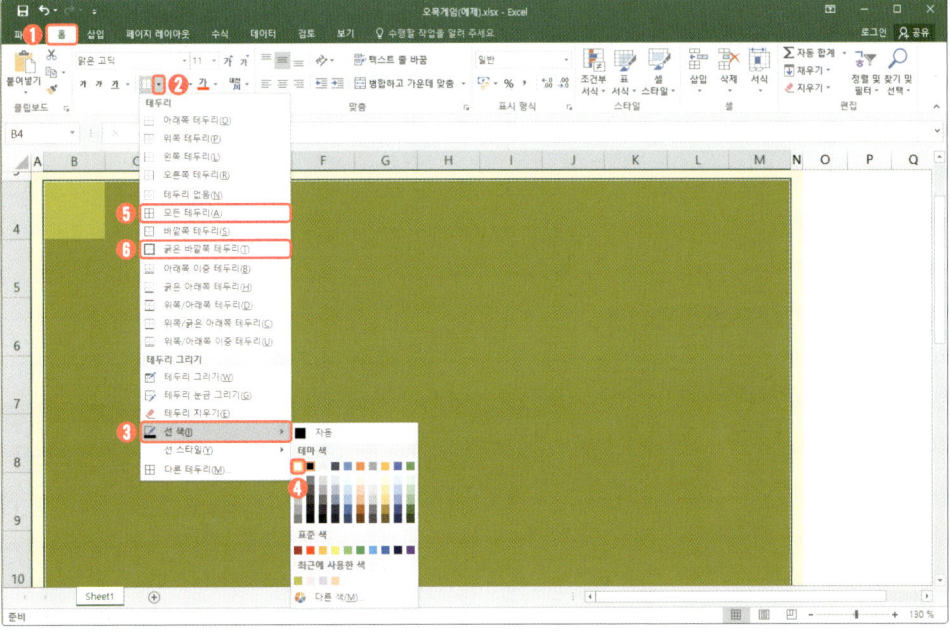

 ## 2 원 도형과 그림으로 바둑돌 만들기

01 문서의 위쪽에 바둑돌로 사용될 원 도형이 삽입되어 있어요. 왼쪽 원을 선택하고 **[그리기 도구-서식] 탭-[도형 스타일] 그룹-[도형 채우기]**와 **[도형 윤곽선]**에서 채우기 색과 윤곽선 색을 지정해요.

- ❸ 흰색, 배경 1 ❺ 흰색, 배경 1

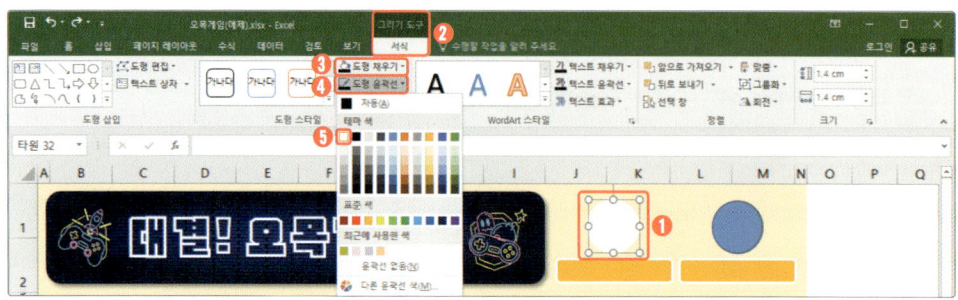

02 같은 방법으로 오른쪽 원을 선택하고 **[그리기 도구-서식] 탭-[도형 스타일] 그룹-[도형 채우기]**와 **[도형 윤곽선]**에서 채우기 색과 윤곽선 색을 지정해요.

- ❸ 검정, 텍스트 1 ❺ 검정, 텍스트 1

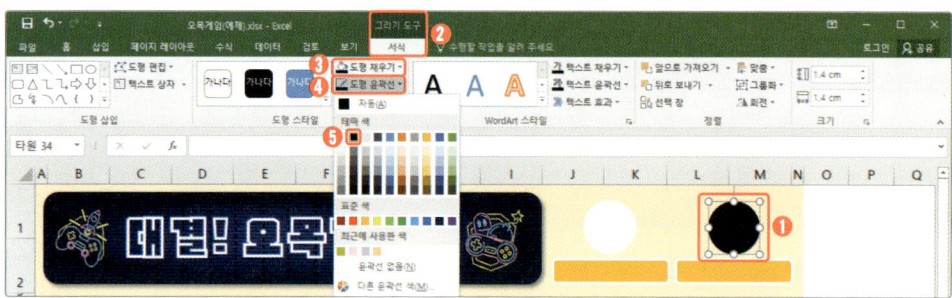

03 바둑돌로 사용할 그림을 삽입하기 위해 **[삽입] 탭-[일러스트레이션] 그룹-[그림]**을 클릭해요. [그림 삽입] 대화상자가 나타나면 **[16차시]** 폴더에서 '캐릭터1.png'~'캐릭터4.png'를 Shift를 이용하여 선택하고 [삽입]을 클릭해요.

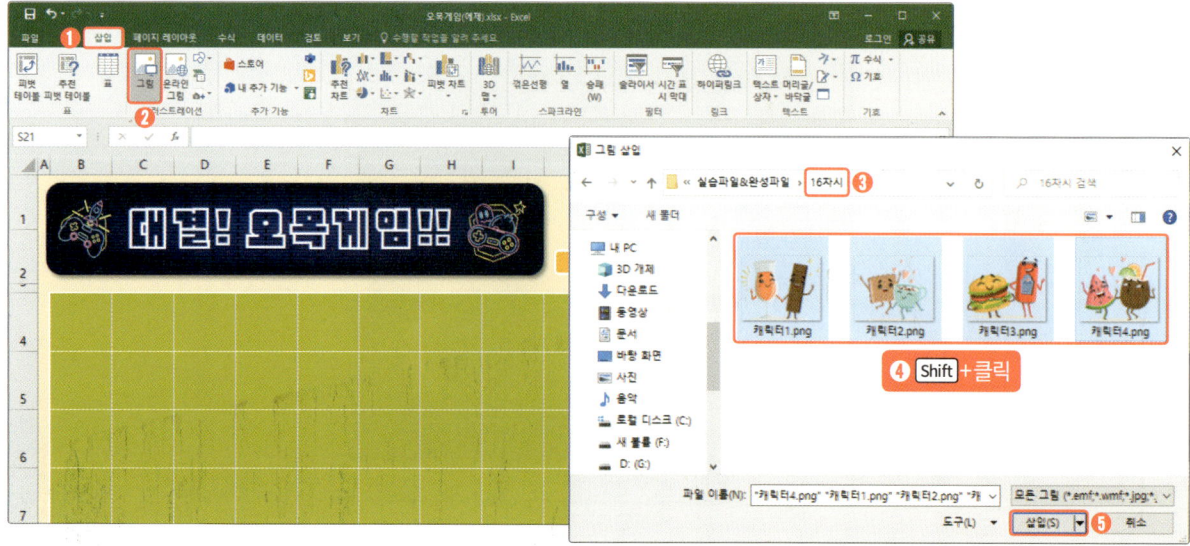

04 그림이 삽입되면 모두 선택된 상태에서 크기를 조절하기 위해 [그림 도구-서식] 탭-[크기] 그룹에서 높이와 너비를 입력해요.
- ❸ 1.06cm ❹ 1.32cm

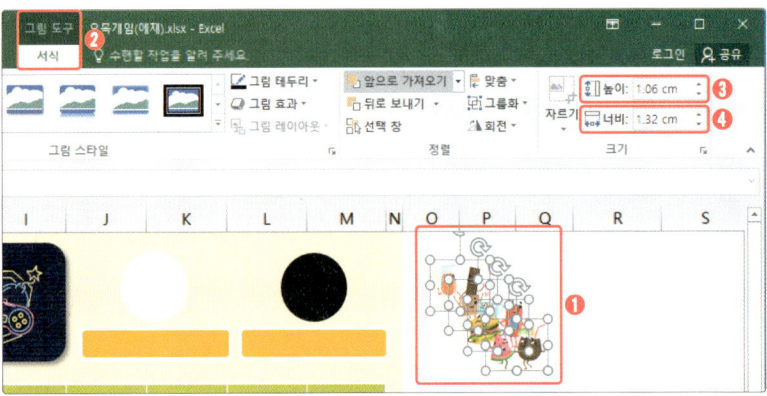

05 Esc 를 눌러 선택을 해제하고 원하는 캐릭터를 드래그하여 각각 흰색과 검은색 바둑돌 위로 드래그해요.

06 도형과 캐릭터를 그룹으로 지정하기 위해 흰색 도형과 캐릭터를 Ctrl 을 이용하여 모두 선택하고 마우스 오른쪽 버튼을 눌러 [그룹화]-[그룹]을 클릭해요.

07 같은 방법으로 검은색 도형과 캐릭터를 클릭해 그룹으로 지정해요.

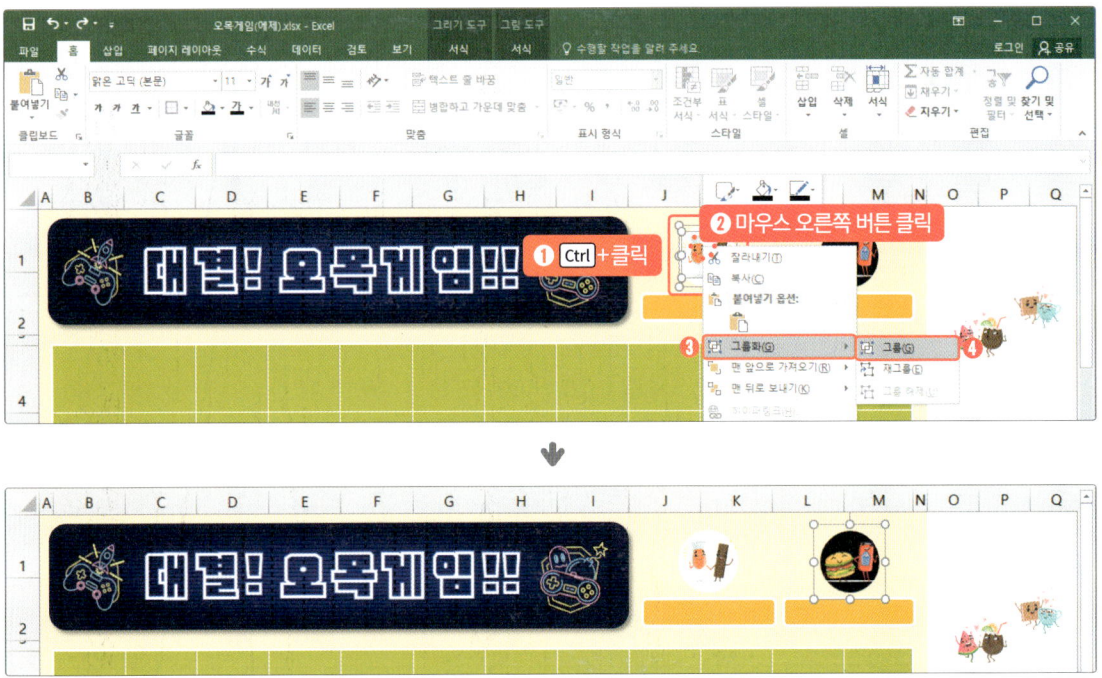

08 게임 준비가 완료되었어요. 바둑돌 아래 도형에 이름을 입력하고 Ctrl +드래그를 이용해 바둑돌을 복사하여 친구와 번갈아 바둑돌을 놓으며 게임을 즐겨보세요.

SUM&AVERAGE 함수로 일일 학습 기록표 만들기

EXCEL2016 #SUM 함수 #AVERAGE 함수

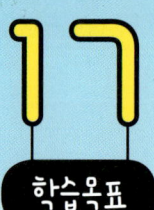
학습목표
- SUM 함수를 사용하여 합계를 계산할 수 있습니다.
- AVERAGE 함수를 사용하여 평균을 계산할 수 있습니다.
- 조건을 만족하는 셀에 조건부 서식을 지정할 수 있습니다.

SUM 함수
셀에 입력되어 있는 값의 합계를 구하는 함수로, 쉽게 계산할 수 있어서 편리해요.

AVERAGE 함수
셀에 입력되어 있는 값의 평균을 구하는 함수로, 쉽고 정확하게 계산할 수 있어요.

실습파일 : 일일학습(예제).xlsx   완성파일 : 일일학습(완성).xlsx

미리보기

일일 학습 점수 기록표

공부한 날짜	문제번호	1번	2번	3번	4번	5번	6번	7번	8번	9번	10번	점수
03월 02일	제01회	10	0	10	0	0	10	10	0	0	10	50
03월 03일	제02회	0	10	10	10	10	0	10	10	0	0	60
03월 04일	제03회	10	10	10	10	10	0	0	10	10	10	80
03월 05일	제04회	10	10	0	10	10	10	10	10	10	10	90
03월 06일	제05회	10	10	10	0	10	10	10	10	0	0	70
합계		40	40	40	30	40	30	40	40	20	30	✕
평균 점수												70

# SUM 함수로 합계 계산하기

01 '일일학습(예제).xlsx' 파일을 실행하고 일별 합계 점수를 구하기 위해 [N5] 셀을 선택하고 [**수식**] **탭**-[**함수 라이브러리**] **그룹**-[**수학/삼각**]-[**SUM**]을 클릭해요.

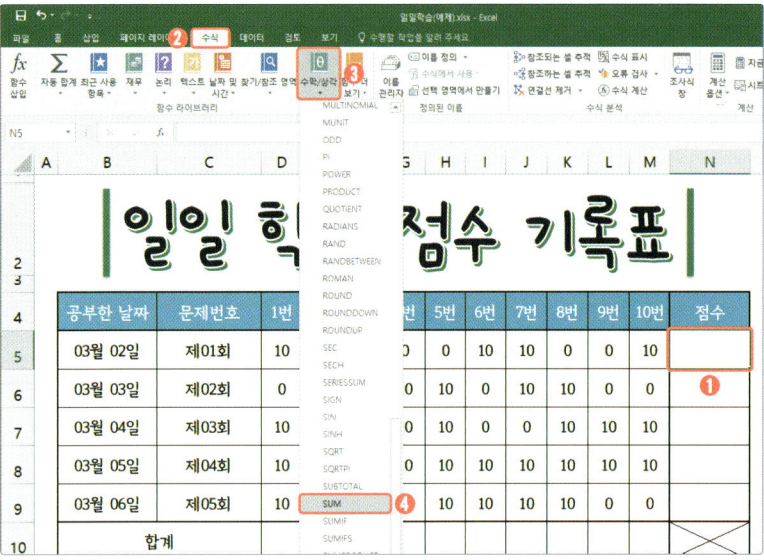

02 [함수 인수] 대화상자가 나타나면 'Number1' 항목에 D5:M5를 입력하고 [확인]을 클릭해요.

· 자동으로 인수 범위가 지정되는데 맞는지 확인해요.
· 인수의 범위는 드래그해 지정해도 돼요.

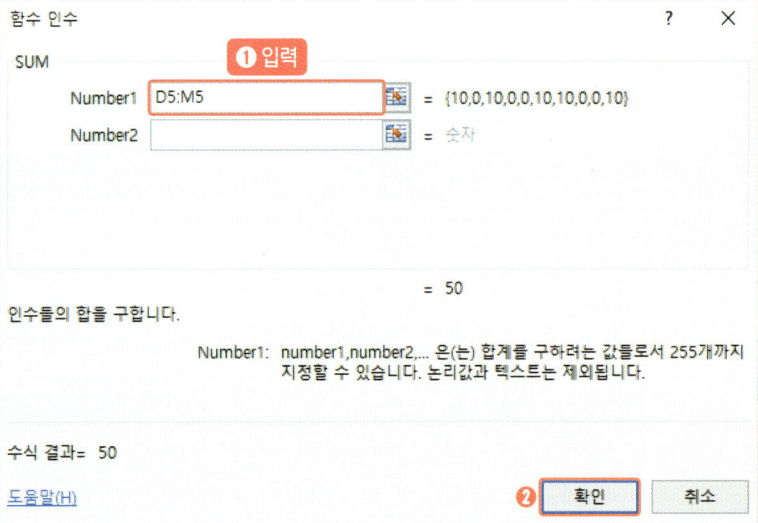

03 [D5:M5] 셀에 있는 데이터의 합계가 구해진 것을 확인하고, 다른 일자의 합계 점수를 구하기 위해 [N5] 셀이 선택된 상태에서 채우기 핸들을 [N9] 셀까지 드래그해요.

04 셀의 선 굵기까지 자동 채우기 되었으므로 [자동 채우기 옵션]-[서식 없이 채우기]를 클릭해 데이터만 자동 채우기 되도록 지정해요.

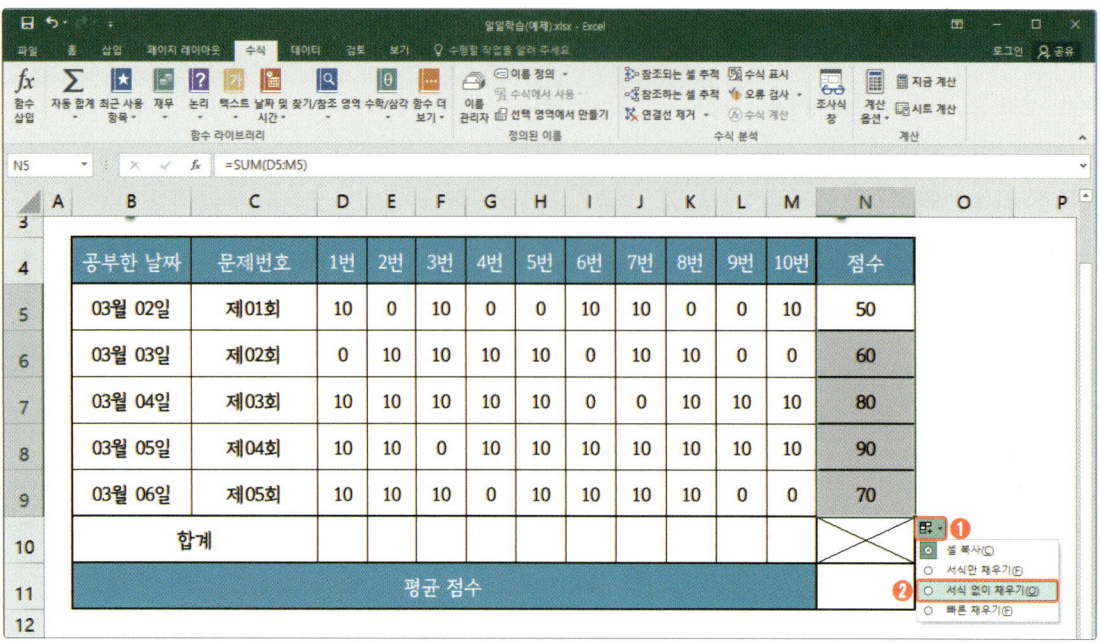

05 이번엔 다른 방법으로 합계를 구해 볼게요. [D10:M10] 셀을 블록 지정하고 [홈] 탭-[편집] 그룹-[자동 합계]-[합계]를 클릭해요.

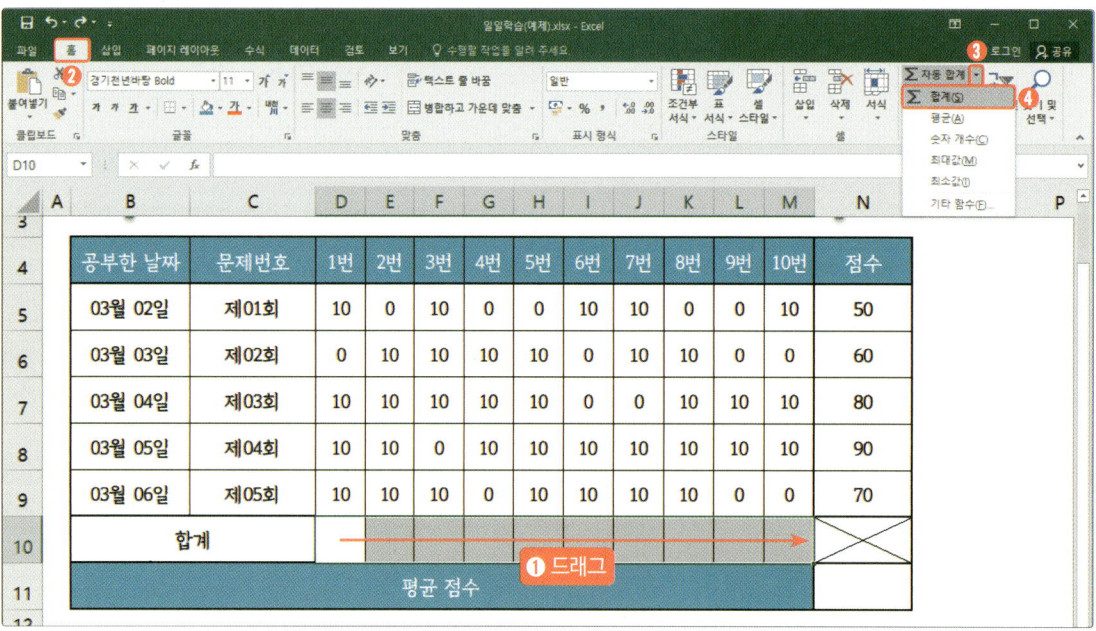

[홈] 탭-[편집] 그룹-[자동 합계]는 가장 많이 사용되는 합계, 평균, 숫자 개수, 최대값, 최소값 함수를 포함하고 있어요.

06 각 문제별 합계 점수가 표시된 것을 확인해요.

2 AVERAGE 함수로 평균 계산하기

01 평균을 구하기 위해 **[N11]** 셀을 선택하고 **[수식] 탭-[함수 라이브러리] 그룹-[함수 더 보기]-[통계]- [AVERAGE]**를 클릭해요.

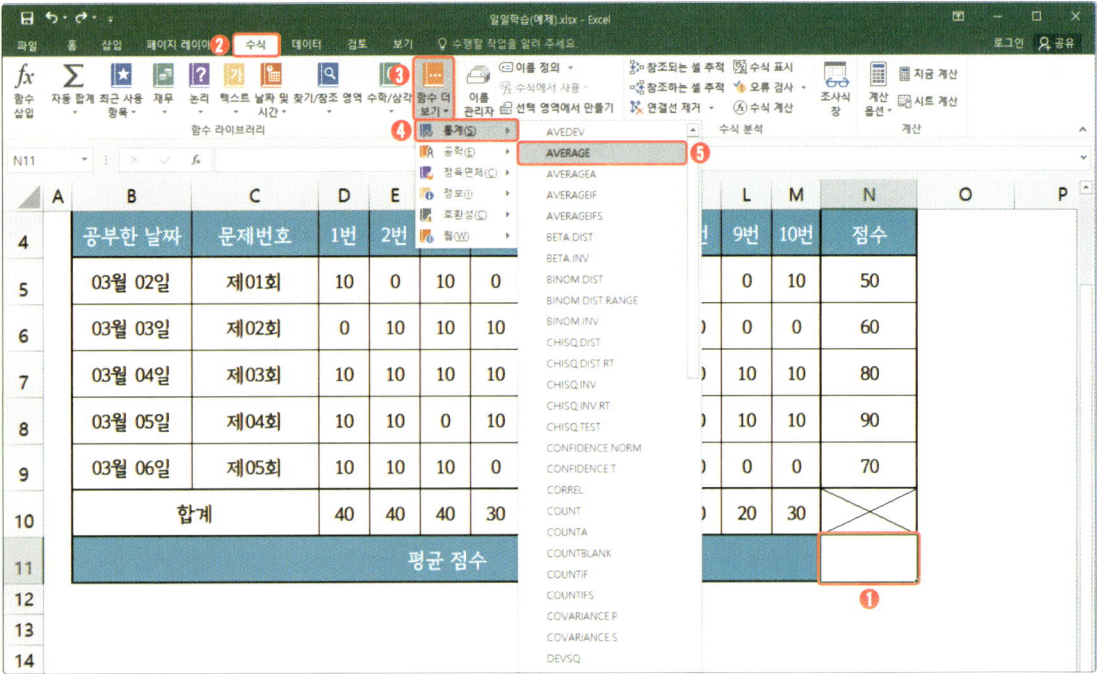

02 [함수 인수] 대화상자가 나타나면 'Number1' 항목에 **N5:N9**를 입력하고 [확인]을 클릭해요.

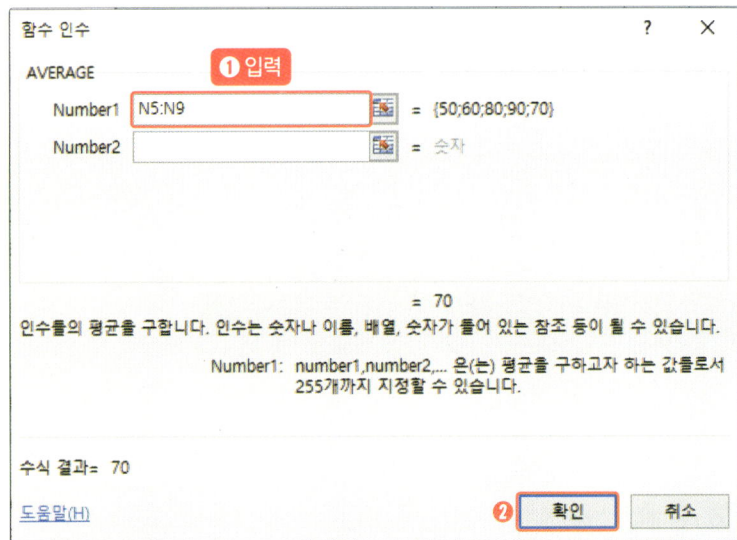

03 점수의 평균값이 구해진 것을 확인해요.

3 조건부 서식 지정하기

01 데이터 중 0점에 조건부 서식을 지정하기 위해 [D5:M9] 셀을 블록 지정하고 [홈] 탭-[스타일] 그룹-[조건부 서식]-[셀 강조 규칙]-[같음]을 클릭해요.

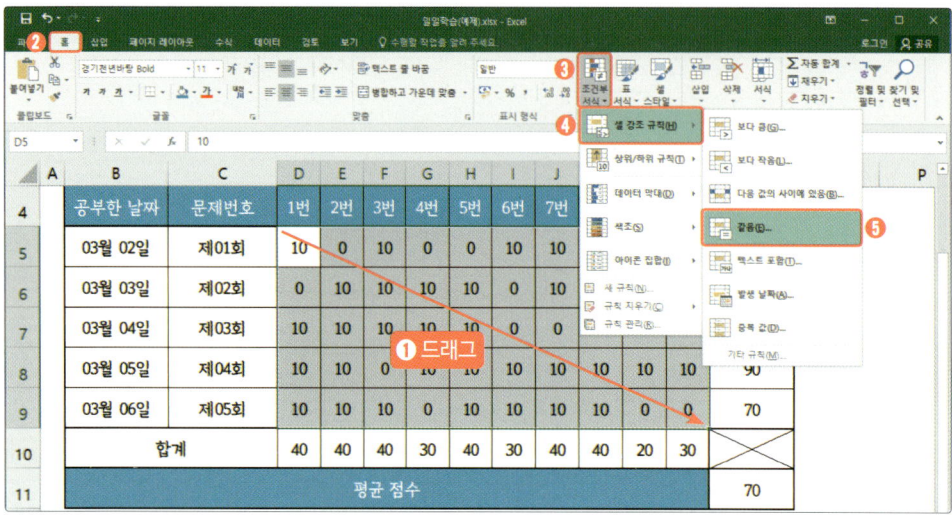

02 [같음] 대화상자가 나타나면 '**다음 값과 같은 셀의 서식 지정**'에 "0"을 입력하고 '**적용할 서식**'에는 '**진한 노랑 텍스트가 있는 노랑 채우기**'를 선택한 후 [확인]을 클릭해요.

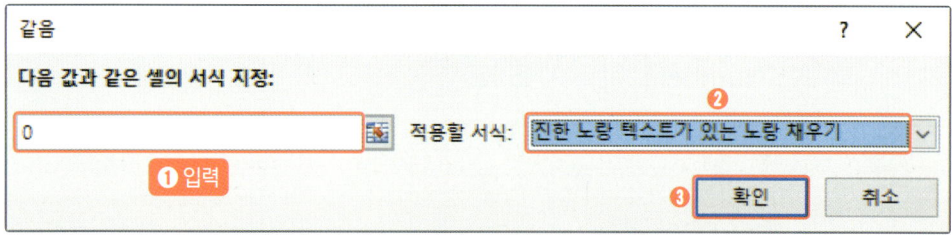

03 점수에 조건부 서식을 지정하기 위해 [N5:N9] 셀을 블록 지정하고 [홈] 탭-[스타일] 그룹-[조건부 서식]-[데이터 막대]-[그라데이션 채우기]-[주황 데이터 막대]를 선택해요.

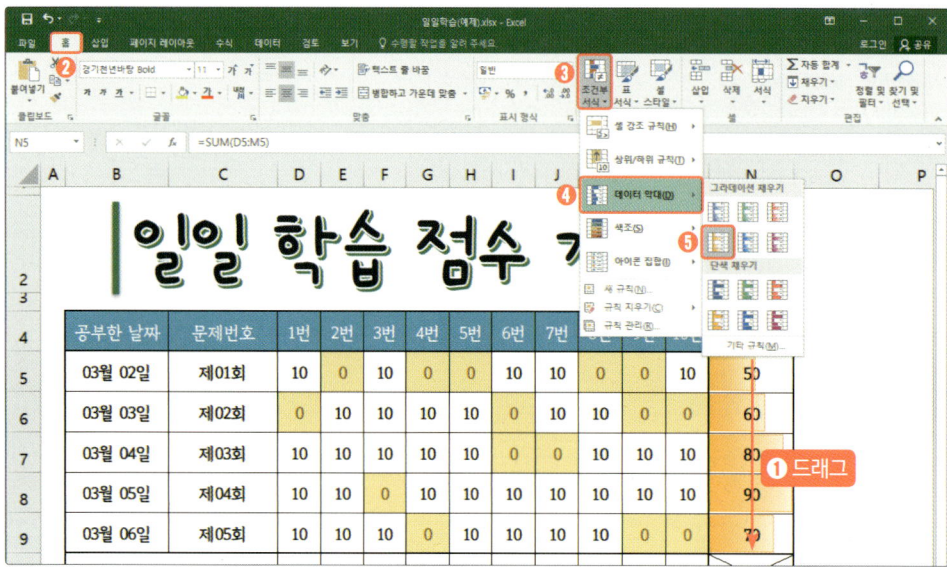

1 '월별 저축 기록표(예제).xlsx' 파일을 실행하고 작성 조건에 따라 문서를 완성해 보세요.

• 실습파일 : 월별 저축 기록표(예제).xlsx • 완성파일 : 월별 저축 기록표(완성).xlsx

- [I4], [I6], [I8], [I10], [E12] 셀 : 합계
- [B4:I4], [B6:I6], [B8:I8], [B10:I10], [B12:E12] 셀 : 쉼표 스타일
- [G12] 셀 : [I4], [I6], [I8], [I10], [E12] 셀의 합계
- [G12] 셀 : 회계 표시 형식

수학 3-1 ▶ 덧셈과 뺄셈

2 '독서모임 출석부(예제).xlsx' 파일을 실행하고 작성 조건에 따라 문서를 완성해 보세요.

• 실습파일 : 독서모임 출석부(예제).xlsx • 완성파일 : 독서모임 출석부(완성).xlsx

- [H4:H9] : 합계
- [B12] : A반 출석일 합계
- [E12] : B반 출석일 합계
- [H12] : 평균 출석일
- [D4:G9] 조건부 서식의 규칙 : '0'과 같을 때 서식 '연한 빨강 채우기' 지정

EXCEL 2016   #IF 함수 #창 보기

18 IF 함수로 코딩대회 결과표 만들기

학습목표
- IF 함수의 기능을 이해할 수 있습니다.
- IF 함수를 활용하여 평가 결과를 표시할 수 있습니다.
- 창 보기 기능을 사용할 수 있습니다.

IF 함수 어떤 조건을 만족하는지 여부를 체크하여 맞으면 참의 값을 보여주고, 틀리면 거짓의 값을 보여주는 함수에요.

실습파일 : 코딩대회(예제).xlsx   완성파일 : 코딩대회(완성).xlsx

미리보기

교내 프로그램 코딩 대회

이름	프로그램명	완성시간(분)	점수(점)	평가 결과	비고
박예린	스크래치	45	85	합격	시간초과
이승헌	엔트리	40	81	합격	시간초과
신정현	스크래치	42	78	불합격	시간초과
이두현	엔트리	30	70	불합격	
김유빈	스크래치	41	82	합격	시간초과
유선민	엔트리	38	74	불합격	

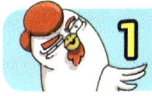
1 IF 함수로 평가 결과 표시하기

01 '코딩대회(예제).xlsx' 파일을 실행하고 점수에 따라 '합격', '불합격'을 표시하기 위해 [F4] 셀을 선택하고 [수식] 탭-[함수 라이브러리] 그룹-[논리]-[IF]를 클릭해요.

02 [함수 인수] 대화상자가 나타나면 'Logical_test'에 조건인 [E4] 셀을 클릭하고 >=80을 입력해요.

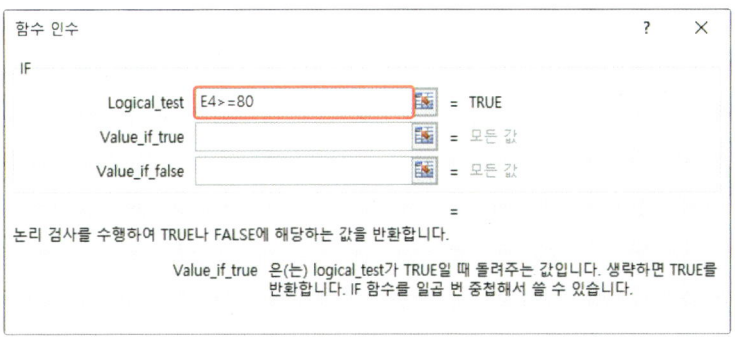

03 'Value_if_true'에는 조건(E4>=80)이 참일 경우 표시하는 **"합격"**을 입력해요.

조건 결과가 문자일 때에는 반드시 큰따옴표("") 안에 입력해야 해요.

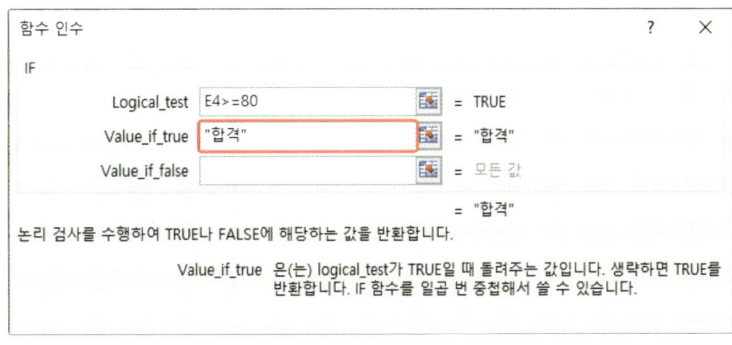

04 'Value_if_false'에는 조건(E4>=80)이 거짓일 경우 표시하는 **"불합격"**을 입력하고 [확인]을 클릭해요.

점수([E4])가 80점 이상이면 합격, 미만이면 불합격을 표시하는 함수식이에요.

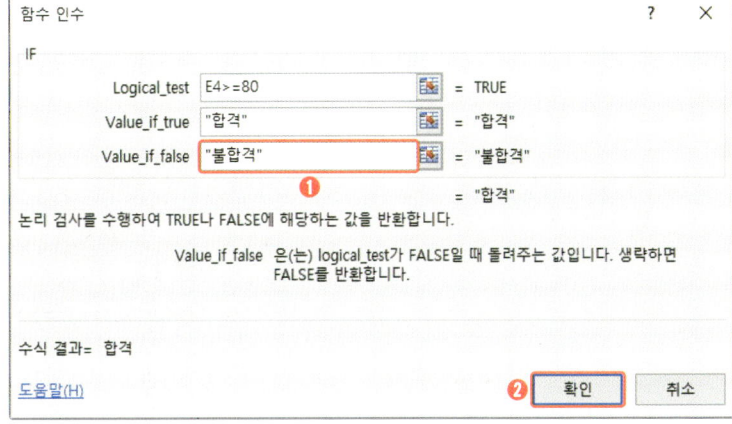

05 결과 값이 표시되면 [F4] 셀의 채우기 핸들을 [F9] 셀까지 드래그하여 나머지 학생의 결과도 표시해요. 채우기 옵션에서 [서식 없이 채우기]를 선택해 데이터만 채우기 해요.

06 이번엔 같은 방법으로 비고 항목을 작성해 볼게요. [G4] 셀을 선택하고 [수식] 탭-[함수 라이브러리] 그룹-[논리]-[IF]를 클릭해요. [함수 인수] 대화상자가 나타나면 다음과 같이 입력하고 [확인]을 클릭해요.

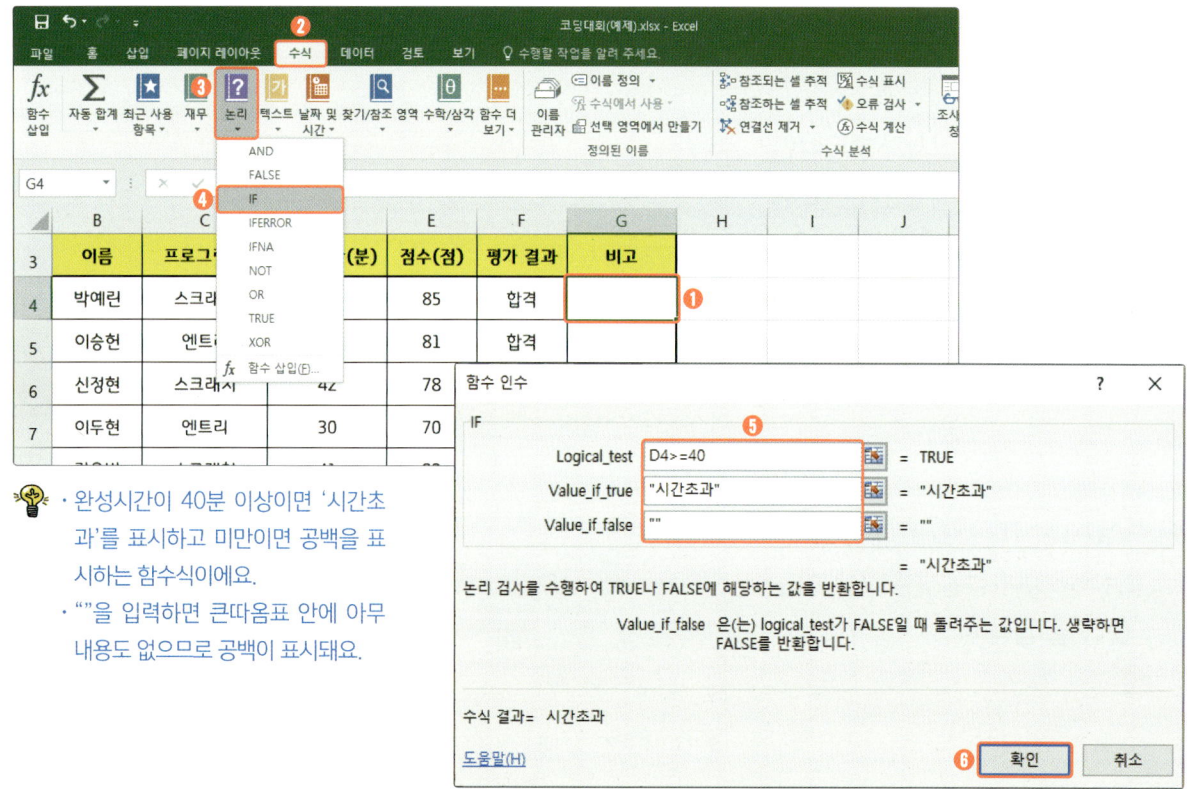

- 완성시간이 40분 이상이면 '시간초과'를 표시하고 미만이면 공백을 표시하는 함수식이에요.
- ""을 입력하면 큰따옴표 안에 아무 내용도 없으므로 공백이 표시돼요.

07 결과 값이 표시되면 [G4] 셀의 채우기 핸들을 [G9] 셀까지 드래그하여 나머지 학생의 결과도 표시해요.

자동 채우기 후 [자동 채우기 옵션]-[서식 없이 채우기]를 선택해요.

이름	프로그램명	완성시간(분)	점수(점)	평가 결과	비고
박예린	스크래치	45	85	합격	시간초과
이승헌	엔트리	40	81	합격	시간초과
신정현	스크래치	42	78	불합격	시간초과
이두현	엔트리	30	70	불합격	
김유빈	스크래치	41	82	합격	시간초과
유선민	엔트리	38	74	불합격	

2 조건부 서식 지정하기

01 '합격'이 입력된 셀만 조건부 서식을 지정하기 위해 [F4:F9] 셀을 블록 지정하고 [홈] 탭-[스타일] 그룹-[조건부 서식]-[새 규칙]을 클릭해요.

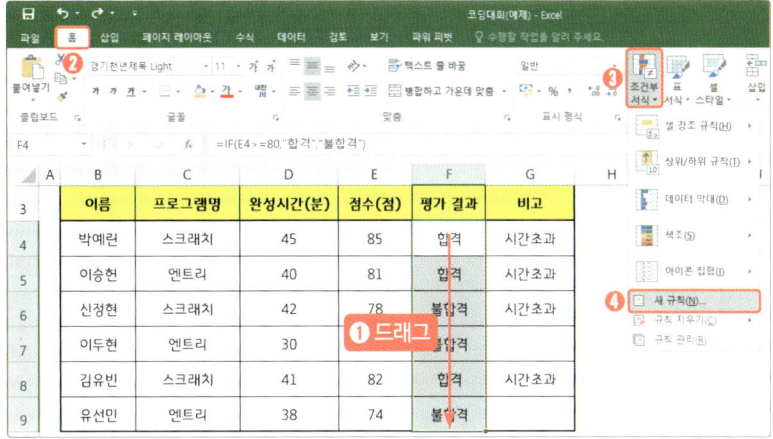

02 [새 서식 규칙] 대화상자가 나타나면 '**규칙 유형 선택**'-'**다음을 포함하는 셀만 서식 지정**'을 선택하고 '**규칙 설명 편집**'에서 다음과 같이 지정한 후 [서식]을 클릭해요.

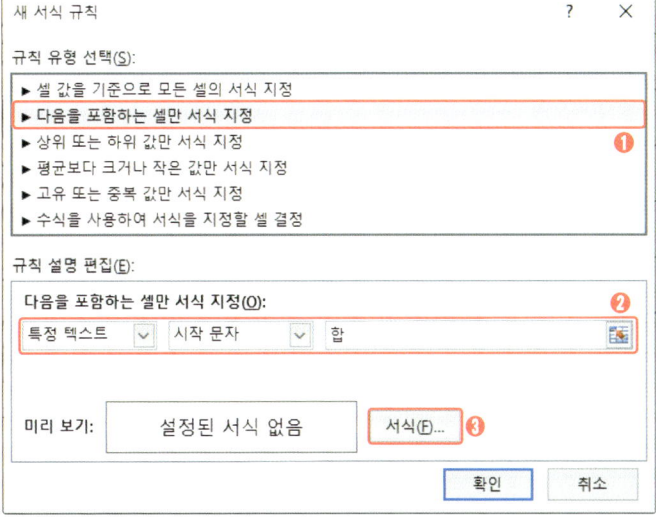

03 [셀 서식] 대화상자가 나타나면 **[채우기] 탭**에서 '**배경색**'을 '**녹색**'으로 지정하고 [확인]을 클릭해요. [새 서식 규칙] 대화상자로 돌아오면 미리 보기에 서식이 지정된 것을 확인하고 [확인]을 클릭해요.

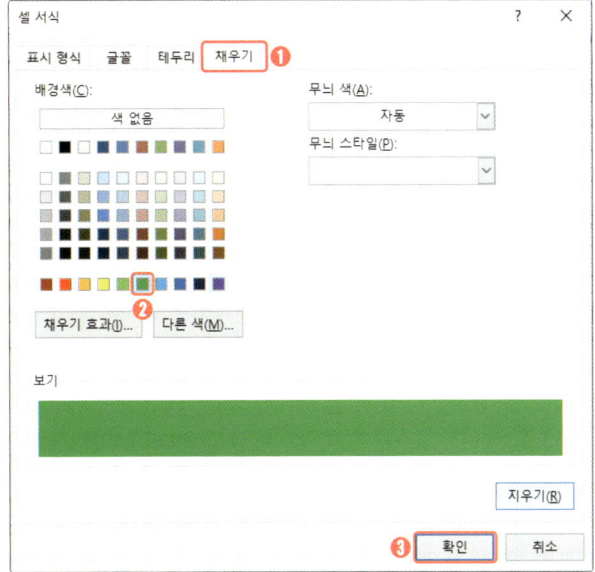
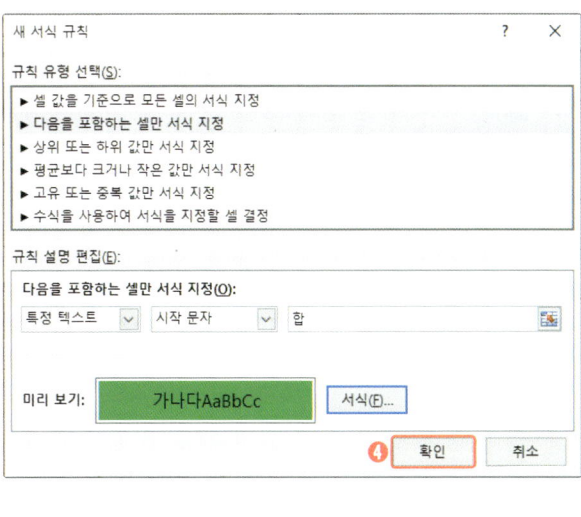

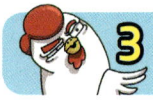
3 시트 복사하고 창 보기 지정

01 [1회차] 시트를 복사하고 시트명을 **"2회차"**로 변경한 후 '완성시간(분)', '점수(점)' 항목의 값을 수정해 보세요. 평가 결과와 비고, 조건부 서식이 자동으로 변경되는 것을 확인해요.

이름	프로그램명	완성시간(분)	점수(점)	평가 결과	비고
박예린	스크래치	38	60	불합격	
이승헌	엔트리	37	89	합격	
신정현	스크래치	43	77	불합격	시간초과
이두현	엔트리	37	55	불합격	
김유빈	스크래치	39	82	합격	
유선민	엔트리	41	89	합격	시간초과

02 대회 결과를 비교할 수 있도록 [보기] 탭-[창] 그룹-[새 창]을 클릭하고 '코딩대회(예제):2' 창이 열리면 다시 **'코딩대회(예제):1'** 창을 클릭한 후 [창] 그룹-[모두 정렬]을 클릭해요. [창 정렬] 대화상자가 나타나면 **'세로'**를 클릭하고 [확인]을 클릭해요.

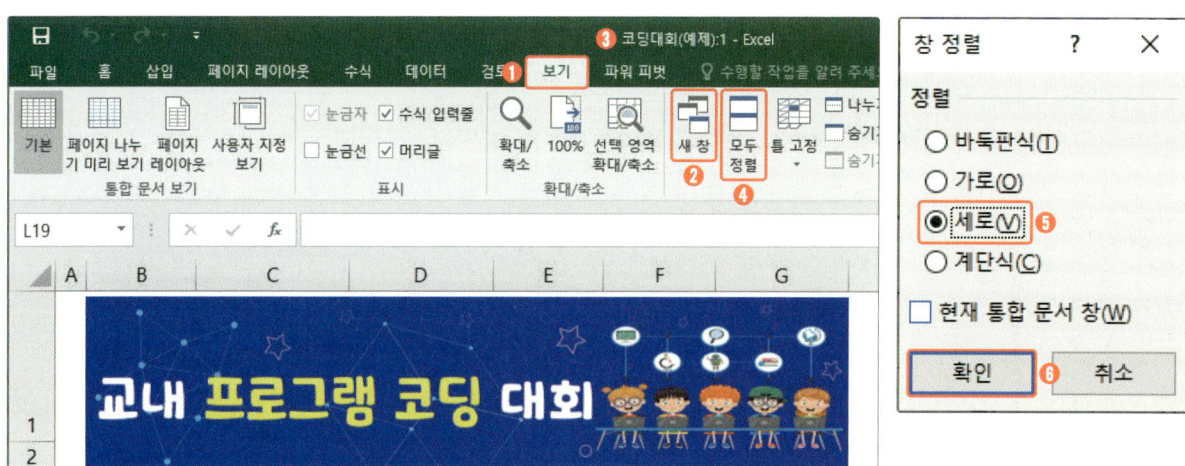

03 두 개의 창이 나란히 배열되면 **'1회차'**, **'2회차'** 시트의 화면 확대 비율을 동일하게 맞춰보세요. 시트별로 값을 쉽게 비교해볼 수 있어요.

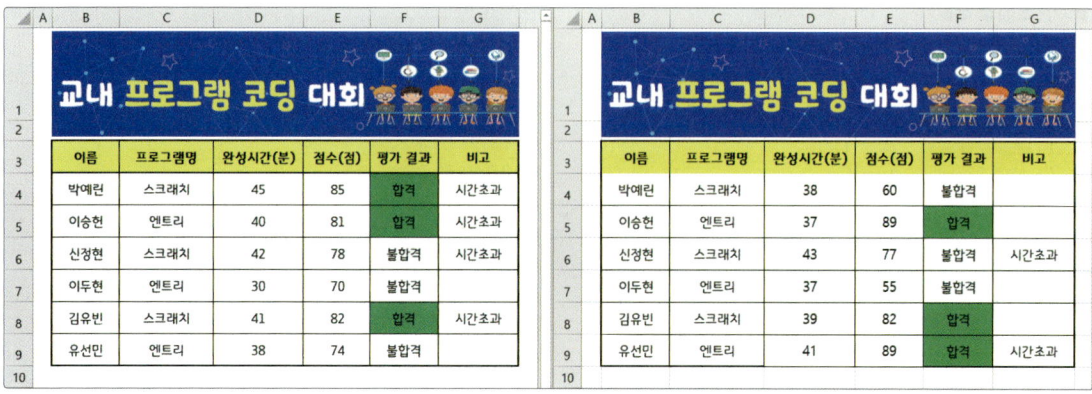

1 '수학 모의시험(예제).xlsx' 파일을 실행하고 작성 조건에 따라 문서를 완성해 보세요.

• 실습파일 : 수학 모의시험(예제).xlsx   • 완성파일 : 수학 모의시험(완성).xlsx

- 제목 : 글꼴 '양재튼튼체B', 글꼴 크기 '20', 굵게, WordArt 스타일 '채우기 – 검정, 텍스트 1, 윤곽선 – 배경 1, 진한 그림자 – 배경 1'
- [E4:E10] 셀 : SUM 함수를 이용하여 1차평가와 2차평가의 합계 구하기
- [F4:F10] 셀 : IF 함수를 이용하여 합계가 80 이상이면 '상품권', 그렇지 않으면 '필통'으로 표시

영어 4-1 ▶ I'm studying

2 '영어 평가(예제).xlsx' 파일을 실행하고 작성 조건에 따라 문서를 완성해 보세요.

• 실습파일 : 영어 평가(예제).xlsx   • 완성파일 : 영어 평가(완성).xlsx

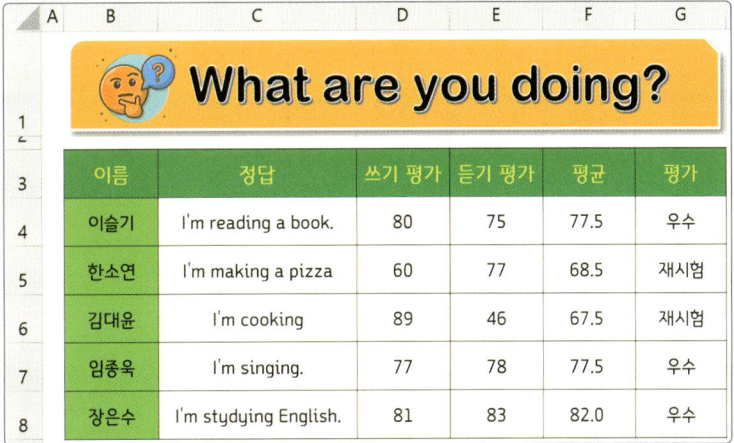

- [B4:E8] 셀 : 데이터 입력
- [F4:F8] 셀 : AVERAGE 함수를 이용하여 쓰기 평가와 듣기 평가의 평균 구하기, 표시 형식 '숫자', 소수 자릿수 '1'
- [G4:G8] 셀 : IF 함수를 이용하여 평균이 70 이하이면 '재시험', 그렇지 않으면 '우수'로 표시

19 MAX&MIN 함수로 여행 경비 계산하기

#MAX 함수 #MIN 함수

학습목표
- MAX 함수의 기능을 이해하고 사용할 수 있습니다.
- MIN 함수의 기능을 이해하고 사용할 수 있습니다.

★ **MAX 함수**
여러 개의 값 중에서 최댓값(가장 큰 값)을 구할 때 사용하는 함수에요.

★ **MIN 함수**
여러 개의 값 중에서 최솟값(가장 작은 값)을 구할 때 사용하는 함수에요.

실습파일 : 여행경비(예제).xlsx 완성파일 : 여행경비(완성).xlsx

미리보기

우리 가족 여행 경비 예산

여행기간 / 여행지	항목	교통비	숙박비	식대	기타 잡비	합계
3박 4일	제주도	300,000	300,000	150,000	200,000	950,000
2박 3일	여수	250,000	60,000	200,000	320,000	830,000
1박 2일	설악산	80,000	100,000	100,000	200,000	480,000
2박 3일	강릉	100,000	80,000	120,000	150,000	450,000
3박 4일	부산	250,000	200,000	130,000	300,000	880,000
여행 경비 최댓값		300,000	300,000	200,000	320,000	950,000
여행 경비 최솟값		80,000	60,000	100,000	150,000	450,000

1 데이터 입력하기

01 '**여행경비(예제).xlsx**' 파일을 실행하고 다음과 같이 데이터를 입력해요.

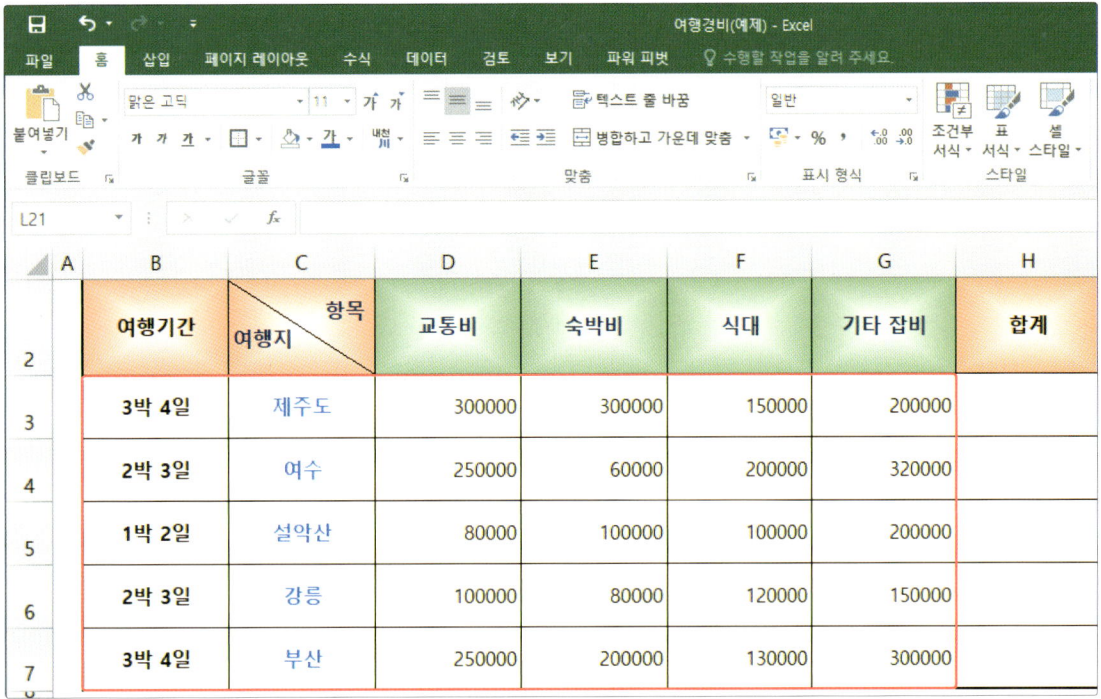

02 금액을 입력한 [D3:G7] 셀을 블록 지정하고 **[홈] 탭-[표시 형식] 그룹-[쉼표 스타일]**을 클릭하여 천 단위 구분 기호가 표시된 것을 확인해요.

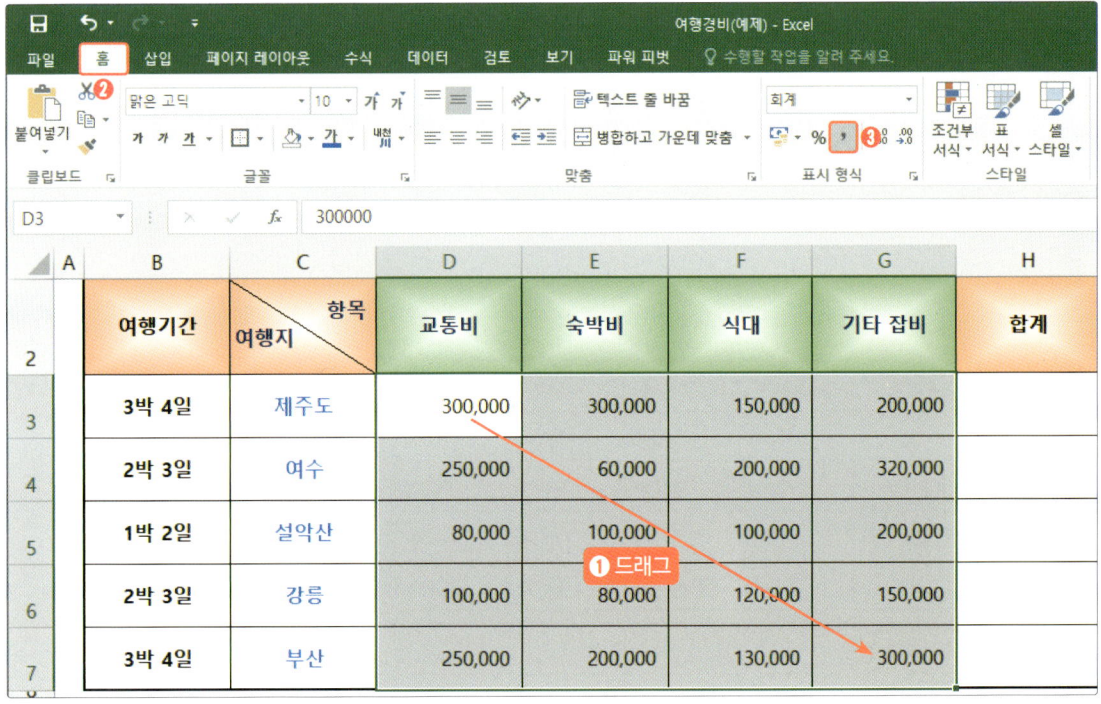

2 합계 계산하기

01 여행지별 합계를 계산하기 위해 [H3] 셀을 선택하고 [홈] 탭-[편집] 그룹-[자동 합계]-[합계]를 클릭해요.

02 합계를 구할 영역이 화면에 표시되면 제대로 영역이 지정되었는지 확인하고 Enter 를 눌러요.

03 [H3] 셀을 선택하고 채우기 핸들을 [H7] 셀까지 드래그해 합계를 구해요.

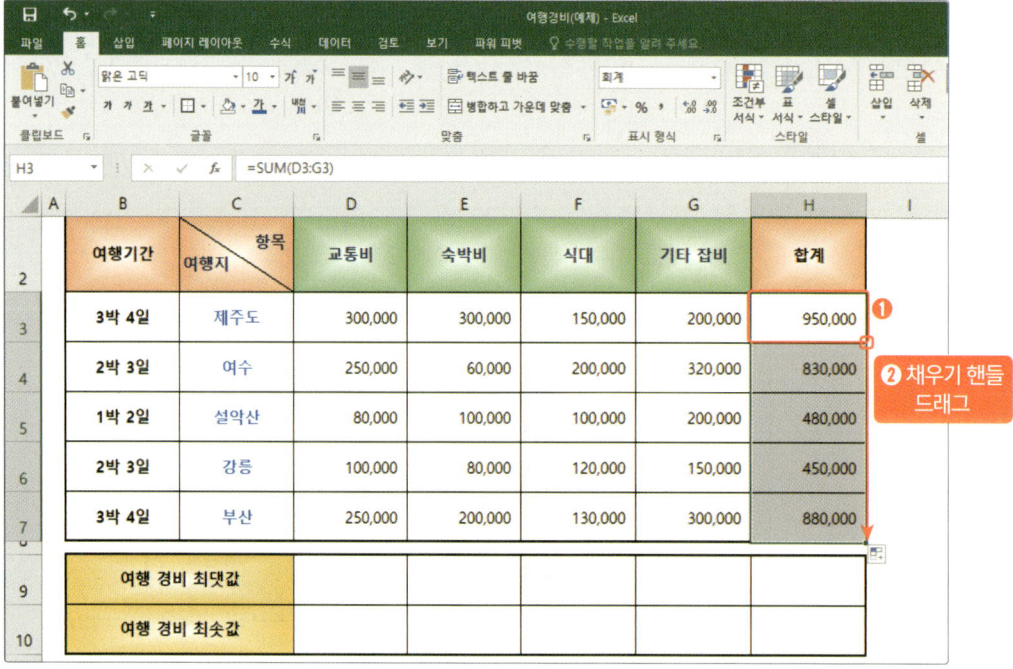

3 MAX 함수로 최댓값 구하기

01 항목별 최댓값을 구하기 위해 [D9] 셀을 선택하고 [수식] 탭-[함수 라이브러리] 그룹-[함수 더 보기]-[통계]-[MAX]를 선택해요.

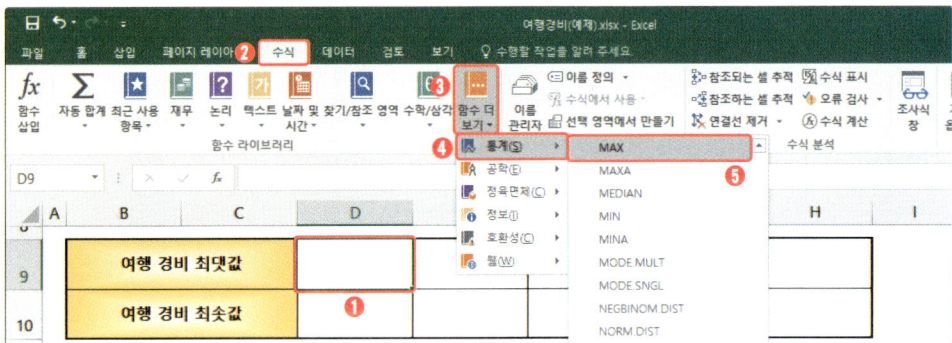

02 [함수 인수] 대화상자가 나타나면 Number1에 작업 창의 [D3:D7]을 드래그하여 입력하고 [확인]을 클릭해요.

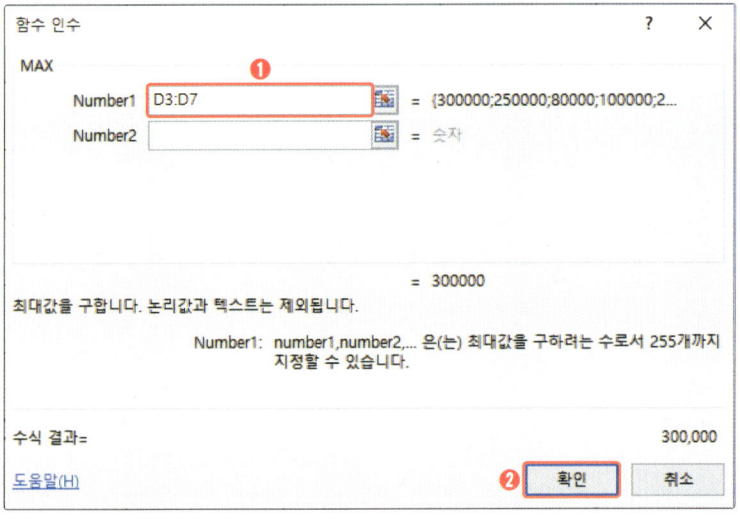

03 최댓값이 구해진 것을 확인하고 [D9] 셀의 채우기 핸들을 [H9] 셀까지 드래그해 나머지 항목의 최댓값을 구해요.

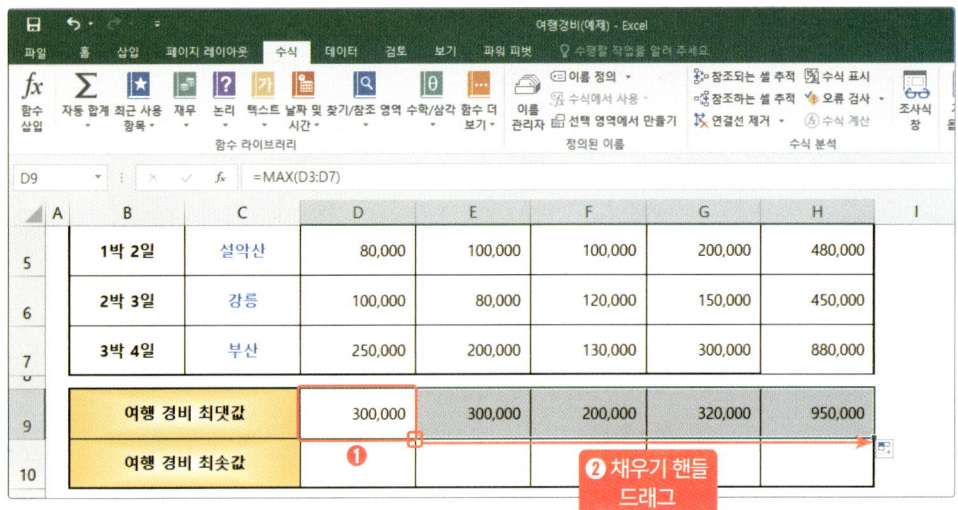

MIN 함수로 최솟값 구하기

01 항목별 최솟값을 구하기 위해 **[D10]** 셀을 선택하고 **[수식] 탭-[함수 라이브러리] 그룹-[함수 더 보기]-[통계]-[MIN]**을 선택해요.

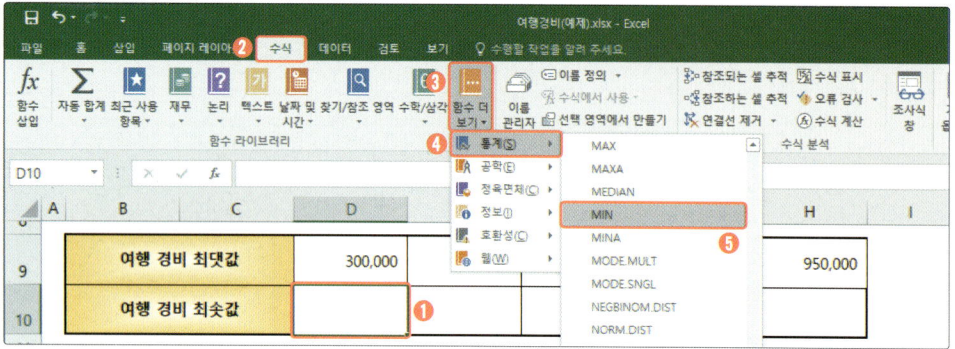

02 [함수 인수] 대화상자가 나타나면 Number1에 작업 창의 **[D3:D7]**을 드래그하여 입력하고 [확인]을 클릭해요.

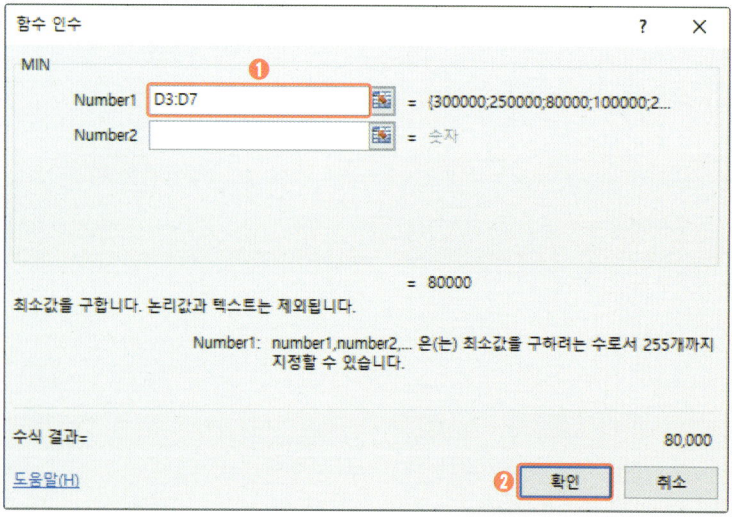

03 최솟값이 구해진 것을 확인하고 **[D10]** 셀의 채우기 핸들을 **[H10]** 셀까지 드래그해 나머지 항목의 최솟값을 구해요.

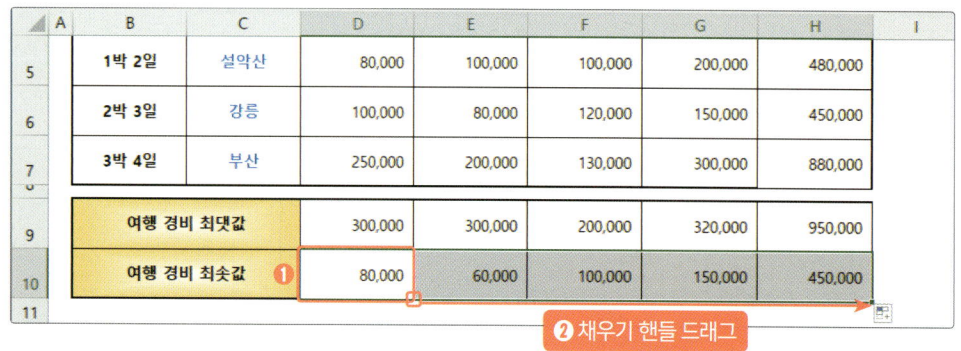

04 **[B2:H7]**, **[B9:H10]**을 Ctrl을 이용하여 한꺼번에 블록 지정 후 **[홈] 탭-[글꼴] 그룹-[테두리]-[굵은 바깥쪽 테두리]**를 클릭해 문서를 완성해요.

112

과학 5-2 ▶ 지면과 수면의 온도는 하루 동안 어떻게 변할까요?

1 '온도변화(예제).xlsx' 파일을 실행하고 작성 조건에 따라 문서를 완성해 보세요.

· 실습파일 : 온도변화(예제).xlsx　　· 완성파일 : 온도변화(완성).xlsx

구분	06시	08시	10시	12시	14시	16시	18시	20시	22시	0시	02시	04시
수면(℃)	21	21	21	21	22	22	22	23	23	23	22	22
지면(℃)	16	17	24	30	32	28	22	20	19	18	17	17
최고온도(℃)	32℃											
최저 온도(℃)	16℃											

- [B1:N1] 셀 : 한쪽 모서리가 잘린 사각형, 도형 스타일 '강한 효과, 파랑, 강조 5', 도형 채우기 '그라데이션'-'선형 아래쪽'
- 제목 : 텍스트 상자 이용, 글꼴 '양재소슬체S', 글꼴 크기 '20', 텍스트 효과 '회색-50%, 8pt 네온, 강조색 3'
- [C6:N7] 셀 : 데이터 입력
- [C8] 셀 : MAX 함수로 최고 온도 구하기
- [C9] 셀 : MIN 함수로 최저 온도 구하기

EXCEL 2016

#RANK 함수 #대각선 테두리 #자동 채우기

20 RANK 함수로 줄넘기 대회 결과 만들기

학습목표

- RANK 함수의 기능을 이해하고 사용할 수 있습니다.
- 셀 서식에서 대각선 테두리를 지정할 수 있습니다.

 좋아하는 꽃 1위

 좋아하는 과일 1위

 폭포 크기 1위

 자부심 1위

★ RANK 함수 : 게임을 하고 나서 순위를 정하는 것처럼 정해진 범위 안에서 기준에 따라 순위를 정할 때 사용하는 함수에요.

실습파일 : 줄넘기 대회(예제).xlsx **완성파일** : 줄넘기 대회(완성).xlsx

미리보기

줄넘기 대회 결과표

이름	2중뛰기	3중뛰기	뒤로빨리넘기	총횟수	순위	참가상품
박예린	120	20	100	240	2	선수용 줄넘기
한재원	100	15	77	192	7	노트
손슬하	150	8	81	239	3	선수용 줄넘기
유홍균	122	22	65	209	5	선수용 줄넘기
김가인	101	11	98	210	4	선수용 줄넘기
김민서	96	12	54	162	8	노트
최현욱	105	15	73	193	6	노트
한예소	141	21	107	269	1	선수용 줄넘기
평균	116.875	15.5	81.875	214.25		

1 데이터 입력하고 셀 서식 지정하기

01 '줄넘기 대회(예제).xlsx' 파일을 실행하고 다음과 같이 텍스트를 입력해요.

이름	2중뛰기	3중뛰기	뒤로빨리넘기	총 횟수	순위	참가상품
박예린	120	20	100			
한재원	100	15	77			
손슬하	150	8	81			
유홍균	122	22	65			
김가인	101	11	98			
김민서	96	12	54			
최현욱	105	15	73			
한예소	141	21	107			
평균						

02 [G13:H13] 셀을 선택하고 [홈] 탭-[맞춤] 그룹-[병합하고 가운데 맞춤]을 클릭한 후 Ctrl+1을 눌러요. [셀 서식] 대화상자가 나타나면 [테두리] 탭의 '테두리'에서 **대각선 아이콘**(,)을 선택한 후 [확인]을 클릭해요.

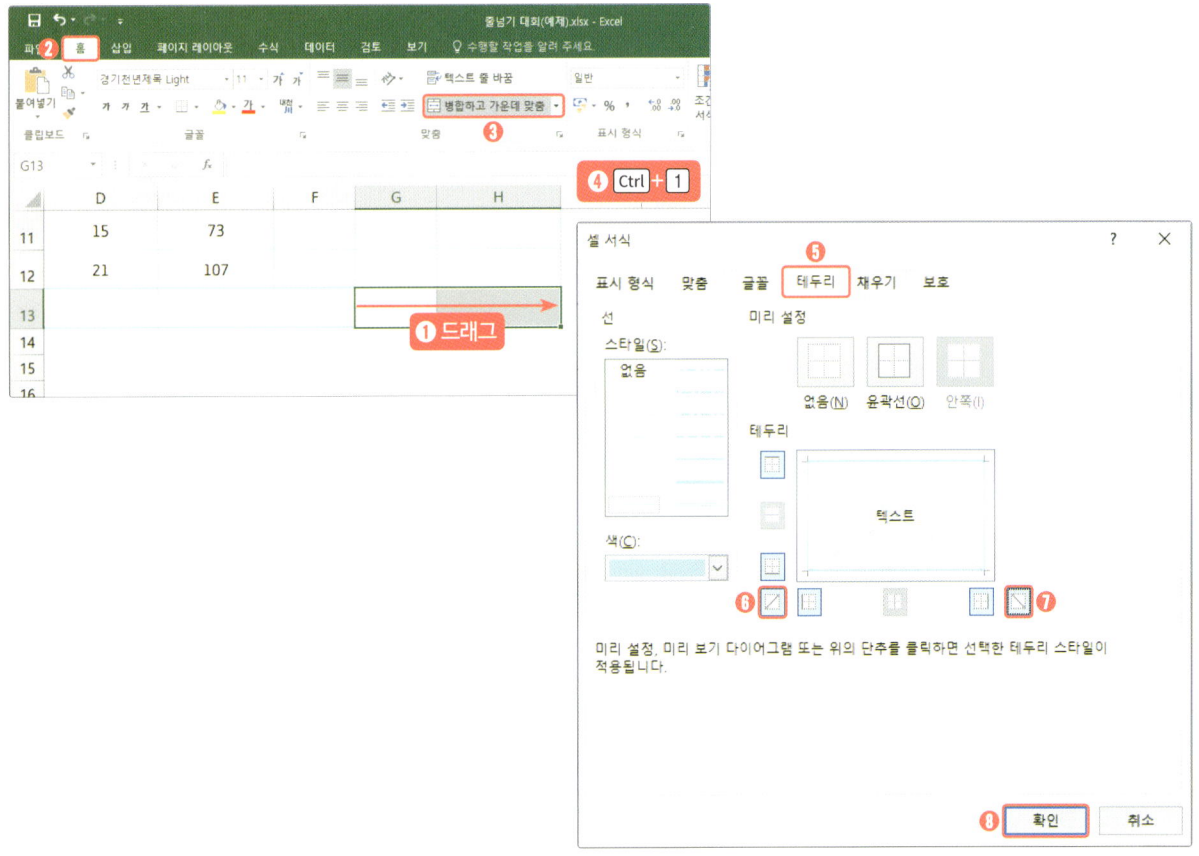

20 RANK 함수로 줄넘기 대회 결과 만들기 115

2 합계와 평균 구하기

01 학생별 총횟수를 구하기 위해 **[F5]** 셀을 선택하고 **[홈] 탭-[편집] 그룹-[자동 합계]-[합계]**를 선택한 후 범위가 표시되면 Enter 를 눌러요. 합계가 계산되면 **[F5]** 셀의 채우기 핸들을 **[F12]** 셀까지 드래그해요.

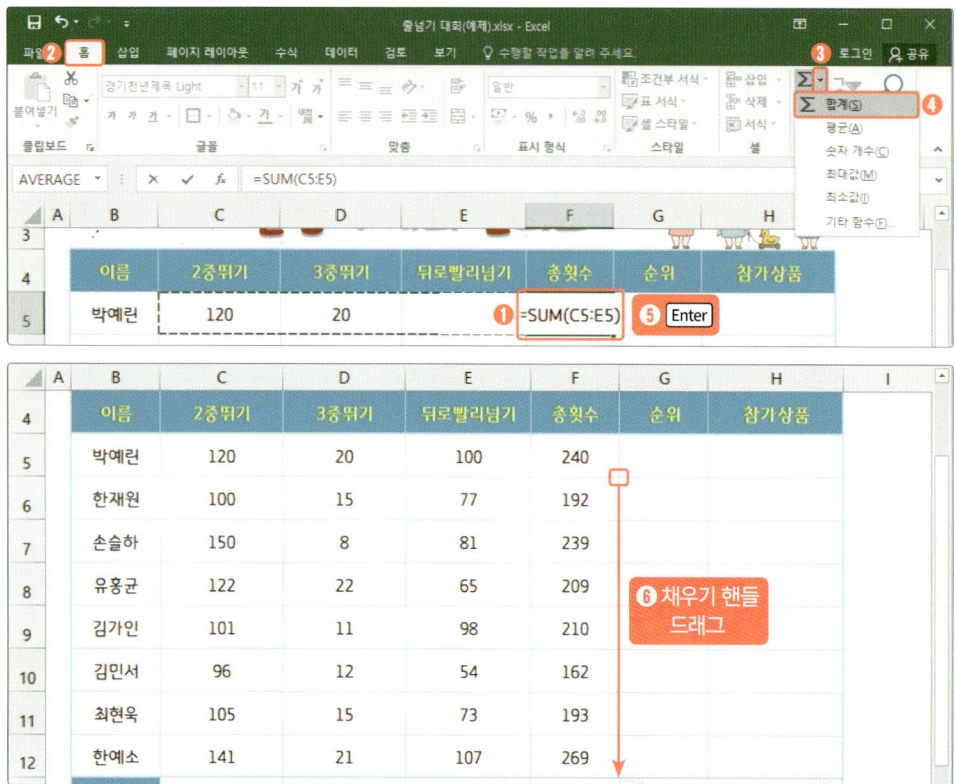

02 종목별 평균을 구하기 위해 **[C13]** 셀을 선택하고 **[홈] 탭-[편집] 그룹-[자동 합계]-[평균]**을 선택한 후 범위가 표시되면 Enter 를 눌러요. 평균이 계산되면 **[C13]** 셀의 채우기 핸들을 **[F13]** 셀까지 드래그해요.

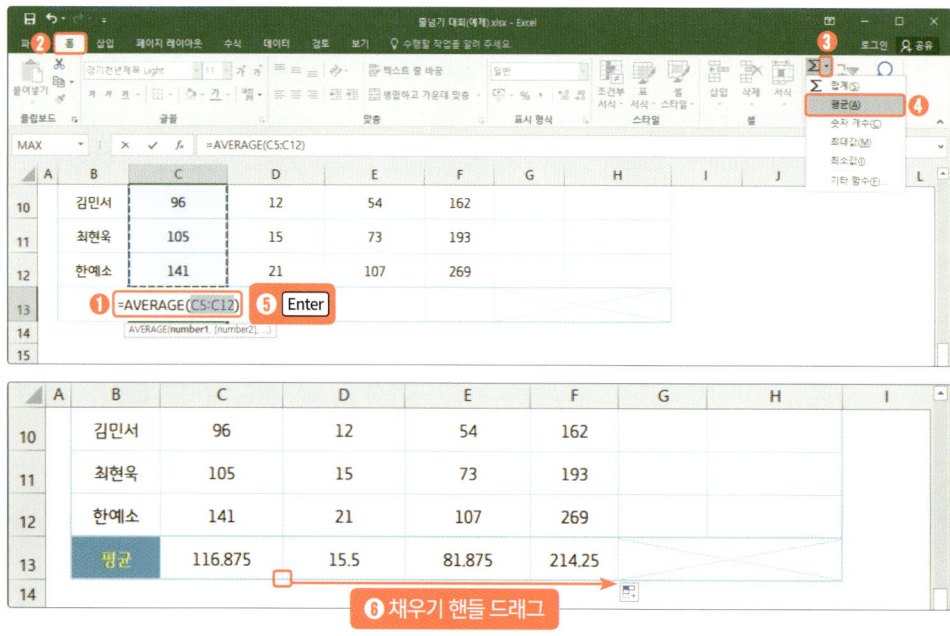

3 RANK 함수로 순위 구하기

01 순위를 구하기 위해 [G5] 셀을 선택하고 **[수식] 탭-[함수 라이브러리] 그룹-[함수 더 보기]-[통계]-[RANK.EQ]**를 선택해요.

02 [함수 인수] 대화 상자가 나타나면 'Number'에 F5를, 'Ref' 항목에 $F$5:$F$12를, 'Order' 항목에 0을 입력한 후 [확인]을 클릭해요.

Number	순위를 구하기 위한 수	기준이 되는 셀을 선택해요.
Ref	데이터 범위 (범위는 '$' 표시가 있어야 해요.)	• 기준이 되는 셀을 포함한 데이터 영역을 지정해요. • [F5:F12] 영역을 드래그하여 입력한 후 F4를 눌러 절대값 범위($F$5:$F$12)로 변경해요.
Order	순위를 결정할 방법	• "0"을 입력하면 큰 숫자가 1등이 돼요.(내림차순) • "1"을 입력하면 작은 숫자가 1등이 돼요.(오름차순)

03 나머지 학생들의 순위를 구하기 위해 [G5] 셀의 채우기 핸들을 [G12] 셀까지 드래그해요.

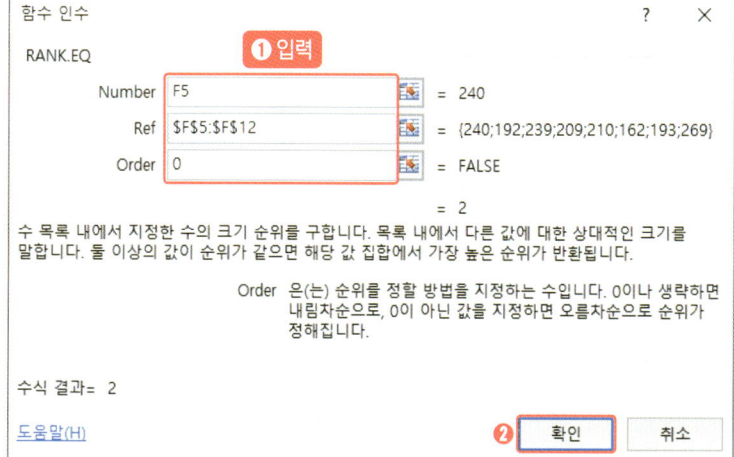

4 IF 함수로 참가상품 표시하기

01 총횟수에 따라 참가상품을 지정하기 위해 [H5] 셀을 선택하고 [수식] 탭-[함수 라이브러리] 그룹-[논리]-[IF]를 선택해요.

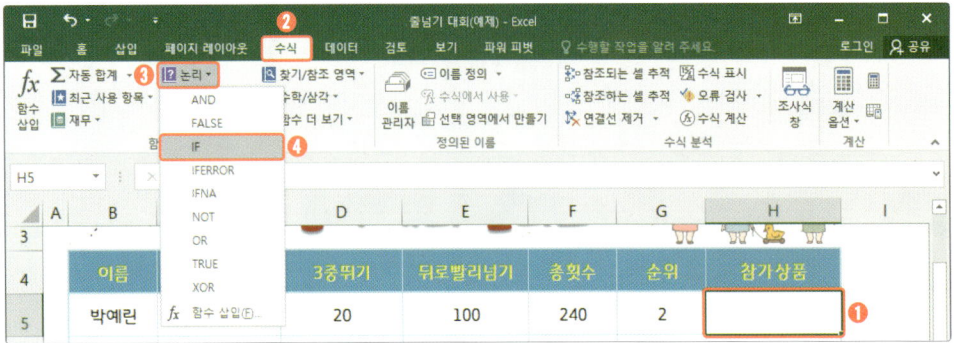

02 [함수 인수] 대화상자가 나타나면 다음과 같이 입력하고 [확인]을 클릭해요.

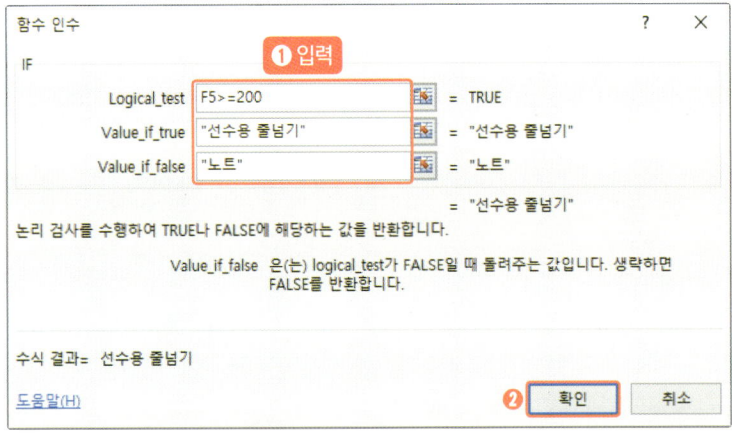

03 결과가 표시되면 [H5] 셀의 채우기 핸들을 [H12] 셀까지 드래그해 완성해요.

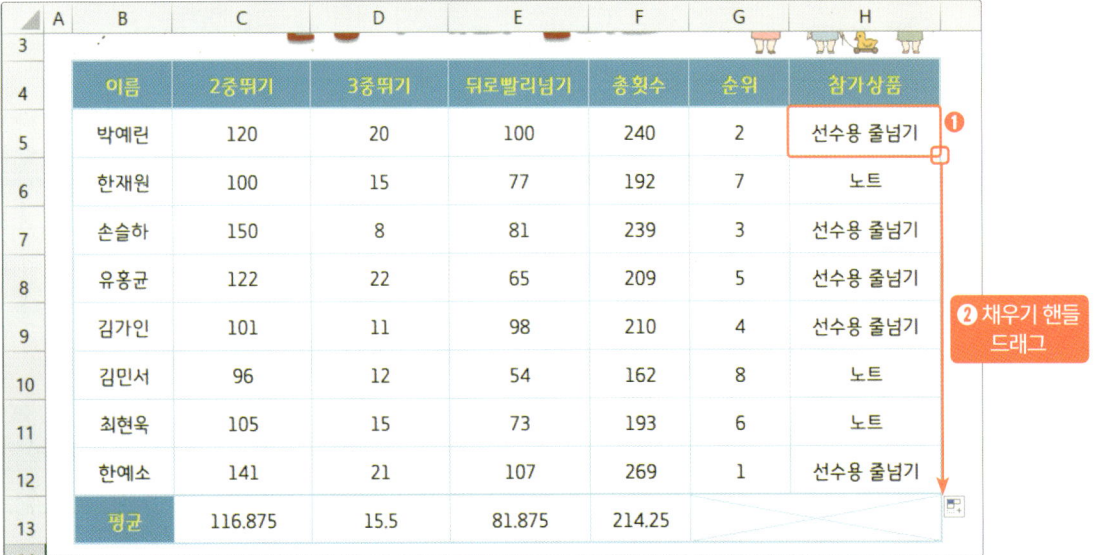

1 '자격증시험(예제).xlsx' 파일을 실행하고 작성 조건에 따라 문서를 완성해 보세요.

· 실습파일 : 자격증시험(예제).xlsx   · 완성파일 : 자격증시험(완성).xlsx

자격증 시험대비 평가결과

이름	성별	1과목	2과목	합계	순위
한예소	여	72.0	84.0	156.0	6
유홍균	남	78.0	83.0	161.0	5
박예린	여	85.5	81.5	167.0	4
최현욱	남	74.0	81.0	155.0	7
김가인	여	90.5	89.0	179.5	2
한재원	남	92.0	91.0	183.0	1
손슬하	여	88.0	83.0	171.0	3
평균		82.9	84.6		

- [F4:F10] : 1과목과 2과목의 합계를 SUM 함수를 이용하여 구하기
- [G4:G10] : 합계를 기준으로 RANK 함수를 이용하여 순위 구하기(내림차순)
- [D11:E11] : 각 과목의 평균을 AVERAGE 함수를 이용하여 구하고 표시 형식 '숫자' 소수 자릿수 '1'로 지정
- [D4:D10] : 평균 초과 조건부 서식을 '진한 녹색 텍스트가 있는 녹색 채우기'로 지정
- [E4:E10] : 평균 미만 조건부 서식을 '진한 빨강 텍스트가 있는 연한 빨강 채우기'로 지정

체육 3 ▶ 빠르게 달려요

2 '달리기 순위표(예제).xlsx' 파일을 열고 작성 조건에 따라 문서를 완성해 보세요.

· 실습파일 : 달리기 순위표(예제).xlsx   · 완성파일 : 달리기 순위표(완성).xlsx

빠르게 달려요(50m 달리기)

(단위:초)

이름	학년	1차	2차	합계	순위
김민서	1반	8.7	10.1	18.8	2위
천지우	1반	7.8	11	18.8	3위
이소영	2반	11.2	9.5	20.7	6위
조서영	2반	10	9.8	19.8	4위
장은수	3반	9.8	10.1	19.9	5위
윤병현	3반	8.5	7	15.5	1위
평균		9.3	9.6		

- [F5:F10] 셀 : SUM 함수를 이용하여 합계 구하기
- [G5:G10] : 합계를 기준으로 RANK 함수를 이용하여 순위 구하기(오름차순)
- [D11], [E11] 셀 : AVERAGE 함수를 이용하여 평균 구하고 표시 형식 '숫자' 소수 자릿수 '1'로 지정

21 COUNT&COUNTIF 함수로 출석부 만들기

EXCEL2016 #COUNT 함수 #COUNTIF 함수

학습목표
- COUNT 함수의 기능을 이해하고 사용할 수 있습니다.
- COUNTIF 함수의 기능을 이해하고 사용할 수 있습니다.

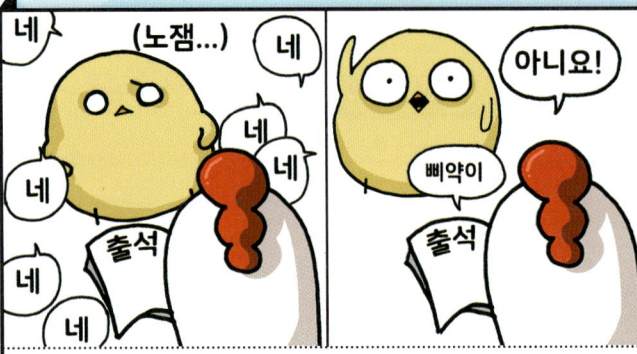

☆ COUNT 함수
지정된 범위에서 숫자가 포함된 셀의 개수를 구하는 함수에요.

☆ COUNTIF 함수
지정한 범위 내에서 조건에 맞는 셀의 개수를 구하는 함수에요.

실습파일 : 출석부(예제).xlsx   완성파일 : 출석부(완성).xlsx

미리보기

2학년 방과후수업 출석부

이름	성별	1일	2일	3일	4일	5일	6일	7일	8일	9일	10일	출석일 수
박예린	여	O			O		O		O		O	5
김가인	여		O	O		O	O	O	O		O	7
유홍균	남	O	O		O	O						4
한재원	남	O	O		O	O			O		O	6
유선민	남		O	O		O	O	O	O	O	O	8
김지호	여	O	O		O		O			O		5
안지후	남		O	O	O	O	O	O			O	7
출석자 수		4	6	3	5	5	5	3	4	2	5	
결석자 수		3	1	4	2	2	2	4	3	5	2	

7일 이상 출석한 학생의 수	7일 미만으로 출석한 학생의 수
3명	4명

1 데이터 입력하기

01 '출석부(예제).xlsx' 파일을 선택하고 다음과 같이 데이터를 입력해요.

이름	성별	1일	2일	3일	4일	5일	6일	7일	8일	9일	10일	출석일 수
박예린	여	O			O		O		O		O	
김가인	여		O	O		O	O		O		O	
유홍균	남	O	O		O	O						
한재원	남	O			O	O			O		O	
유선민	남					O	O	O	O	O		
김지호	여	O		O			O			O		
안지후	남	O	O	O	O	O	O				O	
출석자 수												
결석자 수		3	1	4	2	2	2	4	3	5	2	

7일 이상 출석한 학생의 수   7일 미만으로 출석한 학생의 수

💡 [D12:M12] 셀은 데이터가 입력되면 비어 있는 셀의 개수가 자동으로 표시되도록 COUNTBLANK 함수식이 입력되어 있어요.

2 COUNT 함수로 출석일 수와 출석자 수 계산하기

01 출석일 수를 계산하기 위해 [N4] 셀을 선택하고 [수식] 탭-[함수 라이브러리] 그룹-[함수 더 보기]-[통계]-[COUNT]를 선택해요.

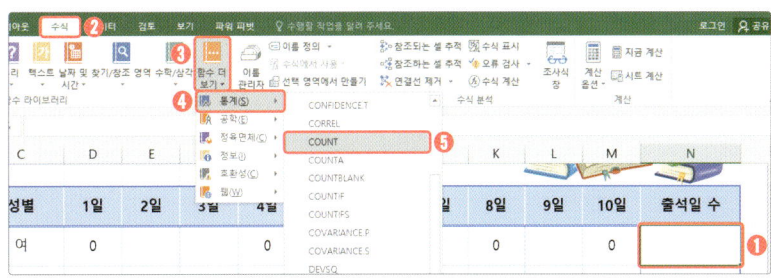

02 [함수 인수] 대화상자가 나타나면 'Value1'에 D4:M4를 입력하고 [확인]을 클릭해요.

💡 인수의 범위는 직접 입력을 해도 되고, 드래그해도 돼요.

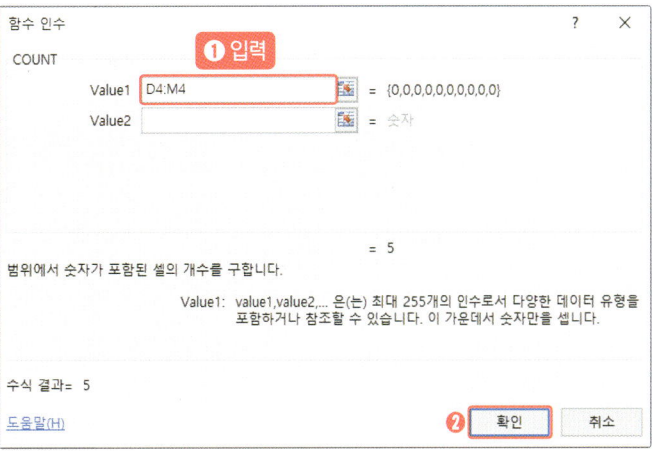

21 COUNT&COUNTIF 함수로 출석부 만들기   121

03 출석일 수가 구해지면 [N4] 셀의 채우기 핸들을 [N10] 셀까지 드래그하여 학생별 출석일 수를 구해요.

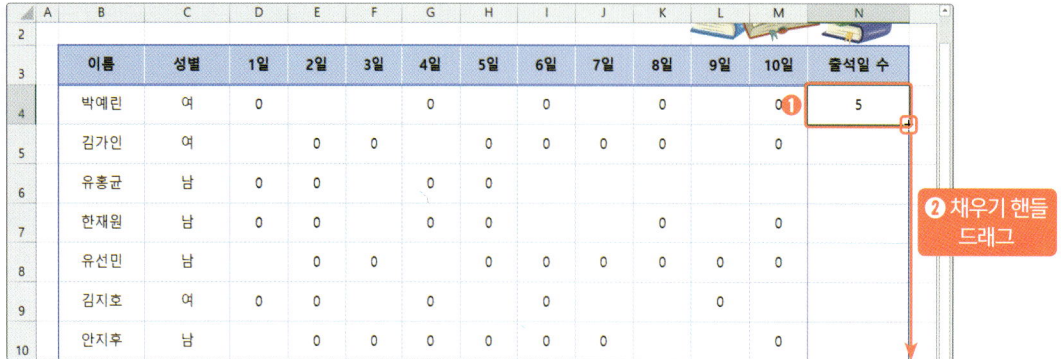

04 같은 방법으로 [D11] 셀을 선택하고 [수식] 탭-[함수 라이브러리] 그룹-[함수 더 보기]-[통계]-[COUNT]를 선택해요. [함수 인수] 대화상자가 나타나면 'Value1'에 D4:D10을 입력하고 [확인]을 클릭해요.

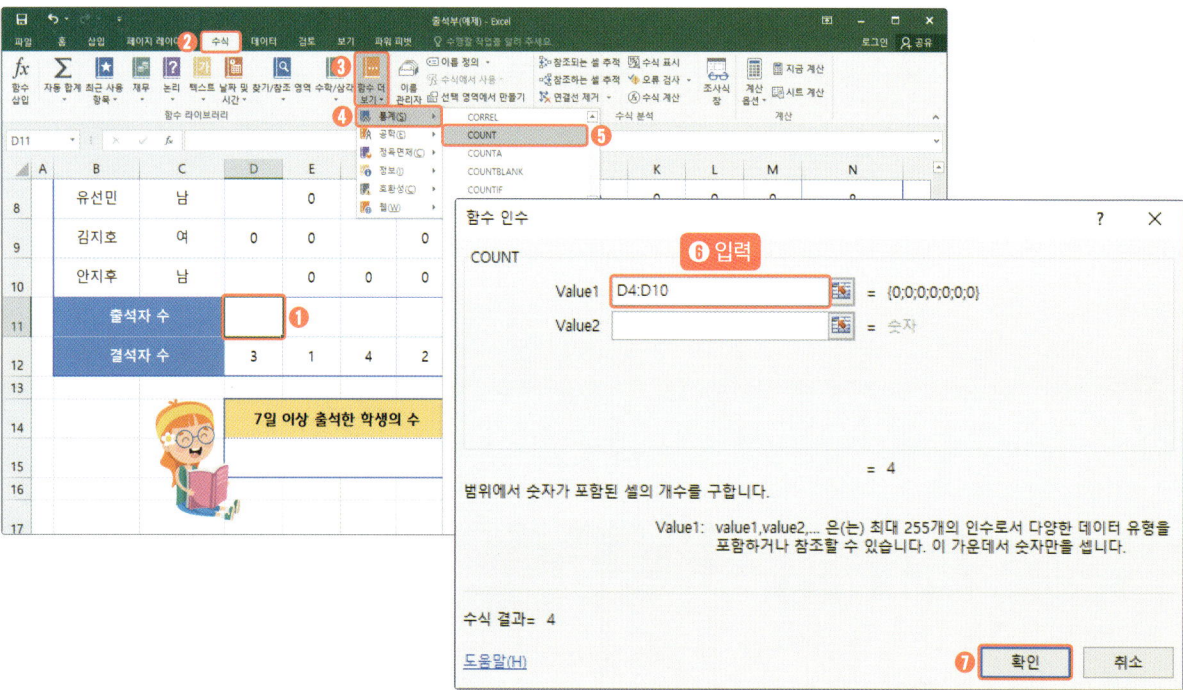

05 일별 출석자 수가 구해지면 [D11] 셀의 채우기 핸들을 [M11] 셀까지 드래그해요.

3 COUNTIF 함수로 7일 이상 출석한 학생의 수 구하기

01 7일 이상 출석한 학생 수를 구하기 위해 [D15] 셀을 선택하고 [수식] 탭-[함수 라이브러리] 그룹-[함수 더 보기]-[통계]-[COUNTIF]를 선택해요.

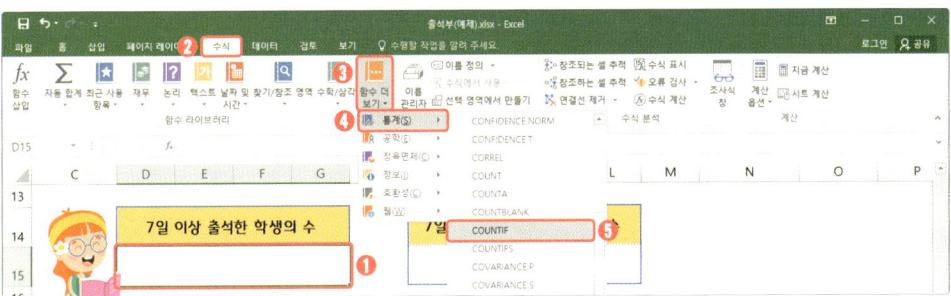

02 함수 인수 대화상자가 나타나면 'Range'에 N4:N10을 입력하고, 'Criteria'에 >=7을 입력한 후 [확인]을 클릭해요.

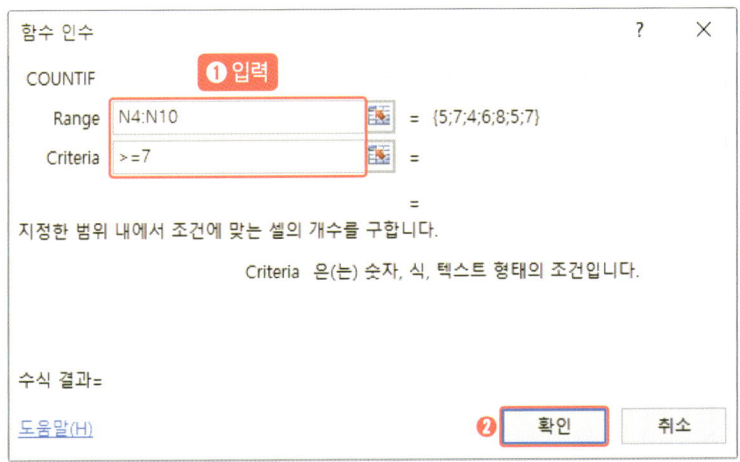

03 7일 이상 출석한 학생의 수가 입력된 것을 확인해요. 셀에 표시 형식을 미리 표시해 두어 숫자 뒤에 **"명"**이 추가되었어요.

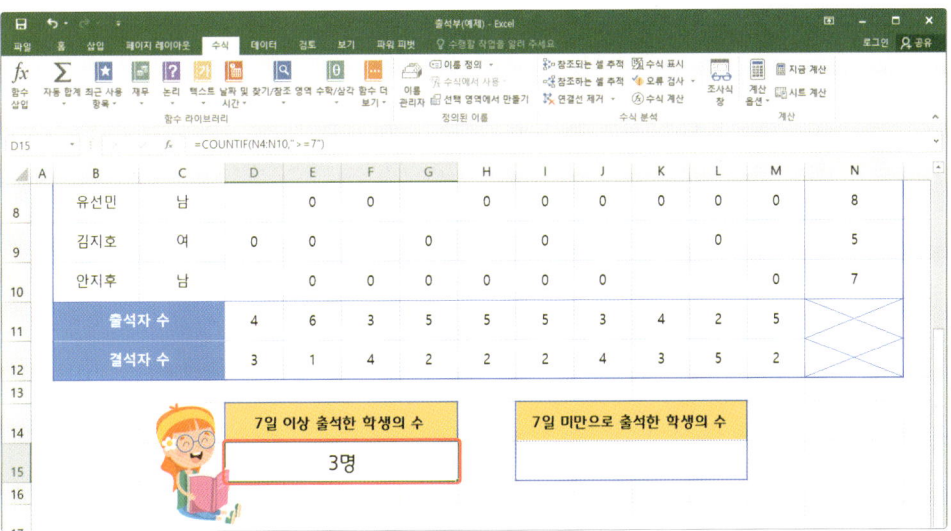

COUNTIF 함수로 7일 미만으로 출석한 학생의 수 구하기

01 7일 미만 출석한 학생 수를 구하기 위해 **[I15]** 셀을 선택하고 **[수식] 탭-[함수 라이브러리] 그룹-[함수 더 보기]-[통계]-[COUNTIF]**를 선택해요.

02 **[함수 인수]** 대화상자가 나타나면 'Range'에 **N4:N10**을 입력하고, 'Criteria'에 **<=6**을 입력한 후 **[확인]**을 클릭해요.

💡 'Criteria'에 '<7'을 입력해도 돼요.

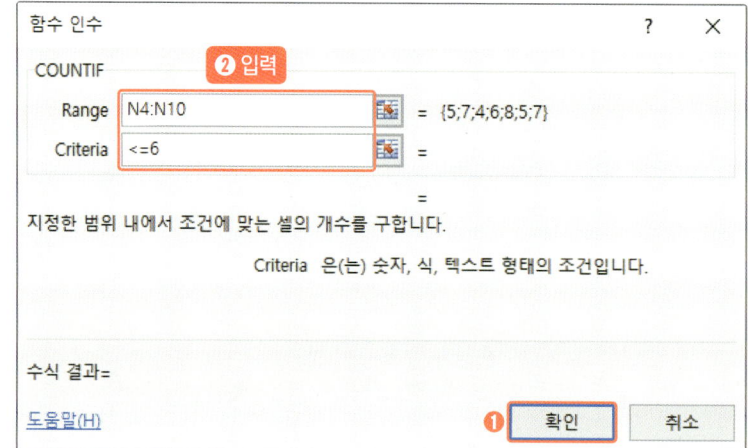

03 7일 미만 출석한 학생의 수가 입력된 것을 확인해요.

124

혼자서 뚝딱 뚝딱

사회 3-2 ▶ 가족의 구성과 역할 변화

1 '가족구성원(예제).xlsx' 파일을 실행하여 내용을 입력하고 작성 조건에 따라 문서를 완성해 보세요.

• 실습파일 : 가족구성원(예제).xlsx   • 완성파일 : 가족구성원(완성).xlsx

우리반 가족 구성원

이름	할아버지	할머니	아빠	엄마	나	인원수	가족 구성
이지안	O	O	O	O	O	5명	
오하린			O	O	O	3명	핵가족
김유주		O	O	O	O	4명	
이시우			O	O	O	3명	핵가족
김수호	O	O	O	O	O	5명	
박우진			O	O	O	3명	핵가족
박소율			O	O	O	3명	핵가족
이대휘	O		O	O	O	4명	
손예준			O	O	O	3명	핵가족
최선우	O	O	O	O	O	5명	
김나윤			O	O	O	3명	핵가족
이도윤			O	O	O	3명	핵가족
김율	O	O	O	O	O	5명	

| 가족 구성이 확대가족인 친구의 수 | 6명 |

* 확대가족 : 부모와 결혼한 자녀가 함께 사는 가족   * 핵가족 : 부모와 결혼하지 않은 자녀가 함께 사는 가족

- [B5:G17] 셀 : 데이터 입력
- [H5:H17] 셀 : COUNT 함수를 이용하여 학생별 가족 인원수 구하기
- [I5:I17] 셀 : IF 함수를 이용하여 가족 인원수가 4명 미만이면 "핵가족", 아니면 빈칸을 표시하기
- [I19] 셀 : COUNTIF 함수를 이용하여 가족 인원수가 4명 이상인 학생 수 구하기

21 COUNT&COUNTIF 함수로 출석부 만들기

EXCEL 2016 #정렬 #자동 필터 #고급 필터

22 정렬과 필터로 반별 독서량 현황 알아보기

학습목표
- 기준에 따라 정렬을 지정할 수 있습니다.
- 자동 필터 기능을 이용하여 문서를 정리할 수 있습니다.
- 고급 필터 기능을 활용하여 원하는 데이터만 추출할 수 있습니다.

정렬 지정한 기준에 따라 데이터를 순서대로 나열하는 기능으로 오름차순은 낮은 것부터 큰 것 순으로, 내림차순은 큰 것에서 작은 것 순으로 표시돼요.

필터 데이터 중에서 조건을 만족하는 데이터만 보여주는 기능이에요.

실습파일 : 반별 독서량(예제).xlsx   완성파일 : 반별 독서량(완성).xlsx

미리보기

7월달 반별 독서량 현황

이름	반	성별	독서량 (월/시간)	독서시간 (하루기준/분)
김가인	1반	여	11	30
유선민	1반	여	12	30
최현욱	1반	남	10	25
김민서	2반	남	8	20
박예린	2반	여	10	30
한예소	2반	여	12	35
강원	3반	남	7	25
김준서	3반	남	8	25
손슬하	3반	여	13	40

반	독서시간 (하루기준/분)
1반	
	>=35

이름	반	성별	독서량 (월/시간)	독서시간 (하루기준/분)
김가인	1반	여	11	30
유선민	1반	여	12	30
최현욱	1반	남	10	25
한예소	2반	여	12	35
손슬하	3반	여	13	40

데이터 정렬하기

01 '반별 독서량(예제).xlsx' 파일을 실행하고 [Sheet1] 워크시트를 선택해요. 데이터를 반별로 정렬하기 위해 [B3:F12] 셀을 블록 지정하고 [데이터] 탭-[정렬 및 필터] 그룹-[정렬]을 클릭해요.

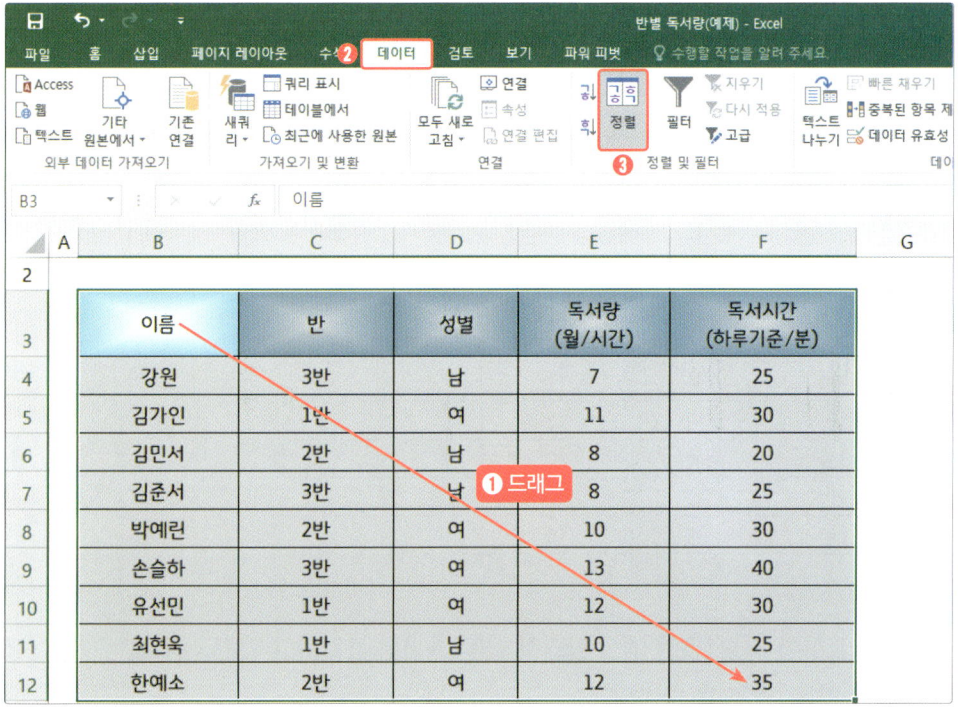

02 [정렬] 대화상자가 나타나면 '**정렬 기준**'을 '**반**'으로 지정하고 '**정렬 기준**'은 '**값**', '**정렬**'은 '**오름차순**'으로 지정한 후 [확인]을 클릭해요.

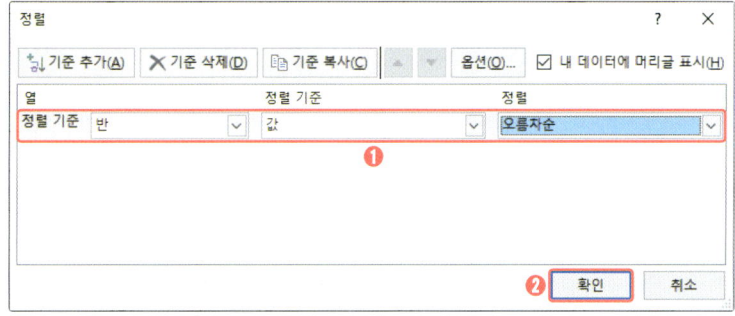

03 반별 순서대로 데이터가 정렬된 것을 확인해요.

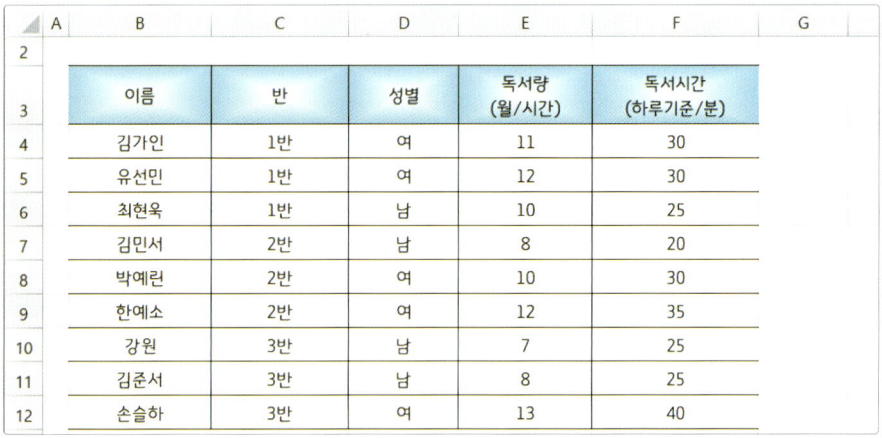

22 정렬과 필터로 반별 독서량 현황 알아보기 127

2 자동 필터 지정하기

01 [B3] 셀을 선택한 후 [데이터] 탭-[정렬 및 필터] 그룹-[필터]를 클릭해요. 필터가 만들어지면 제목 행에 필터링 버튼(▼)이 표시돼요.

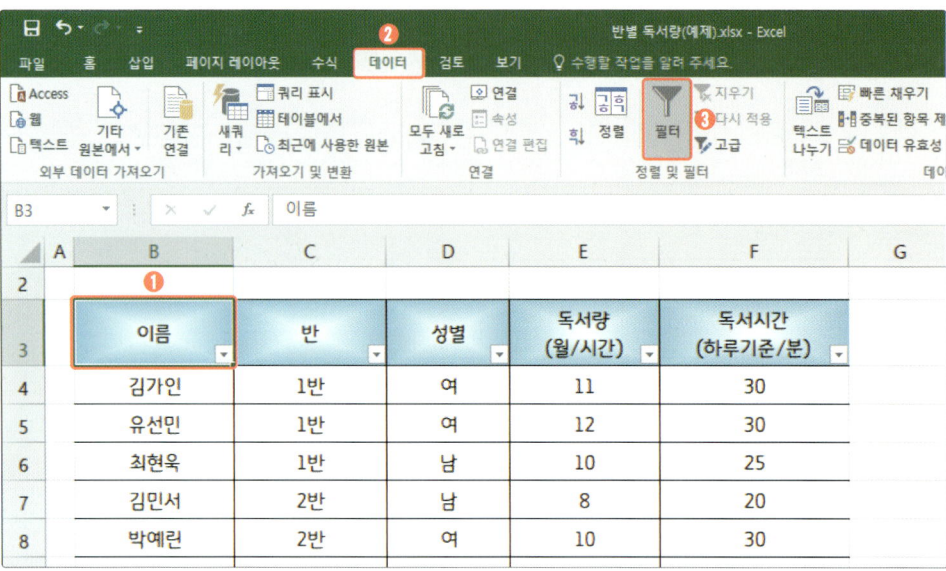

02 성별이 여자인 데이터만 추출하기 위해 [D3] 셀의 필터링 버튼(▼)을 클릭하고 '**(모두 선택)**'을 **선택**하여 **체크 해제**한 후 '**여**'를 **선택**한 다음 [확인]을 클릭해요.

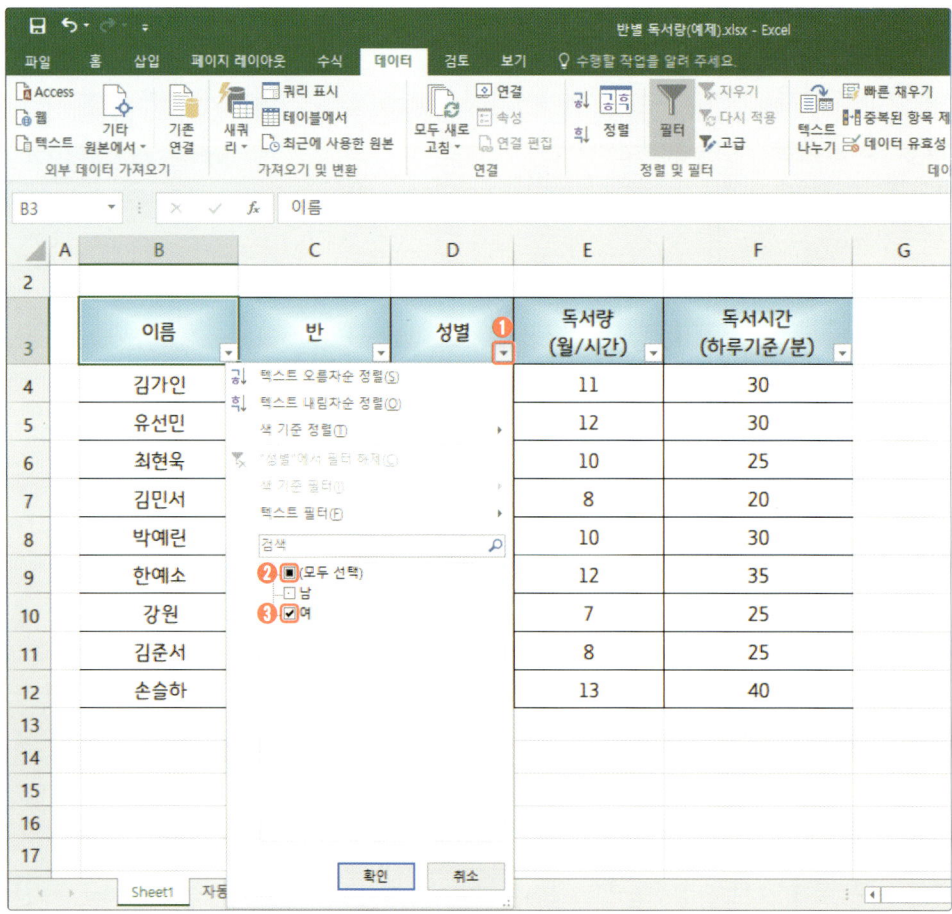

128

03 필터가 실행되면 필터링 버튼(▼)이 깔때기 모양(▼)으로 변경되고 행 번호의 색도 파란색으로 표시되면서 성별이 '여'인 데이터만 필터링된 것을 확인해요. 필터링된 [B3:F12] 셀을 블록 지정하고 Ctrl+C를 눌러 복사해요.

04 [자동 필터] 시트를 선택하고 [B5] 셀을 클릭한 후 Ctrl+V를 눌러 붙여넣어요.

💡 5행의 행 높이를 조절해요.

05 다시 [Sheet1] 시트로 돌아와 자동 필터를 지우기 위해 필터가 실행된 [D3] 셀을 선택하고 [데이터] 탭-[정렬 및 필터] 그룹-[지우기]를 클릭해요.

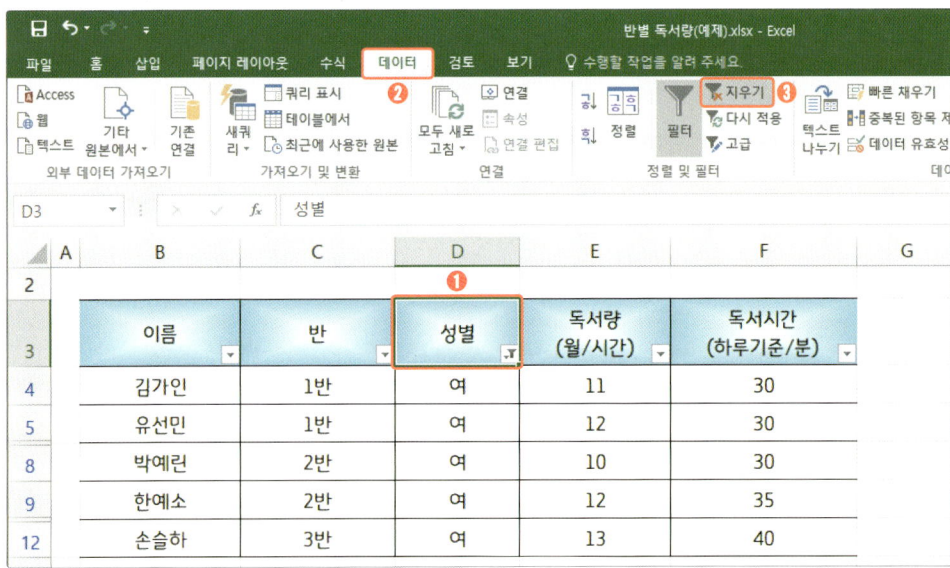

06 모든 데이터가 다시 표시된 것을 확인하고 '독서시간'이 '30'보다 작은 데이터만 추출하기 위해 [F3] 셀의 필터링 버튼(▼)을 클릭한 후 **[숫자 필터]-[보다 작음]**을 클릭해요.

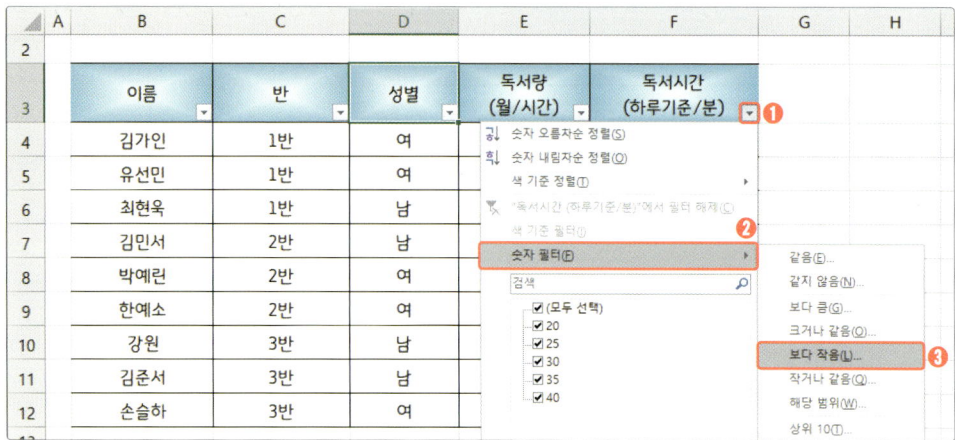

07 [사용자 지정 자동 필터] 대화상자에서 **"30"**을 입력하고 [확인]을 클릭해요.

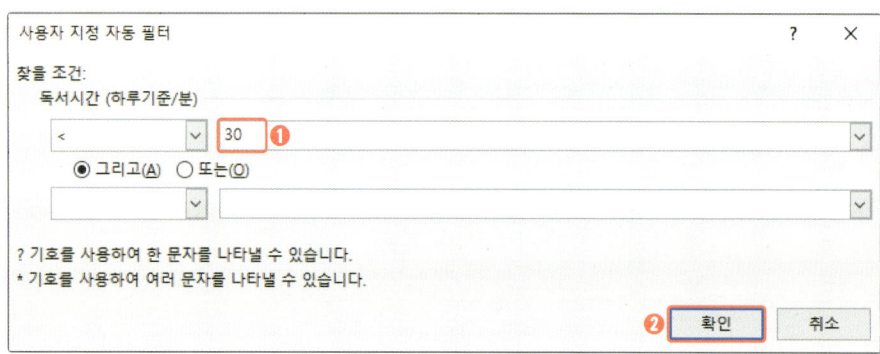

08 필터링된 [B3:F11] 셀을 블록 지정하고 Ctrl+C를 눌러 복사해요. **[자동 필터]** 시트를 선택하고 [B14] 셀을 클릭한 후 Ctrl+V를 눌러 붙여넣어요.

14행의 행 높이를 조절해요.

3 고급 필터 지정하기

01 [고급 필터] 시트를 클릭하고, 데이터를 추출할 조건을 지정하기 위해 Ctrl을 이용하여 [C3] 셀과 [F3] 셀을 선택하고 Ctrl + C를 눌러 복사해요.

A	B	C	D	E	F	G
	이름	반	성별	독서량(월/시간)	독서시간(하루기준/분)	
	김가인	1반	여	11	30	
	유선민	1반	여	12	30	
	최현욱	1반	남	10	25	
	김민서	2반	남	8	20	
	박예린	2반	여	10	30	
	한예소	2반	여	12	35	
	강원	3반	남	7	25	

02 [B14] 셀을 선택하고 Ctrl + V를 눌러 붙여넣기 해요. 이어서 [B15] 셀과 [C16] 셀에 다음과 같이 입력해요.

A	B	C	D	E	F	G
8	박예린	2반	여	10	30	
9	한예소	2반	여	12	35	
10	강원	3반	남	7	25	
11	김준서	3반	남	8	25	
12	손슬하	3반	여	13	40	
13						
14	반	독서시간(하루기준/분)				
15	1반					
16		>=35				

💡 고급 필터는 필터를 실행하기 전에 조건을 먼저 지정해야 해요.

LEVEL UP 고급 필터에서 조건 지정하기

03 고급 필터를 실행하기 위해 **[B3:F12]** 셀을 블록 지정하고 **[데이터] 탭-[정렬 및 필터] 그룹-[고급]**을 클릭해요.

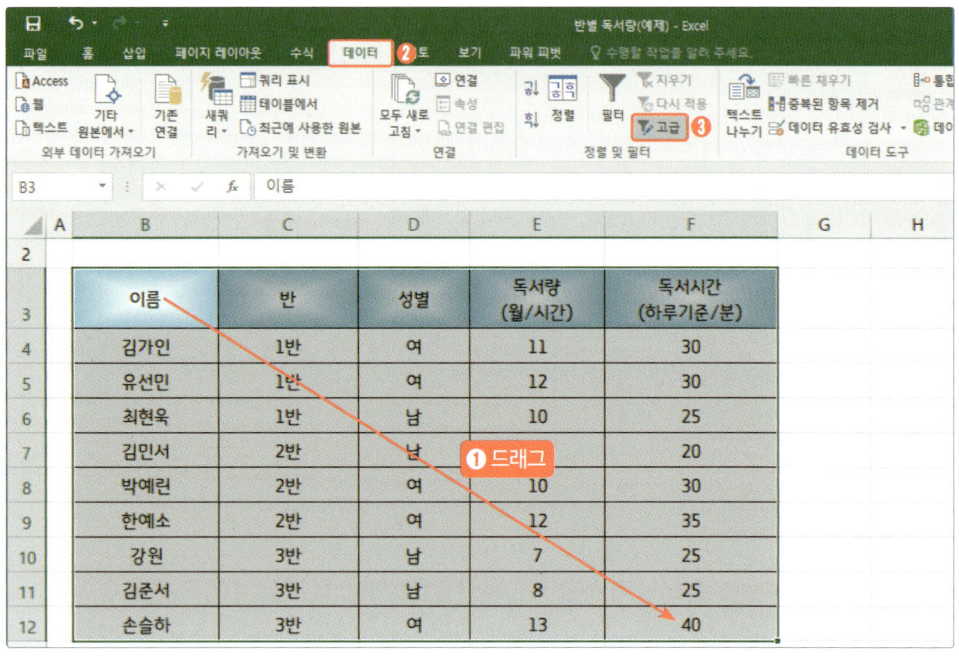

04 [고급 필터] 대화상자가 나타나면 '**결과**'는 '**다른 장소에 복사**'를 선택하고 '**조건 범위**'는 조건이 입력된 [B14:C16] 셀을 드래그하여 선택해요. 마지막으로 '**복사 위치**'는 결과가 표시될 [B18] 셀을 선택한 후 [확인]을 클릭해요.

> 고급 필터를 실행하기 전에 블록 지정을 했기 때문에 '목록 범위'는 자동으로 지정돼요.

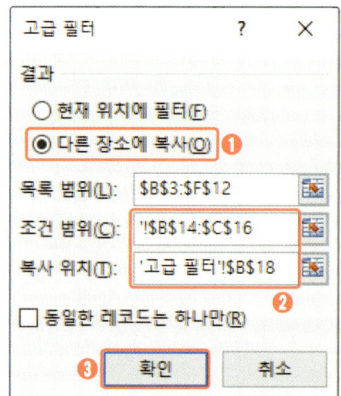

05 다음과 같이 반이 '1반'이거나 독서시간(하루기준/분)이 '35' 이상인 데이터가 모두 표시돼요.

체육 3 ▶ 운동으로 체력이 좋아져요

1 '줄넘기(예제).xlsx' 파일을 실행하여 [자동 필터] 시트와 [고급 필터] 시트에서 작성 조건에 따라 문서를 완성해 보세요.

• 실습파일 : 줄넘기(예제).xlsx   • 완성파일 : 줄넘기(완성).xlsx

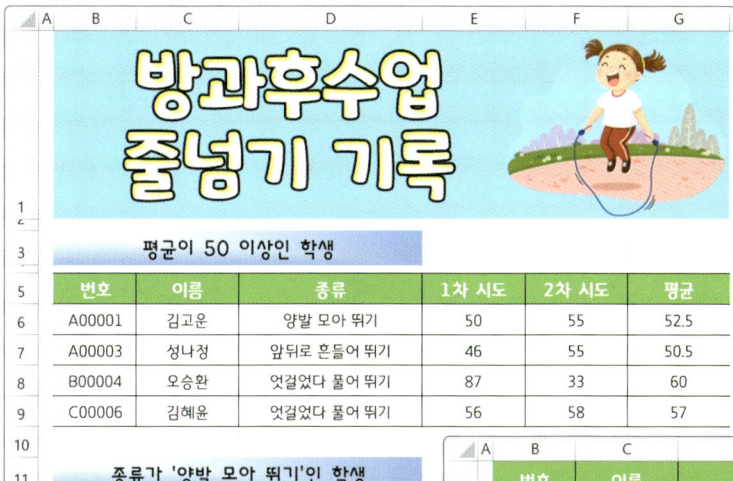

▲ [자동 필터] 시트

▲ [고급 필터] 시트

- [자동 필터] 시트
  - [기본] 시트 데이터에서 필터 기능을 이용하여 조건에 맞는 데이터 추출한 후 복사하기, 붙여넣기로 표시
- [고급 필터] 시트
  - 정렬 : '평균'을 기준으로 '내림차순' 정렬하기
  - 고급 필터 조건 : 번호가 'A'로 시작하고 종류가 '앞뒤로 흔들어 뛰기'인 데이터
  - 고급 필터 : 다른 장소에 복사, 조건 범위([B19:C20]), 복사 위치([B22])
  ※ 필터 조건 : A*(A로 시작하는), *A(A로 끝나는), *A*(A를 포함하는)

EXCEL 2016

#부분합 #윤곽 기호 #정렬 기준 추가

23 부분합으로 학년별 기말고사 점수표 만들기

학습목표
- 정렬 기준을 추가하여 지정할 수 있습니다.
- 부분합의 의미를 이해하고 지정할 수 있습니다.
- 2개 이상의 부분합을 한 문서에 표시할 수 있습니다.

닭날개	2
닭다리	2
닭똥집	1

머리카락	0
발가락	6
발톱	6

똥머리	1
콧구멍	2
안경알	2

★ 부분합 : 데이터를 그룹별로 분류하고 해당 그룹별로 특정한 계산을 수행할 수 있는 기능이에요.

실습파일 : 기말고사 점수(예제).xlsx   완성파일 : 기말고사 점수(완성).xlsx

미리보기

학년별 기말고사 점수표

학년	이름	국어	영어	수학	사회	과학	총점	평균
1학년	신정현	95	80	90	95	85	445	89
1학년	이종명	85	80	75	70	80	390	78
1학년	한예소	60	65	90	100	75	390	78
1학년 평균								82
1학년 요약							1225	
2학년	김유빈	65	90	90	80	95	420	84
2학년	이다재	90	65	100	75	80	410	82
2학년	이두현	80	65	75	90	70	380	76
2학년	이슬기	85	65	60	90	95	395	79
2학년	조서영	80	65	70	80	100	395	79
2학년 평균								80
2학년 요약							2000	
3학년	유선민	65	90	95	90	75	415	83
3학년	조재민	85	100	95	90	100	470	94
3학년	홍성휘	80	80	70	75	80	385	77
3학년 평균								85
3학년 요약							1270	
전체 평균								82
총합계							4495	

1 데이터 정렬하기

01 '기말고사 점수(예제).xlsx' 파일을 실행하고, 데이터를 정렬하기 위해 [B2:J13] 셀을 블록 지정한 후 [데이터] 탭-[정렬 및 필터] 그룹-[정렬]을 클릭해요.

02 [정렬] 대화상자가 나타나면 '학년'을 '오름차순'으로 지정해요. 이어서 [기준 추가]를 클릭하고 '이름'을 '오름차순'으로 지정한 후 [확인]을 클릭해요.

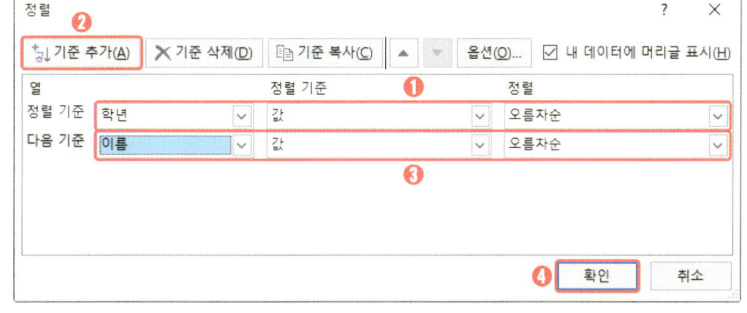

03 첫 번째 기준인 '학년'으로 오름차순 정렬되고, 같은 학년 안에서는 '이름'을 기준으로 오름차순 정렬된 것을 확인해요.

2 부분합 지정하기

01 부분합을 지정하기 위해 데이터의 시작인 **[B2]** 셀을 선택하고 **[데이터] 탭-[윤곽선] 그룹-[부분합]**을 클릭해요.

02 [부분합] 대화상자에서 **'그룹화할 항목'**을 **'학년'**, **'사용할 함수'**를 **'합계'**로 지정하고, **'부분합 계산 항목'**은 **'총점'**에 **체크**한 후 [확인] 버튼을 클릭해요.

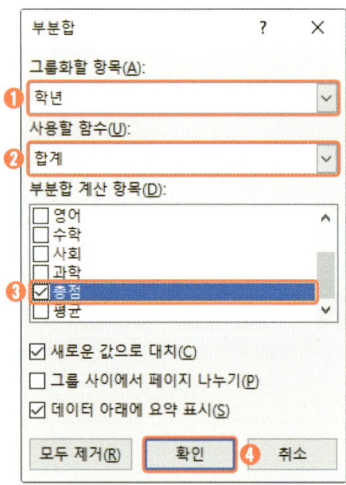

03 '학년'별로 총점의 요약(합계)이 표시된 것을 확인하고 두 번째 부분합을 지정하기 위해 다시 한 번 [B2] 셀을 선택한 후 **[데이터] 탭-[윤곽선] 그룹-[부분합]**을 클릭해요.

04 [부분합] 대화상자에서 '**그룹화할 항목**'을 '**학년**', '**사용할 함수**'를 '**평균**'으로 지정하고, '**부분합 계산 항목**'은 '**평균**'에 체크한 후 '**새로운 값으로 대치**'는 체크를 해제한 다음 [확인]을 클릭해요.

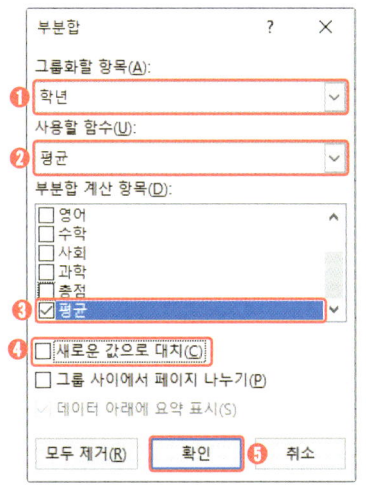

- '새로운 값으로 대치'가 체크되어 있으면 기존의 부분합이 사라지고 새로운 부분합만 표시돼요.
- 새로운 부분합을 하나 더 추가하기 위해서는 반드시 '새로운 값으로 대치' 항목을 체크 해제해야 해요.

05 '학년'별로 평균의 평균이 표시된 것을 확인해요. 평균의 소숫점 자릿수를 조절하기 위해 **[J6], [J18], [J20]** 셀을 Ctrl을 이용하여 선택하고 **[홈] 탭-[표시 형식] 그룹-[자릿수 줄임]**을 여러 번 클릭해 소숫점을 없애주세요.

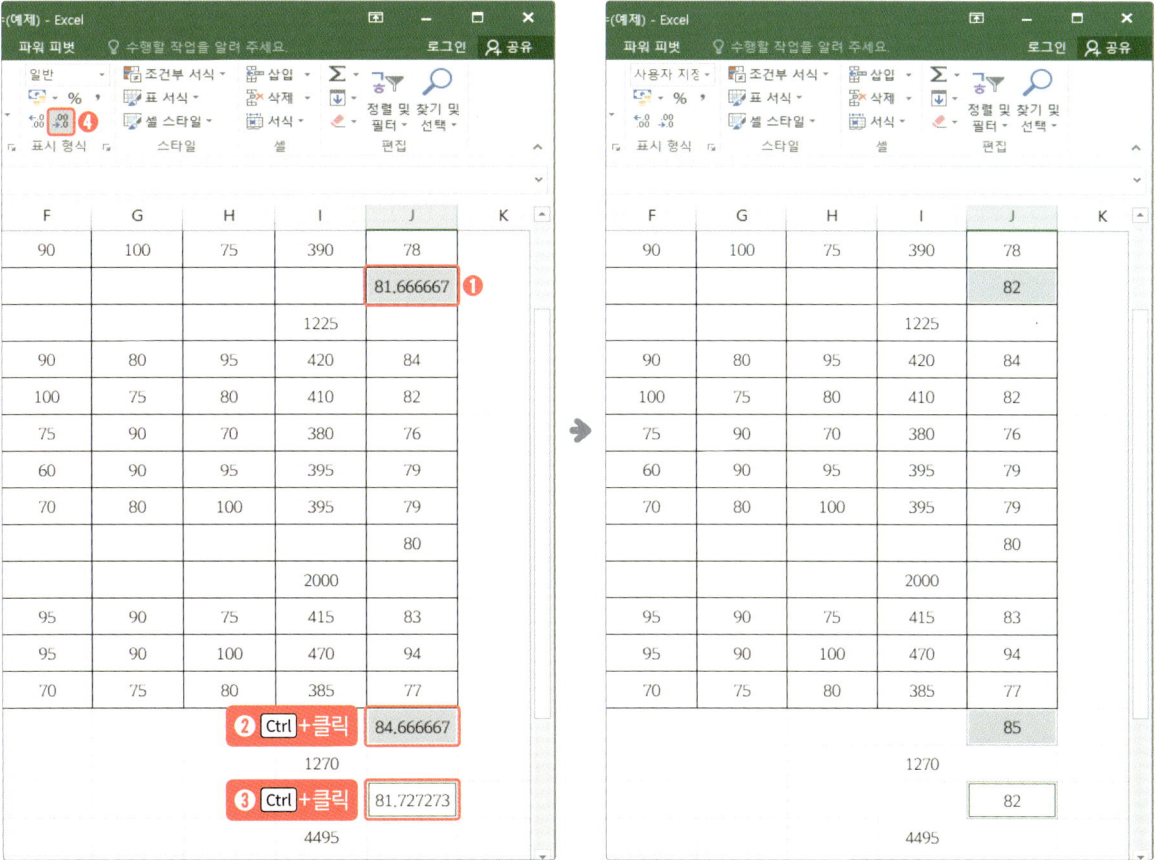

3 윤곽 지우기

01 부분합의 윤곽 기호를 지우기 위해 [데이터] 탭-[윤곽선] 그룹-[그룹 해제]-[윤곽 지우기]를 클릭해요.

02 윤곽 기호가 지워진 것을 확인해요.

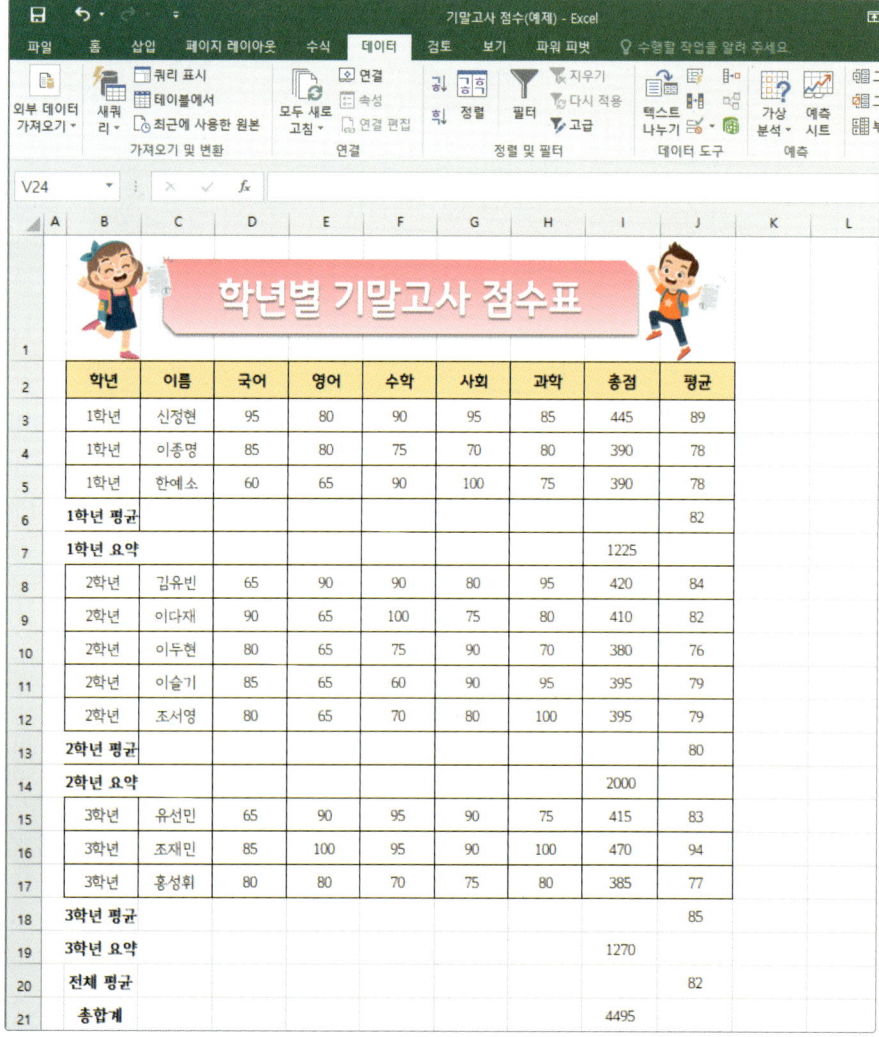

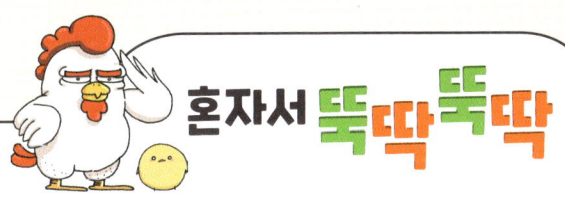

사회 6-2 ▶ 지구, 대륙 그리고 국가들

1 '세계여러나라(예제).xlsx' 파일을 실행하여 작성 조건에 따라 문서를 완성해 보세요.

• 실습파일 : 세계여러나라(예제).xlsx   • 완성파일 : 세계여러나라(완성).xlsx

	대륙	국가명	수도	언어	인구 수(명)
4	아메리카	미국	워싱턴	영어	331,002,651
5	아메리카	브라질	브라질리아	포르투갈어	212,559,417
6	아메리카	멕시코	멕시코시티	에스파냐어	128,932,753
7	아메리카	캐나다	오타와	프랑스어, 영어	37,742,154
8	아메리카 개수	4			
9	아메리카 평균				177,559,244
10	아시아	인도네시아	자카르타	인도네시아어	273,523,615
11	아시아	일본	도쿄	일본어	126,476,461
12	아시아	베트남	하노이	베트남어	97,338,579
13	아시아	태국	방콕	타이어	69,799,978
14	아시아	우즈베키스탄	타슈켄트	우즈베크어	33,469,203
15	아시아	대한민국	서울	한국어	5,178,579
16	아시아 개수	6			
17	아시아 평균				100,964,403
18	유럽	독일	베를린	독일어	83,783,942
19	유럽	영국	런던	영어	67,886,011
20	유럽	스웨덴	스톡홀름	스웨덴어	10,099,265
21	유럽	스위스	베른	독일어, 프랑스어	8,654,622
22	유럽	핀란드	헬싱키	핀란드어	554,720
23	유럽	아이슬란드	레이캬비크	아이슬란드어	341,243
24	유럽 개수	6			
25	유럽 평균				28,553,301
26	전체 개수	16			
27	전체 평균				92,958,950

- 정렬 : '대륙'의 '오름차순', '인구 수(명)'의 '내림차순'
- 부분합 1 : 그룹화할 항목 '대륙', 사용할 함수 '평균', 부분합 계산 항목 '인구 수(명)'
- 부분합 2 : 그룹화할 항목 '대륙', 사용할 함수 '개수', 부분합 계산 항목 '국가명', 새로운 값으로 대치 체크 해제
- 윤곽 지우기 설정

24 재미있는 넌센스 퀴즈

드디어 마지막 시간이에요. 그동안 열심히 공부했으니, 오늘은 내가 얼마나 센스를 가지고 있는지 확인해 보는 시간을 가져볼까요? 똑똑하지 않아도, 특별한 지식이 없어도 누구나 풀 수 있는 문제들이에요. 문제를 보고 정답을 생각해 보세요. 다 풀고 난 후에 정답을 확인하면 깔깔거리며 웃을 수 있을 거에요. 지금부터 그럼 시작해 볼까요? Let's go!

실습파일 : 넌센스 퀴즈(예제).xlsx, 퀴즈 제목.png   **완성파일** : 넌센스 퀴즈(완성).xlsx

1 제목 이미지 삽입하기

01 '**넌센스 퀴즈(예제).xlsx**' 파일을 실행하고 제목 이미지를 삽입하기 위해 [**삽입**] 탭-[**일러스트레이션**] 그룹-[**그림**]을 클릭해요. [그림 삽입] 대화상자가 나타나면 [**24차시**] 폴더에서 '**퀴즈 제목.png**'을 선택하고 [삽입]을 클릭해요.

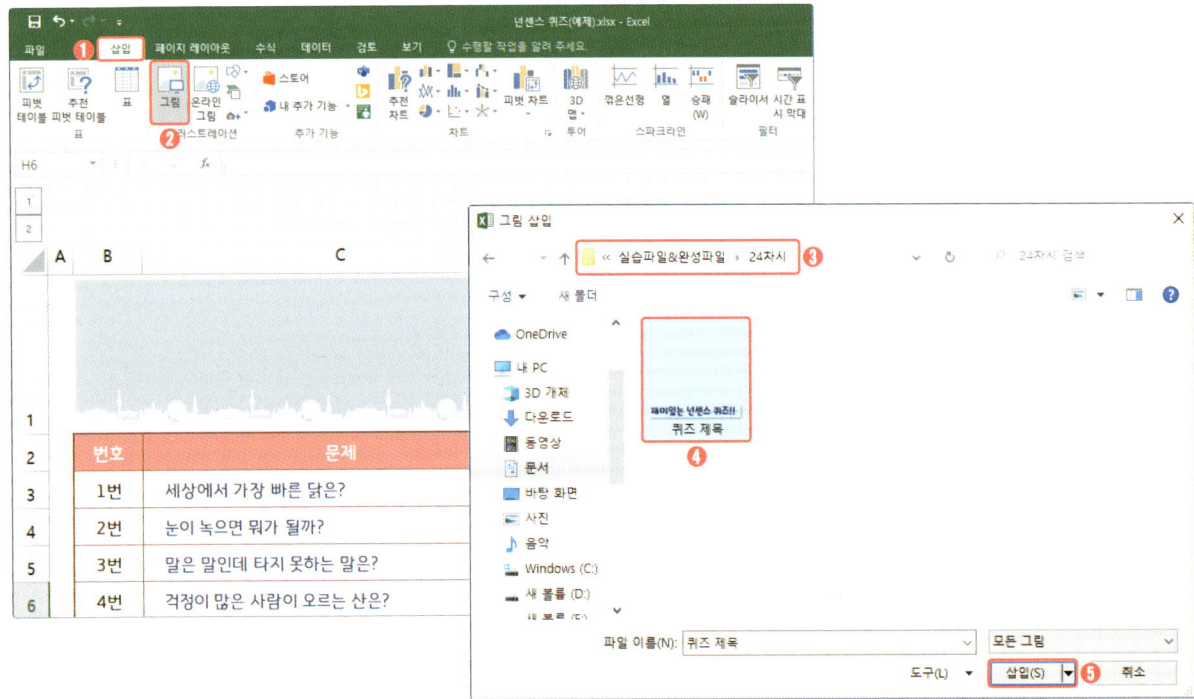

02 그림이 삽입되면 [**B1**] 셀 위로 드래그하여 다음과 같이 배치해요.

SUM 함수로 총점 계산하기

01 정답을 맞히면 10점씩 더해지는데, 10문제를 모두 풀었을 때의 합계를 계산하기 위해 **[E14]** 셀을 선택하고 **[수식] 탭-[함수 라이브러리] 그룹-[수학/삼각 함수]-[SUM]**을 클릭해요.

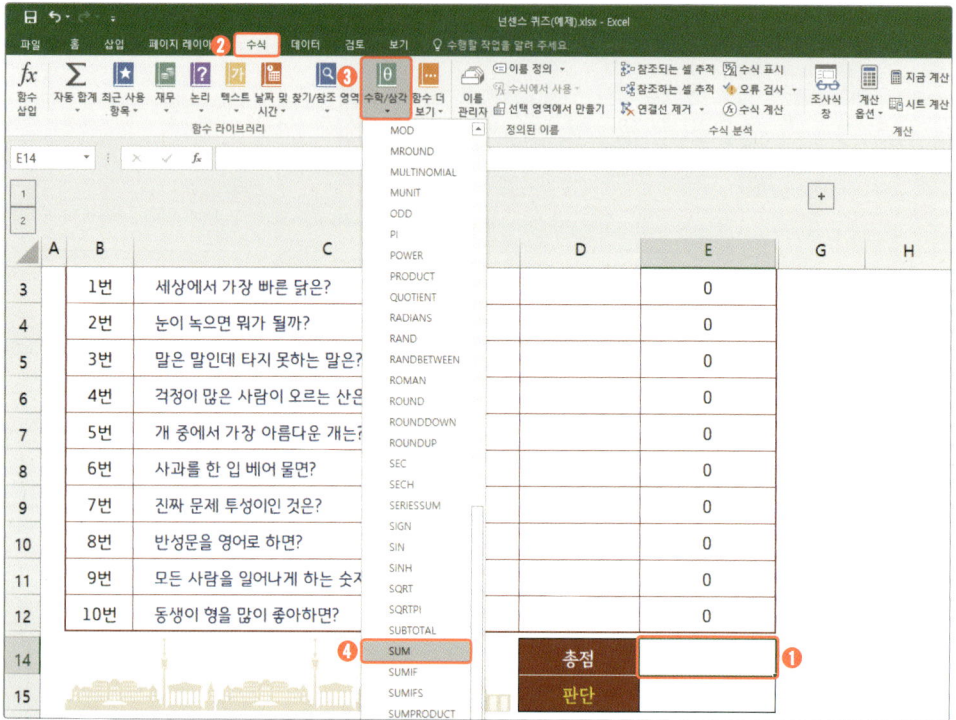

02 [함수 인수] 대화상자가 나타나면 'Number1'에 **E3:E12**를 드래그하여 입력하고 [확인]을 클릭해요.

> 💡 'E3:E13'으로 지정되어 있으므로 영역을 다시 설정해야 해요.

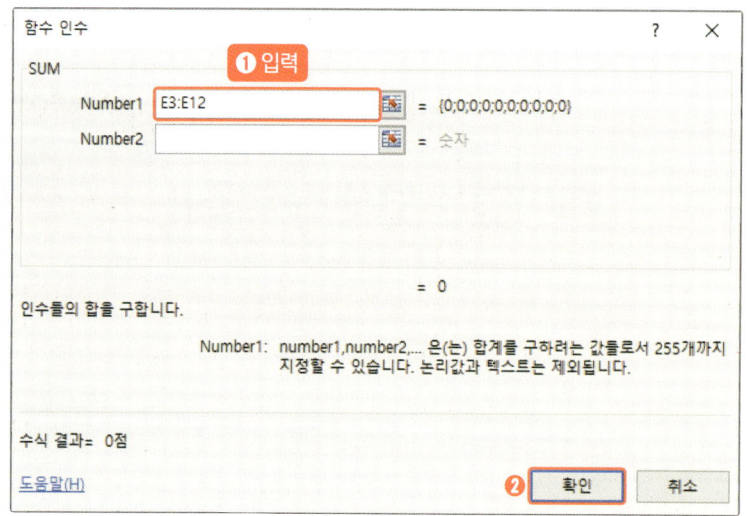

03 합계 값이 계산된 것을 확인해요. 현재는 문제를 풀지 않아 점수가 없으므로 총점도 '0점'으로 표시돼요.

3 IF 함수로 판단 항목 지정하기

01 총점이 70점 이상이면 "센스 만점"을, 70점 미만이면 "좀 더 노력해"를 표시하도록 지정하기 위해 **[E15]** 셀을 선택하고 **[수식]** 탭-**[함수 라이브러리]** 그룹-**[논리]**-**[IF]**를 클릭해요.

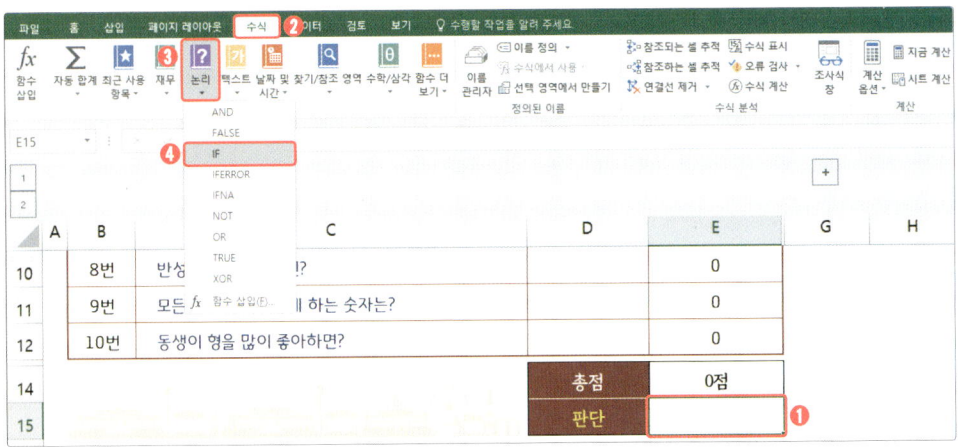

02 [함수 인수] 대화상자가 나타나면 'Logical_test'에 조건인 **E14>=70**을, 'Value_if_true'에 조건이 참일 때의 결괏값 **"센스 만점"**을, 'Value_if_false'에 조건이 거짓일 때의 결괏값 **"좀 더 노력해"**를 입력하고 [확인]을 클릭해요.

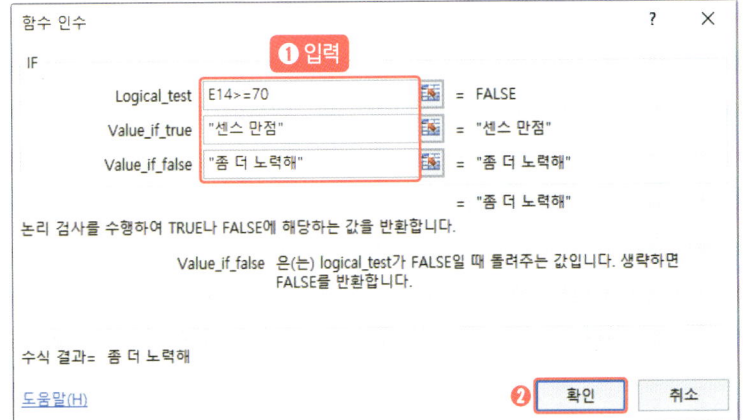

03 IF 함수가 계산된 것을 확인해요. 현재는 문제를 풀지 않아 점수가 0점이므로 '좀 더 노력해'가 표시돼요.

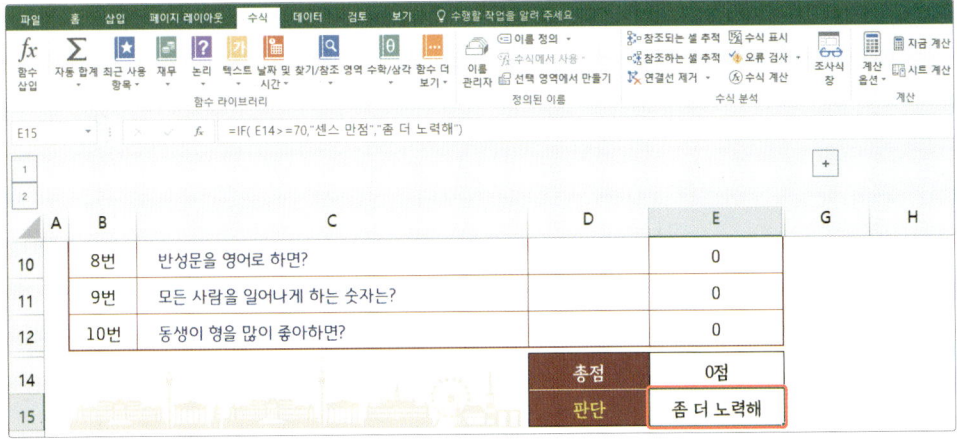

04 이제 10개의 문제를 풀어보고, 친구와 비교해 보세요.

MEMO